MARIE ANT

L'ART DE LA
CUISINE FRANÇAISE

AU DIX-NEUVIÈME SIÈCLE

TOME I

Elibron Classics
www.elibron.com

Elibron Classics series.

© 2005 Adamant Media Corporation.

ISBN 0-543-99114-8 (paperback)
ISBN 0-543-99113-X (hardcover)

This Elibron Classics Replica Edition is an unabridged facsimile
of the edition published in 1854, Paris.

L'ART

DE

LA CUISINE FRANÇAISE

AU DIX-NEUVIÈME SIÈCLE.

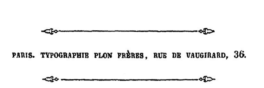

PARIS. TYPOGRAPHIE PLON FRÈRES, RUE DE VAUGIRARD, 36.

L'ART

DE LA

CUISINE FRANÇAISE

AU DIX-NEUVIÈME SIÈCLE.

TRAITÉ ÉLÉMENTAIRE ET PRATIQUE

DES BOUILLONS EN GRAS ET EN MAIGRE, DES ESSENCES, FUMETS, DES POTAGES FRANÇAIS
ET ÉTRANGERS ; DES GROSSES PIÈCES DE POISSON ;
DES GRANDES ET PETITES SAUCES ; DES RAGOUTS ET DES GARNITURES ; DES GROSSES PIÈCES
DE BOUCHERIE, DE JAMBON, DE VOLAILLE ET DE GIBIER, ETC.

PAR

Antonin CARÊME, de Paris.

TOME PREMIER.

————— ❦ —————

PARIS.

AU DÉPOT DE LIBRAIRIE,

RUE DES MOULINS, 8, PRÈS DE LA RUE THÉRÈSE

1854

A Madame

LA BARONNE DE ROTHSCHILD.

MADAME LA BARONNE,

E tout temps les hommes qui se sont dévoués aux développements des arts et métiers ont été empressés de dédier le fruit de leurs travaux aux personnes dont le goût fin et délicat savait apprécier leurs méditations.

Lady Morgan, dans son ouvrage intitulé *La France en* 1829 *et* 1830, a rendu un pur hommage à madame la baronne en décrivant avec vérité les manières toutes remplies de grâce et d'urbanité avec lesquelles Madame fait les honneurs de sa maison, qui restera toujours un modèle d'élégance et de somptuosité.

Veuillez recevoir, Madame, l'assurance du profond respect avec lequel j'ai l'honneur d'être

De Madame la Baronne

Le très humble et très obéissant serviteur,

CARÊME.

A.

LADY MORGAN.

MADAME,

L'ÉLOGE trop flatteur que vous avez daigné faire de mes travaux culinaires me donne l'assurance que vous aurez l'indulgente bonté de recevoir ici l'expression de mon admiration et de ma vive reconnaissance.

Oui, Madame, la lecture de votre ouvrage intitulé

La France en 1829 *et* 1830 m'a causé de douces joies. Cependant, je vous prie de ne point croire que les choses flatteuses qui me regardent particulièrement aient le plus charmé mon cœur : non, Madame, mais bien ce que votre plume élégante a retracé de vrai sur la noble dame du château de B... En effet, le bon goût et la noblesse des sentiments de madame la baronne de R... donnent à sa maison un ensemble difficile à retrouver ailleurs , et l'harmonie qui résulte des ordres précis donnés par madame la baronne influe sensiblement sur l'ensemble du service, dont vous avez, Madame, remarqué les heureux effets. Certes, un tel intérieur de maison est un bienfait pour un cuisinier jaloux d'acquérir de la réputation, et de la mériter sans cesse près des nobles et illustres gastronomes français et étrangers qui se rendent avec empressement aux aimables invitations de cette maison opulente : et l'honorable suffrage de lady Morgan atteste que l'homme de bouche dévoué à sa profession est toujours récompensé de ses soins et fatigues par l'agrandissement de sa renommée. Grâce à vous, Madame, la mienne est agrandie noblement par le récit enchanteur que vous avez daigné faire du dîner de B... donné le 6 juillet 1829. Il deviendra aussi célèbre dans l'histoire gastronomique de la France moderne que le furent dans l'antiquité les repas d'Eumée et d'Ulysse , d'Achille recevant dans sa tente les députés des Grecs qui vinrent l'inviter à se réconcilier avec Agamemnon ; puis les soupers d'Alexandre-le-Grand à Persépolis et à Babylone, les festins d'Alcinoüs, le repas de Marc-Antoine avec Cléopâtre , les dîners de Mécène, le festin de Trimalcion et des trois Apicius, puis les festins somptueux de ce Chantilly devenu si célèbre dans les fastes de la gastronomie française.

Toutes les circonstances de tranquillité et de considération dont je jouissais dans la maison de M. le baron de R... m'ont décidé de nouveau à ne point accepter, il y a quatre ans, la place de chef de cuisine de S. M. George IV. Cependant lord Collingham, grand-maître de la maison de ce prince généreux, me fit proposer 500 livres sterling (12,500 francs) pour mes appointements, et me laissait maître de ma gestion et de mes approvisionnements, ayant quinze jours de service et quinze jours de repos; ensuite, il me donnait l'assurance que la moitié de mes gages me serait remise en rentes viagères, en cas que le roi vînt à mourir. Mais, Madame, vous comprendrez, et de reste, qu'une plus noble ambition que celle de la fortune aura occupé toute ma vie. Il fut, dans tous les temps, parmi les hommes, des caractères assez désintéressés pour tout sacrifier aux développements et progrès des arts et métiers. Si ma santé me permet d'achever mon grand ouvrage sur la science de la cuisine française au 19ᵉ siècle, je m'estimerai mille fois heureux d'avoir par mes travaux amélioré le sort des hommes qui se vouent au pénible et difficile métier de cuisinier.

Non, Madame, je n'ai point tenu ce vilain propos, que l'envie me prête, sur la maison du prince Régent. L'ennui que j'éprouvais en Angleterre m'a seul décidé à rentrer dans ma patrie. Mais, pour punir mes envieux, j'eus l'honneur insigne d'être rappelé, dix années après avoir quitté la maison toute royale

Carl'stonhouse. Quel souvenir flatteur et honorable !
le roi de la Grande-Bretagne daignant conserver
souvenance de ma cuisine après ce laps de temps !
Et vous, femme aimable et cèlèbre, quel généreux
sentiment vous inspire quand vous dites que le talent du cuisinier devrait être encouragé par des couronnes semblables à celles que l'on donne sur la scène
aux Pasta et aux Sontag !

Ah ! Madame, en ce jour solennel je vous en re-
mercie, au nom des hommes dont les talents hono-
rent la cuisine française. Je rends un pur hommage
à votre bonté touchante et à votre sensualité. Vous
élevez le talent culinaire. Notre célèbre Grimod de
la Reynière écrivait avec la même générosité sur
les talents du cuisinier (dans la cinquième année de
son *Almanach des gourmands*, page 63) : « Heureux
dit-il, l'Amphitryon qui possède un cuisinier digne
de ce nom ! Il doit le traiter moins en serviteur qu'en
ami, lui donner toute sa confiance, le soutenir contre les désagréments de son état (1), le citer en toute
occasion, et ne rien épargner pour sa gloire comme
pour sa fortune. »

Bon la Reynière, quelle âme noble est la tienne,
pour rendre cette justice éclatante aux hommes qui
se dévouent à ce laborieux état de cuisinier.

---

(1) Qui chaque jour sont renaissants ; et le pire de notre profession
est d'être en butte à l'envie jalouse du reste des hommes de maison, et
cela parce que nous jouissons d'une considération qu'ils n'ont point :
voilà la véritable cause. Mais que n'ont-ils comme nous fait de pénibles
apprentissages ! ils seraient de même environnés de ce suffrage tant en-
vié par eux.

Vous le voyez, Madame, vous demandez pour nous des couronnes, et notre auteur gastronomique demande la gloire et la fortune. Mais ces souhaits généreux sont loin d'avoir leur effet. L'estime des grands nous suffit dans nos temps modernes, et le noble Amphitryon qui nous honore de sa bienveillance double notre zèle et notre dévouement.

Oui, Madame, le suicide de Vatel (1) fut rendu dramatique et historique par madame de Sévigné ; cette femme célèbre sut sans doute apprécier la conduite de ce grand serviteur, qui, voyant la marée manquer (il suffit d'avoir du sang dans les veines pour sentir sa position critique), se crut perdu de réputation : car, dans sa pensée, il avait à cœur de servir les tables des seigneurs de la cour de Louis XIV aussi bien que celle de ce grand roi. Cette idée causa son désespoir, et il préféra se donner la

---

(1) Arrivé le 24 avril 1602.

Voici ce que madame de Sévigné écrit à sa fille sur ce tragique événement : « Le grand Vatel, cet homme d'une capacité distinguée de toutes les autres, dont la bonne tête était capable de contenir tous les soins d'un état ; cet homme donc, que je connaissais, voyant que ce matin à huit heures la marée n'était pas arrivée, n'a pu soutenir l'affront dont il a cru qu'il allait être accablé ; en un mot il s'est poignardé. Vous pouvez penser l'horrible désordre qu'un si terrible accident a causé dans cette fête, qui coûta plus de 60,000 écus. »

(Extrait de la lettre CLII, t. 2.)

La veille de cette mort illustre dans les fastes de l'art culinaire, il avait manqué deux plats de rots sur l'une des nombreuses tables des seigneurs de la cour, mais non pas sur la table du roi. Ce même jour, à minuit, le feu d'artifice, qui avait coûté 16,000 fr., manqua. Le pauvre Vatel ne dormit pas ; inquiet toute la matinée, il quitta sa chambre dès quatre heures du matin, et rencontra un seul pourvoyeur qui lui apportait deux charges de marée. Vatel avait envoyé à tous les

mort plutôt que d'entendre parler d'un événement qui n'était point dépendant de lui, mais qui devait causer son déshonneur : telle était du moins sa malheureuse pensée. Cela n'empêche point que Vatel était digne de servir le Grand Condé, et de commander les festins somptueux de la cour de Louis XIV à son voyage de Chantilly. La grandeur de son âme (pourquoi pas) lui avait inspiré la dignité de son mandat. Son trépas me semble d'autant plus illustre, que peu d'hommes, de ceux même qui se mêlent de gouverner les empires, se suicident après avoir fait des fautes qui compromettent la dignité des rois et le sort des nations.

Maintenant, Madame, permettez-moi de retracer ici quelques lignes sur la cuisine de l'archichancelier de l'empire dont vous avez fait mention dans votre charmante narration du dîner de Boulogne.

Sous le règne de Napoléon, la cuisine française

---

ports de mer, et, ne voyant pas arriver les autres pourvoyeurs, le désespoir s'empara de son âme ; il monte à sa chambre, s'enferme, et se donne trois coups d'épée ; le dernier lui traversa le cœur. On le cherche vainement, on enfonce la porte, et on le trouve mort, noyé dans son sang. Le prince de Condé apprit avec douleur la perte de ce grand serviteur : le duc de Bourbon en pleura. Le Grand Condé le dit à Louis XIV avec chagrin, et toute la cour, qui se trouvait à ce Chantilly si célèbre, ne parlait plus que de Vatel. On loua fort ce point d'honneur, qui causa son suicide : on blâma son courage. Le roi dit qu'il retardait depuis cinq ans de faire le voyage de Chantilly, craignant l'excès de cet embarras. Mais l'illustre victime de l'art culinaire n'était plus. Le roi partit deux jours après.

Ces détails sont extraits de la seconde lettre que madame de Sévigné a adressée à madame de Grignan sur la fin malheureuse de Vatel.

fut florissante : les maisons impériales, celles des maréchaux de France, des ministres et des ambassadeurs étrangers, avaient toutes de la grandeur et de la dignité ; mais avec des nuances plus ou moins sensibles, selon le caractère gastronomique des grands personnages de cette époque mémorable ; et bien certainement, celle du prince Cambacérès ne pouvait pas devenir la première de France, ainsi que quelques auteurs l'on écrit. Je puis, Madame, vous donner de véridiques détails à ce sujet, ayant pu juger par moi-même de la différence infinie qui existait entre la maison de Cambacérès et celle du prince Talleyrand, que j'ai citée et que je cite encore comme ayant été la première de Paris, tandis que celle de l'archichancelier ne pouvait jamais être que du second ordre.

Mes travaux d'extra m'ont mis à même de travailler dans toutes les grandes maisons de l'empire. J'estimais fort M. Grand-Manche, qui fut chef de cuisine de l'archichancelier. Ce digne homme m'occupa dans quelques grandes solennités culinaires : j'ai donc vu, de mes propres yeux vu, l'ensemble du service de cuisine, qui assurément n'avait rien d'extraordinaire. En voici les véritables causes ; elles étaient bien indépendantes du cuisinier, mais elles n'en paralysaient pas moins son talent : le prince seul était fauteur. Or il s'occupait de sa table, et s'en occupait avec des soins de détail qui tenaient de l'avarice : ce triste système est incompatible avec la gastronomie.

Le prince avait l'habitude, les jours de grands dîners, de remarquer sur sa table les entrées qui n'a-

vaient point été entamées, ou qui l'étaient peu; il
en prenait note; et, avec ces fragments de desserte,
il arrangeait un menu (à sa manière) qu'il donnait à
son chef de cuisine, en lui assignant l'ordre de faire
un dîner réchauffé, bien entendu, dans presque toutes ses parties. (Ah! si le satirique Boileau les avait
vus, ces dîners, qu'aurait-il écrit, grand Dieu!
contre le gastronome Cambacérès!) Ce fait est avéré,
et bien certainement ce n'est pas le moyen de faire
bonne chère. Il convient sans doute que le cuisinier
emploie de la desserte dès qu'il en a; mais il est essentiel que ce soit avec discernement, et mêlée à des
choses nouvelles, de telle sorte que les convives ne
puissent s'en apercevoir. Voilà le grand art du cuisinier; mais ce n'est point en l'assujettissant à des cal-
culs d'économie qui vont jusqu'à la petitesse qu'il
peut arriver à bien faire. Le prince avait encore un
tort bien plus réel.

Comme archichancelier de l'empire, il recevait
de tous les départements de la bonne France des
cadeaux en comestibles plus rares les uns que les autres: eh bien, tous ces trésors de la science alimentaire étaient enfouis dans un grand garde-manger,
et le prince en tenait par écrit la nomenclature et la
date d'arrivage, de manière que le cuisinier avait
la douleur de voir d'excellentes choses devenir mauvaises: car, pour les employer, il devait attendre le
bon plaisir d'un prince peu gourmand, qui lui donnait par écrit l'ordre d'employer telle ou telle chose;
quelquefois même ces provisions, qui dans leur nou-
veauté, auraient été dignes de paraître sur la table
d'un Apicius, étaient à moitié consumées, et pa-

raissaient sur la table de cet homme peu sensuel n'ayant plus ni fraîcheur ni qualité. Voilà, ce me semble, de l'antigastronomie. Ensuite, peu d'hommes à réputation du dehors étaient employés dans la préparation de ces grands dîners, tandis que chez le prince de Talleyrand, tout avait de la grandeur et de la dignité. Le chef de cuisine avait la confiance du noble Amphitryon, qui le laissait seul régir son travail comme bon lui semblait. Mais ce grand gastronome aima toujours la somptuosité de sa table en vrai gourmand, qui aime à faire faire bonne chère à ses convives : aussi les grands dîners de quarante-huit entrées, donnés à l'hôtel des relations extérieures de la rue de Varenne, furent sans égal de nos temps modernes.

Pour leur confection, le chef de cuisine employait les provisions les plus rares que la halle de Paris pouvait fournir ; puis, dans son travail, il s'entourait des hommes d'extra les plus renommés ; il nous payait généreusement : et, par ce grand résultat, le seul pour arriver à bien faire, cette maison ministérielle d'alors fut citée pendant vingt-cinq ans comme la première de France ; et cette réputation, méritée par la bonne chère qu'on y faisait, la fit renommer dans l'Europe gourmande comme le sanctuaire de la cuisine française. Mais pour arriver à ce point de splendeur il fallait que le prince fût grand et généreux : car, si M. Boucher, qui avait aussi de la grandeur dans le caractère, avait appartenu à un gastronome exigeant, et peu disposé à faire les dépenses nécessaires pour sa table, à coup sûr ce grand cuisinier n'aurait point fait rejaillir les étincelles de son génie sur la science alimentaire, qu'il fit briller de tout son éclat pendant vingt-cinq années.

Voilà les causes capitales de la supériorité de la cuisine du prince de Talleyrand sur celle de l'archichancelier de l'empire.

Croyez, Madame, que je vous raconte ces faits avec ma franchise accoutumée ; je n'ai nul motif particulier pour me conduire avec partialité dans ce récit ; je n'ai jamais rien demandé aux grands gastronomes précités. Or la vérité devait, en cette circonstance, paraître dans toute sa pureté.

J'ai l'honneur de renouveler à lady Morgan l'expression de ma vive reconnaissance ; et, si je lui ai adressé de si longs détails, c'est l'amour de la science qui me les inspira : ce noble motif m'excusera sans doute auprès d'elle.

Recevez, Madame, l'assurance de mon admiration, et des sentiments distingués avec lesquels j'ai l'honneur d'être, Madame,

Votre très humble et très obéissant serviteur,

CARÊME.

P. S. Je venais de finir cette lettre, lorsque j'ai reçu la visite d'un ami qui, je crois, me fut envoyé par un bon génie, puisqu'il me donna de nouveaux renseignements sur la cuisine de l'archichancelier. Les voici.

Lorsque le règne de Napoléon eut cessé, la maison du prince Cambacérès, malgré la grande fortune qu'il possédait, devint tout-à-fait inférieure par l'extrême économie qui la régissait.

L'ami qui vint me voir est un cuisinier distingué, élève de MM. Lasne et Bouchesèche; il entra chez le prince à cette époque (1815), je veux dire lorsqu'il eut perdu ses dignités impériales. Dans le premier dîner de quatre entrées que mon ami servit, le prince lui demanda un pâté chaud aux boulettes. Ce mot boulettes fit sourire le malin cuisinier, qui regardait de tous ses yeux l'homme peu sensuel qui avait été cependant archichancelier de l'empire. Tout dérouté et ne sachant trop que penser, il servit un pâté chaud garni de quenelles de volaille, de crêtes et de rognons. Le lendemain matin, le prince lui en fit des reproches, lui disant que ce n'était point ainsi que son ancien cuisinier lui servait les pâtés chauds. Il envoya chercher M. Grand-Manche fils, qui vint de sa part dire à mon ami que monseigneur aimait beaucoup les boulettes de godiveau à l'ancienne, mais qu'elles devaient être d'une dureté à casser les vitres. Mon ami avait quelque répugnance à servir un pâté chaud garni de boulettes qui ne devaient avoir aucune délicatesse; enfin il les confectionna bien compactes, et il en reçut des compliments.

Le prince avait conservé la manie de vouloir laisser gâter les provisions en comestibles et en gibier qu'il recevait, plutôt que de les faire servir à propos. Enfin on lui servait pour hors-d'œuvre la croûte,

I.   b

chauffée sur le gril, des pâtés froids qui avaient paru près de deux mois sur sa table. Il se faisait encore servir sur une purée de lentilles le combien d'un jambon qui avait été employé depuis long-temps. Le pauvre cuisinier ne tirait point de grandes sauces, ne pouvant faire de dépenses pour cela ; il ne pouvait obtenir pour son travail aucun vin de la cave du prince, qui d'ailleurs ne fut jamais réputée (M. Grand-Manche n'était pas plus heureux pour le vin). Mon ami, pour le peu qu'il en avait besoin, était obligé de l'acheter chez un marchand de vin. Mais le comble de l'avarice du prince date du temps de l'empire : car il ordonnait aux hommes de sa maison et à ceux d'extra, qui devaient servir les grands dîners, de ne point présenter huit entrées sur les seize dont se composaient ses festins ; et lorsque les convives demandaient de ces entrées réservées, le maître-d'hôtel devait faire la sourde oreille. (O honte !) Cependant quelques personnes osaient s'en servir elles-mêmes ; mais les plus timides n'y touchaient point, et le prince avait beau jeu pour faire ses remarques sur les entrées qui n'étaient point attaquées ou qui l'étaient peu. O profanation de la gastronomie ! les grosses pièces de pâtisserie de fond devaient servir toujours, sans pouvoir être attaquées ; cela était expressément défendu par l'Amphitryon.

Molière a dit que le véritable Amphitryon est l'Amphitryon où l'on dîne. On dînait mal chez l'archichancelier de l'empire : donc il n'était pas véritable Amphitryon. Il n'avait point reçu du ciel ce don précieux et nécessaire à celui que la fortune comble de ses faveurs, en le portant aux premières dignités d'un grand empire. Je finis ces misérables détails ; ma plume se refuse aux citations que je pourrais encore faire sur la vilenie de cet homme riche , mais avare à l'excès, et pas du tout sensuel.

NOTICE HISTORIQUE

ET CULINAIRE

SUR LA

MANIÈRE DONT VIVAIT NAPOLÉON

A SAINTE-HÉLÈNE.

Des produits de cette île, et des provisions que le gouverneur fournissait pour alimenter ce grand homme.

L'EMPEREUR en quittant les côtes d'Angleterre avait avec lui tout le monde qui devait composer sa maison : M. Cyprien pour maître-d'hôtel, M. Piéron pour chef d'office, M. Lepage pour chef de cuisine, et un nommé Lafosse pour pâtissier aide de cuisine. Ce jeune homme avait été à l'île d'Elbe avec l'empereur, mais il tomba malade à bord du bâtiment qui se trouvait sur le point de partir; il resta en Angleterre, et revint ensuite à Paris.

Arrivé à l'île Sainte-Hélène, Lepage reçut dans sa cuisine deux aides chinois et deux garçons aussi chinois. Il fut sans doute le premier cuisinier français qui se trouva dans une position aussi difficile : quatre hommes chinois pour l'aider dans son travail. Je le répète, cette position est la pire que jamais homme de bouche puisse éprouver. Mais le cuisinier français fait le tour du monde, et son génie culinaire doit surmonter tous les obstacles.

Cependant M. Lepage, après avoir servi l'empereur deux années, était devenu chagrin, souffrant et très irritable; il se prit un jour de mots avec un valet de chambre, et, tout honteux et malade, il demanda sa démission et rentra en Europe. L'empereur peu satisfait de la conduite de ce serviteur, le laissa aisément partir, et chargea M. Piéron, son chef d'office, de commander son dîner et d'en surveiller la préparation par les quatre cuisiniers chinois; mais ce brave serviteur, dévoué à l'empereur, s'en occupa spécialement, en devenant le cuisinier et l'officier tout à la fois. Ces faits sont bien honorables pour M. Piéron, qui en reçut sa récompense en devenant par la suite maître-d'hôtel de Napoléon.

A cette époque arriva dans l'île l'ambassadeur d'Angleterre, lord ★★★, qui revenait de la Chine. Son cuisinier, anglais de nation, entra au service de l'empereur, que l'ambassadeur vénérait lui-même. Mais la position du cuisinier était peu tenable par la vapeur gazeuse du charbon de terre (le seul qui se trouva dans l'île) qu'il employait dans ses fourneaux. Pour se résigner à vivre dans ce gouffre de fumée et de chaleur suffoquante, il fallait être bien dévoué à l'empereur. Cependant M. Laroche, voyant sa santé s'altérer et ayant la vue abîmée par le feu, demanda à quitter l'île, et M. Piéron recommença à s'occuper de la cuisine. Alors l'empereur écrivit à Rome, à sa mère, afin qu'elle lui envoyât, dans le plus court délai, un cuisinier français qui eût appartenu à sa maison ou à sa famille. La princesse Borghèse se trouvait aux bains de Lucques quand elle apprit cette nouvelle par sa mère : elle pensa aussitôt à son cuisinier, qui avait appartenu à la maison de l'empereur, et qu'elle connaissait homme d'honneur et dévoué. La princesse le fit mander auprès d'elle. La proposition lui fut faite de partir pour Sainte-Hélène, ce qu'il accepta avec reconnaissance, en disant que pour l'honneur de servir l'empereur il irait à la Nouvelle-Hollande (lieu d'exil où les Anglais déportent leurs mauvais sujets), s'il le fallait. Lord Hamilton, qui se trouvait chez la princesse en ce moment, voulut pour témoignage de la satisfaction qu'il éprouvait de la belle conduite de M. Chandelier, il voulut, dis-je, donner sa bourse pleine d'or au cuisinier, qui la refusa avec dignité, disant qu'il partait par dévoûment, et non pas par intérêt (1). La princesse fut tellement satisfaite de la conduite et du dévoûment de son cuisinier, qu'elle quitta de suite les

---

(1) En effet, il ne s'occupa en aucune manière de son traitement : cependant un cuisinier de Paris avait demandé 12,000 fr. d'appointement avant le départ de Napoléon pour Sainte-Hélène.

eaux pour s'embarquer à Livourne, ne pouvant supporter les fatigues du voyage en voiture. Elle arriva en toute hâte à Rome. M. Chandelier se sépara de la princesse, se réunit à un médecin, deux prêtres, un nouveau chef d'office, M. Coursot, et partit de Rome en chantant.

Arrivées en Angleterre, ces cinq personnes, toutes dévouées à l'empereur, éprouvèrent le chagrin de se voir retenues trois mois à Londres avant de s'embarquer. Mais, pendant cette pénible attente, ces messieurs reçurent la visite du cuisinier anglais qui venait d'arriver de Sainte-Hélène. Ce brave homme conseilla à M. Chandelier d'emporter une batterie de cuisine, une plaque de fer fondu, afin de faire construire, avec un fourneau à l'allemande, différents ustensiles d'office; une machine pour faire de la glace artificielle (ce qui ne réussit point à Sainte-Hélène); puis du sel ammoniac, de la résine et de l'étain, pour pouvoir lui-même étamer sa batterie; chose essentielle, puisqu'il n'y avait pas d'étameur dans l'île. Enfin il partit.

Arrivé à l'île Sainte-Hélène, le nouveau chef de cuisine fut reçu avec bienveillance par le général Bertrand, qui lui dit que la princesse Borghèse en écrivant à l'empereur l'avait informé qu'il avait quitté Rome en chantant, que cela était digne d'un serviteur dévoué, et que son auguste maître en avait éprouvé de la satisfaction. L'empereur aimait déjà son cuisinier par le contenu de la lettre de sa sœur, et bientôt il fut content de son talent et de son industrie : car, en arrivant dans l'île, il fit construire un fourneau à l'allemande avec la plaque de fonte apportée d'Angleterre. Comme il n'avait qu'un vieux four à la française, et qu'il ne pouvait obtenir autant de bois qu'il en fallait pour le chauffer, après avoir fait bien des démarches chez le serrurier de l'île, il parvint à lui faire forger une caisse en fer pour faire un four à l'anglaise, dont lui-même fit la maçonnerie en briques. L'empereur vint voir ces importants changements dans sa cuisine, en félicita M. Chandelier, lui disant : « C'est bien heureux pour toi que tu aies vu Laroche à Londres avant de partir, tu auras beaucoup moins de mal, et tu conserveras ta vue, n'ayant plus cette fumée infecte du charbon de terre ; puis tu pourras me servir plus souvent des petits pâtés pour mon déjeuner. — Oui ! sire, dit le cuisinier ; une demi-heure me suffira maintenant pour en servir à votre majesté » Et mon confrère s'attacha de plus en plus à l'empereur, qui parlait avec la même affabilité à tous ses serviteurs.

M. Chandelier me raconta qu'un jour l'empereur lui avait fait demander pour déjeuner une soupe de soldat. Mon confrère, qui avait été militaire, n'osa point la servir à son auguste maître selon la coutume du régiment ; il la fit légère en pain, et dessus on voyait des haricots. Mais l'empereur n'en fut point content ; il fit appeler son cuisinier, et lui dit : « Tu as été militaire, tu sais bien que ce n'est pas là la soupe de soldat : eh bien ! pour demain fais m'en une meilleure. » En effet, le cuisinier fit une soupe avec beaucoup de pain et plus de haricots ; la cuillère aurait bien tenu au milieu. L'empereur en mangea peu, en fut content et n'en demanda plus.

Quelle était la pensée de ce grand capitaine en

demandant une soupe de soldat. Ah ! il pensait sans doute à ces grandes journées où il passait son camp en revue la veille d'une bataille qui devait décider du sort d'une nation ; ou bien songeait-il aux premières années de sa vie militaire? Mais quelles que fussent ses réflexions, elles devaient être bien douloureuses sur ces terres détestables de Sainte-Hélène.

Les serviteurs de ce grand homme déploraient sa triste existence, étant sans cesse tyrannisé par les mauvais procédés du gouverneur de l'île. Les détails contenus dans cette notice m'ont été communiqués par M. Chandelier lui-même, en causant ensemble. Je lui dis que je pourrais bien en faire une notice culinaire extrêmement intéressante, ce qu'il approuva, en m'assurant de nouveau de la véracité de ces faits. Ce que ce brave serviteur me raconta soulève le cœur d'indignation contre la lâche conduite du gouverneur : car toutes les provisions qu'il envoyait pour alimenter l'empereur et les personnes de sa suite étaient les plus mauvaises qui se trouvaient sur cette terre de désolation, que le Ciel semble avoir réprouvée.

L'habitation de l'auguste victime de lord Hudson-Love se trouvait à une lieue et demie de la ville ; elle était située sur le plateau d'un rocher aride dont le climat est le plus malsain et le plus affreux de l'univers. Pendant toute l'année, la température change trois ou quatre fois par jour. Des vents impétueux, froids et humides, viennent tout à coup remplacer des chaleurs insupportables de vingt-cinq degrés ; puis des brouillards épais et infects leur succèdent et durent quelquefois deux jours de suite. Lorsque le soleil vient de ses rayons bienfaisants éclairer ce séjour d'amertume, à peine si l'on y rencontre un peu d'ombrage. Des arbres nommés gommiers sont les seuls ornements du plateau de l'île ; mais les vents les ont courbés tous du même côté vers la terre ; puis ils sont en partie dépouillés de verdure. En général, la végétation de l'île est pauvre et mauvaise. Le peu de légumes qu'on y peut cultiver y est dévoré par les rats, ou brûlé par le soleil. Les pâturages y sont si mauvais, que les bestiaux dépérissaient au bout de quelques jours qu'ils étaient arrivés dans l'île : car les bœufs, les veaux et les moutons qui approvisionnaient Sainte-Hélène, étaient tirés du Brésil et du Cap de Bonne-Espérance; mais ils arrivaient maigres et décharnés par suite de la traversée, qui dure trois semaines, et même un mois ; les mauvais pâturages de l'île contribuant à les faire dépérir de plus en plus, leur chair y devenait détestable.

Le pauvre cuisinier avait souvent le chagrin de recevoir une épaule de bœuf décharnée, tandis que le gouverneur gardait pour lui le quartier de derrière ; et l'empereur, qui aimait les viandes grasses, avait le désagrément de voir que son implacable ennemi l'abreuvait de dégoûts continuels. Vers Noël, et à l'époque d'une course de chevaux qui avait lieu une fois chaque année, le bœuf était couvert de graisse, et arrivait dans l'île à cette époque de fête pour le gouverneur.

Les cochons, qui étaient de race chinoise, ainsi que nous les voyons en Angleterre, et en France maintenant, étaient gras et d'une chair excellente : aussi l'empereur en aimait les côtelettes, le boudin et les saucisses, que son cuisinier lui préparait avec soin.

La volaille de toute espèce était maigre et de mauvais goût. M. Chandelier essaya tous les moyens possibles pour engraisser des poulets, des poulardes, des dindonneaux et des oies ; mais ces volatiles devenant de plus en plus mauvais, il y renonça avec chagrin.

Il n'y avait point de gibier dans l'île. Cependant, deux ou trois fois par an, il arrivait quelques perdreaux rouges et faisans ; mais le gouverneur les accaparait pour le service de sa table, et en envoyait peu à l'empereur.

O lâche gastronome ! quelle honte pour ton histoire !

Aucun de nos bons poissons d'Europe ne se retrouvait sur les côtes de l'île. Point d'huîtres ni aucun coquillage, point de homards ni d'écrevisses. On y remarquait seulement deux petits poissons assez bons : l'un était nommé par les Français *bonne femme* (je ne comprends pas cette dénomination), et l'autre, qui était long comme nos anguilles, mais mince comme l'index, portait le nom d'*aiguille*. On y pêchait aussi quelques petits maquereaux secs et de mauvais goût, et beaucoup d'autres gros poissons, tous plus mauvais les uns que les autres. Le cuisinier de l'empereur les compare au chien de mer.

Les fruits y sont à peu près nuls. Les oranges et les citrons y mûrissent à peine, à cause de l'inconstance du climat ; puis les abricots et les raisins sont sans saveur, sans maturité parfaite. Mais en revanche on trouve beaucoup de bananes, que mon confrère employait pour des beignets, en faisant mariner la chair dans du rhum : cet entremets de friture, étant glacé, n'est pas désagréable. Du reste, point de fruits rouges, point de pommes, point de poires ni de pêches; en général, aucun de nos excellents fruits de France. On recevait de temps en temps des poires et des pommes du Cap de Bonne-Espérance, puis des fruits secs de la Chine ; mais ils étaient de mauvais goût.

Le pain était généralement mauvais; celui fait avec de la farine d'Europe avait un goût d'échauffé extrêmement désagréable qu'elle avait contracté pendant la traversée, et celui préparé avec la farine qui venait du Cap de Bonne-Espérance avait le grand inconvénient de croquer sous les dents par la quantité de sable qu'il contenait, provenant des mauvaises meules qui servaient à moudre le blé.

Le madère, le ténériffe, qui ressemble au madère, et le constance, étaient les vins que l'on donnait aux personnes attachées à l'empereur. Le grand homme ne buvait que du bordeaux. Les liqueurs des îles étaient excellentes.

Mon confrère m'assura que toutes les provisions que le geôlier-gouverneur envoyait étaient les plus inférieures de l'approvisionnement de l'île. Il apprit à en faire la différence, ainsi qu'on le verra bientôt.

Maintenant, voici quelques détails sur le service et les goûts de Napoléon.

Le déjeuner de l'empereur se composait d'un potage à l'oseille lié, ou tout autre potage rafraîchissant; puis des poitrines de mouton pannées et bien grillées servies avec un jus clair, un petit poulet rôti ou deux côtelettes de mouton, et quelquefois un entremets de légumes frais ; mais ils étaient si mauvais, que le cuisinier n'osait pas en servir.

Le dîner se composait d'un potage, d'un relevé, deux entrées, un rôt, et deux entremets, dont un de douceur ou de pâtisserie, que l'empereur aimait beaucoup. Ce service se faisait toujours dans des assiettes d'argent.

Mais les provisions étaient si mauvaises et si peu variées que M. Chandelier en éprouvait un véritable chagrin. Il me raconta que pour ses relevés ou grosses pièces il n'avait que du bœuf, du mouton, du porc frais ou cochon de lait, ou bien des oies et des dindonneaux. Il éprouvait les mêmes embarras pour varier son service des entrées : sur deux, il en servait une de boucherie, et l'autre de volaille, ou de pâtisserie, ou de friture. Étant privé de gibier, les plats de rôt étaient peu variés et manquaient souvent dans son service.

Les entremets de légumes étaient détestables ; les pommes de terre même y étaient de très mauvaise qualité.

Voici les mets que l'empereur aimait par goût : la volaille rôtie, les sautés de volaille, les poulets sautés à la Marengo, à l'italienne, à la provençale sans ail, des fricassées de poulets, quelquefois au vin de Champagne (qui était très cher dans l'île, vingt-quatre francs la bouteille), et des poulets à la tartare ; puis des boudins à la Richelieu, et des quenelles de volaille au consommé. Cependant, à tous ces mets Napoléon préférait les entrées de friture et de pâtisserie, tels que vol-au-vent, petites bouchées à la reine, petites timbales de macaroni à la milanaise, et généralement le macaroni de quelque manière que ce fût ; mais mon confrère ne pouvait le préparer aussi

bon qu'il l'aurait voulu, car ce macaroni, quoique
de Naples, sentait le vieux, ainsi que le fromage de
Parmesan.

Il était privé de toute garniture pour les entrées :
les truffes et les champignons qu'il recevait était entièrement usés dans les bouteilles de conserve. Le
beurre était salé, vieux et de mauvais goût : ce n'é-
tait qu'après l'avoir bien lavé à plusieurs eaux et
épongé qu'il parvenait, à force de soin et de savoir,
à faire du feuilletage. Enfin ce brave homme éprou-
va toutes les privations possibles dans son travail,
n'ayant point de glace (1), si nécessaire pour le feuilletage et les gelées d'entrée et d'entremets ; et, pour
comble de misère, il fallait qu'il employât les provisions qu'il plaisait au gouverneur d'envoyer. O in-
dignité ! il fournissait ce que l'île possédait de plus
mauvais. Mon confrère en avait la conviction : toutes
les fois que l'empereur envoyait en ville son maître-
d'hôtel, M. Piéron, il rapportait des provisions de
beaucoup supérieures à celles du geôlier de sa douloureuse captivité, plus douloureuse encore, puisqu'il
était obligé de faire acheter des vivres avec une somme d'argent qui lui parvenait tous les mois ; mais, dans
la crainte que les fonds n'arrivassent pas à l'époque
fixée, tous les serviteurs qui partageaient la captivité de ce grand homme lui laissaient dans les mains

---

(1) L'empereur aimait l'eau glacée et il était impossible de lui en
servir ; c'est pourquoi ce grand homme ne buvait que de l'eau d'une
source, (près de laquelle ses cendres reposent), pure et fraîche qui se
trouvait à trois quarts de lieue de son habitation.

la moitié de leurs appointements, et cela dans le plus grand secret, car le gouverneur l'aurait empêché, par raffinement de cruauté.

Ah ! quand on pense aux souffrances inouïes que ce grand homme a constamment éprouvées dans cette île de malédiction, le cœur français se soulève d'indignation. Ah ! si des fautes l'ont perdu, devait-il terminer sa grande et valeureuse vie par des années d'agonie qui ont détruit son robuste tempérament. O mon Dieu ! que son âme a dû ressentir de déchirants souvenirs, lui, Napoléon, qui avait commandé à la première nation du monde ; à cette grande France, si belle, si généreuse, si magnanime, si amoureuse de la gloire de ses armes ; lui qui fut sacré empereur des Français par le pape Pie VII, qui vint à Paris pour cette immortelle cérémonie ; lui qui fut revêtu de la pourpre du plus grand des rois ; lui dont la tête, ombragée des lauriers de la victoire, avait porté la couronne de Charlemagne et celle du beau royaume d'Italie ; lui qui avait été protecteur de la confédération germanique et helvétique ; lui qui était le plus grand capitaine des temps antiques et modernes ; lui le héros des plus grandes solennités du monde ; lui dont la puissance avait créé des rois ; lui dont le fils avait reçu en naissant le beau titre de roi de Rome. (Toutes ces époques sont présentes à ma mémoire ; j'ai vu toutes ces grandes solennités en y coopérant souvent par mon travail.) Ah ! quand toutes ces pensées venaient assiéger son cœur, quelle souffrance était la sienne. Lui prisonnier dans une île de mort éloignée des quatre parties du monde, que sa grande renommée avait occupées

tant d'années. Ah! si l'ambition l'a perdu, ses chagrins cruels ont expié ses fautes.

Quel terrible exemple du néant des grandeurs humaines!

Il me semble le voir encore au milieu de ces fêtes
extraordinaires que la bonne ville de Paris lui donnait avec tant de pompe et de solennité : le traité
de Campo-Formio, son retour d'Égypte, son con-
sulat, son sacre, son mariage avec Marie-Louise;
son retour des campagnes de Marengo, d'Austerlitz,
de Wagram, et de Tilsitt; tous ces grands bals de
1810 et 1811; cette fête si pompeuse, si brillante, de
l'Élysée-Bourbon, qui eut lieu à l'occasion du mariage
de son frère Jérôme avec la princesse de Wurtem-
berg.

Et ensuite, proscrit sur un rocher! Ah! qu'il devait souffrir, lorsque tous ses souvenirs d'époques si
mémorables se présentaient en foule à son esprit!
Comme père, son cœur devait se déchirer à chaque
heure du jour; puis ses souvenirs de l'impératrice
Joséphine, de sa mère, de ses frères qu'il avait faits
rois; et ce Lucien qui lui avait prédit ses revers.
Mais laissons de côté toutes ces images de grandeur
et de peine : poursuivons nos détails culinaires et
historiques sur la cuisine de ce grand homme à
Sainte-Hélène.

Le général Montholon dînait souvent avec l'empereur depuis que sa famille était rentrée en France.
Le général Bertrand y dînait aussi, mais moins souvent, ayant sa femme et ses enfants; il avait maison
montée; son cuisinier était Chinois et élève de la
maison de Napoléon; il préparait seulement un po-

tage, un relevé et un plat de rôt ; son garçon, aussi
Chinois, venait tous les jours, à cinq heures préci-
ses, à la cuisine de l'empereur, y chercher deux petites entrées et deux petits entremets, dont un de
douceur.

Lorsque le général Montholon ne dînait pas avec
l'empereur, on lui servait dans son appartement un
potage, deux petites entrées, un rôt et deux entremets, le tout sur des assiettes. Ensuite, le cuisinier
de Napoléon servait deux petites entrées pour la table du médecin de l'empereur, et des deux prêtres
qui desservaient sa chapelle.

A la table des offices, il y avait dix personnes,
et M. Chandelier y servait un potage, le bœuf, deux
entrées et deux entremets.

L'empereur, vers la fin de sa vie, devint moins
satisfait de sa cuisine. Son goût se perdait de plus en
plus, et la sensualité n'avait plus d'attrait pour lui ;
d'ailleurs, quoique sa nourriture fût préparée avec
le plus grand soin, que pouvait le talent du cuisinier
contre les continuels obstacles qu'il rencontrait, et
les provisions détestables que le gouverneur envoyait
méchamment à ce grand homme. Mon confrère m'a
assuré que, dès que l'empereur eut quitté cette terre
de douleur, les provisions qu'il reçut encore pendant
près d'un mois avant de quitter l'île étaient de meilleure qualité. L'histoire transmettra ces faits à la pos-
térité, et les générations à venir ne pourront que
maudire l'homme qui tyrannisa si lâchement celui
qui avait commandé à notre continent.

M. Chandelier me dit qu'avant son arrivée dans
l'île, il prit un jour fantaisie à l'empereur de com-

mander à ses Chinois un dîner tout à la chinoise ; mais tous ces mets étaient tellement mauvais, que M. Piéron fut obligé de faire griller deux côtelettes de mouton pour le dîner de l'empereur, qui, à l'aspect de la cuisine chinoise, en fut dégoûté pour toujours.

Voici une idée de cette misérable préparation alimentaire. Le plus grand régal des Chinois est le porc frais. Ils coupent cette chair, gras et maigre, en petis carrés de quatre lignes de diamètre ; ils la passent cinq minutes sur le feu, dans une poêle contenant du saindoux ; puis ils y mêlent choux, carottes, oignons et persil, le tout coupé comme le porc frais, et fortement assaisonné d'épiceries ; après avoir passé ce triste ragoût encore cinq minutes, ils le servent sur un plat ; puis ils font crever du riz dans de l'eau pendant cinq minutes seulement, et ils avalent leur ragoût (car ils ne mâchent pas leurs aliments) avec leur riz en guise de pain. Ils se servent, pour manger, de deux petits bâtons en ivoire, ce qui leur tient lieu de fourchette ; ils n'ont point de cuillère. Ils prennent pour boisson de l'infusion de thé froid et sans sucre. Le poisson, la volaille, le gibier, le bœuf, le veau et le mouton, se préparent à peu près de la même manière.

Après la mort de l'empereur, son exécuteur testamentaire remit à chacun de ses serviteurs la somme qu'il avait laissée à l'empereur sur ses appointements, et, en plus, des sommes considérables à chacun, selon ses services. Mon confrère reçut dix mille francs pour son retour en France ; puis il toucha vingt-cinq mille francs à Paris. C'est ainsi que furent récompensés

c*

le dévoûment et la courageuse démarche du dernier
officier de bouche qui servit l'empereur Napoléon.

Comme cuisinier, j'admire la conduite de M. Chandelier, dont le dévoûment honore avec tant de dignité le caractère du cuisinier français. Je le répète, gloire à MM. Chandelier et Piéron ! Ce dévoué serviteur a également des droits à notre admiration. M. Piéron reçut 15,000 francs pour son
retour en France, et il toucha 100,000 francs à Paris.
Il est juste de dire que ces messieurs furent ramenés
en Angleterre aux frais du gouvernement britan-
nique.

Après avoir écrit cette notice, je priai M. Chandelier, par un mot d'écrit, de passer chez moi ; je
lui en fis lecture, et sa modestie fut telle, qu'il voulait que je supprimasse les choses vraies et honorables que j'avais retracées sur son caractère, son dévoûment et son travail , me disant que toutes les personnes attachées à la maison de l'empereur avaient
rempli leur devoir avec le même zèle et le même dévoûment. « Oui, lui dis-je, j'en ai la conviction la
plus intime ; mais permettez-moi , mon cher confrère, d'apprécier les difficultés et les fatigues qu'il
vous a fallu éprouver dans votre travail. Comme
praticien , je puis en juger mieux que personne : car
nulle place dans une grande maison n'est plus laborieuse et plus difficile à remplir que celle du cuisinier. Croyez-moi , mon ami, je tiens ici le langage
du praticien culinaire et judicieux. »

Je pense faire plaisir à mes lecteurs en ajoutant à
cette notice historique une visite à l'île Sainte-Hélène, en 1830. Elle est copiée textuellement du jour-

nal *l'Indépendant*, du 31 juillet 1831. Les détails de cette intéressante relation se rattachent tellement à ma narration culinaire sur la vie de Napoléon dans cette île, qu'ils en deviennent le complément inséparable ; tel est du moins mon sentiment.

UNE VISITE.

A L'ILE SAINTE-HÉLÈNE.

Dans la soirée du 22 septembre 1830, nous aperçûmes enfin les hauteurs de la petite île de Sainte-Hélène, que nous distinguâmes avec bien de la peine à travers l'épaisseur des nuages qui bordaient l'horizon ; tous les regards se fixèrent sur cet îlot, aujourd'hui si célèbre, à peine connu il y a quelques années.

Sainte - Hélène, dans l'éloignement, paraissait comme une bande noirâtre qui ne se distinguait des nuages environnants que par une nuance plus foncée. La nuit survint bientôt, et nous déroba le peu que nous en voyions ; nous en approchâmes jusqu'à huit heures du soir, où l'on mit en travers pour attendre le jour.

Au lever du soleil, tous les yeux se portèrent sur cette terre, dont nous n'étions plus qu'à très petite distance.

Qu'on se figure, loin de tous les pays habités, et perdu dans l'immensité de l'Océan, un rocher de quatre à cinq lieues d'étendue : voilà Sainte-Hélène. Jamais terre ne s'offrit plus âpre et plus rude : des montagnes rocailleuses, inabordables, coupées perpendiculairement comme de hautes murailles, bordent partout cette terre sans rivages ; des batteries hérissées de canons ferment et défendent, du côté de la mer, le petit nombre de gorges qu'ont laissées entre elles quelques unes de ces montagnes, et par où l'on pourrait gravir et pénétrer dans l'île ; aucune verdure, aucune habitation, ne vient reposer l'œil.

Lors même qu'à travers des nuages épais qui couvrent presque toujours le ciel, viennent à percer quelques rayons du soleil, sa lumière bienfaisante, qui partout égaie, embellit la nature, lui donne ici un aspect plus hideux et plus repoussant : alors la surface raboteuse de la côte se montre dans toute son horreur ; alors la couleur jaunâtre de quelques couches se détache plus vivement des nuances rousses, brunes et noirâtres, des aspérités, des crevasses voisines.

Autour de ces terres volcanisées, dont l'aspect affreux repousse l'œil de l'homme, crient en voltigeant quelques oiseaux de mer, dont le plumage blanc se détache vivement sur leur teinte sombre. Les flots viennent se briser et mourir aux pieds de ces remparts formés par la nature, et leur bruit monotone ajoute à la tristesse qu'inspire un tel aspect.

Au-dessus de ces montagnes, et sur un piton dont le sommet se perd dans les nues, on aperçoit une batterie surmontée d'un mât de signaux. Des sentinelles, l'œil fixé sur la vaste mer, veillent sans cesse dans ce lieu élevé, d'où elles découvrent un horizon immense.

La nature, qui créa cet écueil, honteuse de son propre ouvrage, voulut le dérober à la vue des hommes en le jetant dans le Grand Océan, loin de la route des navires, dans un lieu écarté, dont les vents, qui soufflent toujours de la même partie, les repoussent sans cesse. Les seuls navigateurs qui revenaient des mers éloignées des Indes la rencontraient quelquefois dans leur passage, et s'en éloignaient. Aujourd'hui, de grands souvenirs se sont attachés à cette terre isolée; et les voyageurs de toutes les nations, surmontant l'horreur qu'inspire ce lieu, osent y aborder.

Après avoir longé de très près trois à quatre lieues de cette côte sauvage, dominant les mâtures les plus élevées, et sur les murs grisâtres d'une batterie, on lit de loin en gros caractères noirs cette inscription anglaise : *Send a boat* (envoyez un canot à terre).

Cette batterie, toujours prête à faire feu, assure l'exécution de cet ordre, qui semble aujourd'hui sans utilité fixe, et a dû avoir été donné, pour la première fois, dans le temps où il n'était permis qu'aux seuls navires anglais d'approcher de l'île.

Le canot revenu, on passa outre. Les forts, qui se multiplient de toutes parts sur les hauteurs de la côte, annoncent l'approche d'un lieu habité, et bientôt, dans le creux étroit d'une profonde vallée, on distingue les toits de quelques maisons; un rempart ferme cette vallée et joint le pied des deux montagnes qui la forment.

Sur le bord de la mer, en dehors de ce rempart, est une forte batterie, devant laquelle mouillent les navires.

Tel est l'extérieur de Sainte-Hélène : je vais parler maintenant de son intérieur.

Par une porte pratiquée dans le rempart, on entre dans une petite ville que les Anglais nomment *James-Town*. Le voyageur, encore frappé de la quantité de batteries de canons, de mortiers, qu'il a vues, voit en entrant un amas d'obus, de bombes, de boulets ; quittant enfin cet appareil de guerre, ses regards se portent sur deux rangs de jolies maisons, qui laissent entre elles une rue assez large.

C'est tout ce qu'a pu permettre l'exiguité du terrain. Le derrière des maisons est adossé à de hautes montagnes entièrement arides. On monte celle de droite par un escalier de 639 marches presque perpendiculaires.

Après avoir déjeuné, on nous amena des chevaux et une calèche pour aller visiter le tombeau de Napoléon.

Une route étroite et sinueuse, pratiquée à force de travail dans le flanc de la montagne, mène, de hauteur en hauteur, jusqu'au sommet de l'île. Quel coup-d'œil singulier, étonnant, pour le cavalier qui parcourt cette route, que cette longue file des maisons de James-Town, ornées de petits jardins et pavillons, et qui deviennent de plus en plus petites à mesure que le vallon se resserre ! C'est réellement une ville en miniature. Dans le fond de la vallée se trouve une belle cascade, qui tombe de cent pieds de haut, et qui fournit de l'eau à la ville.

Arrivé sur la première hauteur, on trouve, de l'autre côté, une ravine profonde, puis des montagnes, des vallées : c'est tout Sainte-Hélène. En suivant cette route étroite, dangereuse à parcourir, beaucoup d'endroits n'étant défendus par aucun pa-

rapet, on ne peut se défendre d'un certain effroi en
se voyant à cheval sur le bord de précipices de plusieurs centaines de pieds de profondeur Du reste,
rien n'égaie les regards; partout la même aridité; les
affreuses montagnes brunes et rousses que l'on a vues
de la mer sont peut-être moins hideuses que celles
de l'intérieur, qui sont d'une couleur grisâtre, mé-
langée de bleu et de couleur de chair, et qui approchent beaucoup des nuances de la flamme de punch ou
de la couleur d'un vase de terre qu'on a long-temps
tenu exposé à un feu ardent. Pour toute verdure, on
trouve çà et là quelques chétives plantations de pins,
dont le triste branchage rappelle nos cyprès. Dans
ces lieux élevés, l'atmosphère est froide et humide ;
une forte brume, que le vent chasse et fouette sans
cesse dans la figure, cause une sensation désagréable.

Après une route de cinq milles, on arrive au tombeau. Dans le cul-de-sac étroit d'une profonde vallée
est un petit plateau de verdure, de cinquante pas
d'étendue : là croît une herbe haute et touffue ; quelques saules pleureurs ombragent ce lieu retiré ; une
petite source coule tout auprès.

C'est cet endroit qu'on appelle la vallée du silence.
Dans ce lieu tranquille Napoléon venait souvent mé-
diter et lire, assis sur le tronc incliné d'un saule ;
puis il se rafraîchissait à la source. Il avait pris cet
endroit en affection, et il le désigna pour sa sépul-
ture.

Napoléon a cessé de vivre, et, comme il l'avait
désiré, son corps y repose, enfermé dans une triple
châsse supportée par de petites colonnes. Sa tombe,
profonde de six pieds, est creusée dans le roc ; trois

larges pierres blanches la recouvrent ; aucune inscription n'y a été tracée.

Une barrière peinte en noir entoure le plateau de
verdure ; les saules pleureurs, inclinés par les vents,
se sont penchés sur la tombe ; celui sur lequel Napoléon aimait à se reposer s'est enfoncé dans les lances
de fer qui l'entourent, et semble lui rendre un dernier hommage.

Nous inscrivîmes chacun nos réflexions sur un re-
gistre tenu à cet effet ; puis nous remontâmes vers
la maison qu'habita l'empereur.

A deux milles du tombeau est une ferme que les
Anglais nomment Longwood, sans doute à cause de
quelques arbres qui forment une espèce d'avenue qui
y conduit : c'est un des endroits les plus élevés de l'île.
Napoléon a vécu sept ans dans cette chétive habitation. Une atmosphère toujours froide et humide, les
vexations d'un geôlier obscur, et, plus que tout, le
souvenir de sa grandeur passée, y dévorèrent son
existence. On nous montra la chambre où il est mort :
elle est longue de dix-sept à dix-huit pieds sur douze
de large, et sans aucun ornement.

Les Anglais de Sainte-Hélène n'ont pas même res-
pecté la dernière demeure de l'illustre captif : la salle
à manger est devenue une écurie ; ils ont placé un
moulin à mécanique dans la chambre même où il
rendit le dernier soupir.

Il y a quelques années, les habitants de cette île
ne faisaient aucun commerce, et végétaient miséra-
blement. Aujourd'hui que les navigateurs qui revien-
nent de l'Inde relâchent tous à Sainte-Hélène pour
visiter le tombeau, les habitants vivent, et quel-

ques uns font leur fortune. Le produit de quelques colifichets que l'on vend à Longwood, et que le souvenir de Napoléon fait acheter, sert encore au soulagement des malheureux de l'île.

Après avoir visité un autre logement qu'on avait préparé pour Napoléon, et qu'il ne voulut jamais habiter, nous revînmes dîner à la ville, en recevant continuellement la brume sur le corps.

Pendant notre petit voyage, un navire anglais était mouillé sur rade. Le lendemain soir nous partîmes.

TRAITS

DE GASTRONOMIE , DE BRUSQUERIE

ET DE GÉNÉROSITÉ

DE L'EMPEREUR NAPOLÉON.

20 mars 1830.

L E grand M. Dunan est venu me faire sa visite, et nous avons causé plus de trois heures sur l'état des maisons de l'ancien régime. je veux dire avant 93, sur celles du temps de l'empire, et sur nos grandes maisons du jour. En vérité, ces trois grandes époques sont tellement extraordinaires, que je me sais bon gré d'en avoir analysé, dans le discours préliminaire de mon Maître-d'hôtel, les causes et les effets, ainsi que l'influence qu'elles ont exercée sur la cuisine moderne. Ces trois périodes de l'art culinaire sont assez intéressantes pour que je rappelle ici quelques nouveaux détails qui serviront à mieux faire ressortir les conséquences de mes véridiques observations sur l'état de la cuisine française vers la fin du dix-huitième siècle et au commencement du dix-neuvième.

Cette soirée du 20 mars fut donc toute scientifique pour moi, ayant su tirer tout le parti possible de mon entretien avec un homme qui avait parfaitement connu les trois époques que j'ai citées précédemment.

M. Dunan fut élève de la maison de Condé; son père fut également cuisinier du prince. Ce fut surtout dans les grands repas militaires que le prince donnait à Paris que le jeune Dunan se fit remarquer, et il devint bientôt le chef des voyages du duc de Bourbon, qui l'aimait et le considérait beaucoup. M. Dunan me raconta qu'il n'avait que 20 ans à l'époque où le duc de Bourbon devait monter sa maison, et qu'il devait en être nommé contrôleur. Mais les troubles commencèrent à éclater, et la révolution de 93 le fit émigrer à la suite de son illustre maître. Sur la terre de l'exil et de la proscription, la maison du prince français n'avait plus qu'un pâle reflet de son antique splendeur.

M. Dunan, voyant la place du contrôleur perdue pour lui, se contenta d'être le cuisinier de son noble seigneur.

Sa situation à l'armée de Condé devint précaire. Après douze années d'émigration, il tomba malade et obtint du prince l'autorisation de retourner à Paris. L'air natal lui eut bientôt rendu la santé; et, ainsi que tant d'autres émigrés, M. Dunan prit du service auprès de l'empereur, et devint son premier maître-d'hôtel. Il ne quitta le grand homme qu'après son départ pour l'île déserte qui devait lui servir de tombeau. M. Dunan en ressentit une peine réelle.

L'altération de sa santé, causée par les nombreux voyages qu'il fit avec Napoléon, en le suivant sur les champs de bataille où la victoire couronna si long-temps nos drapeaux d'un plein et immortel succès, ne lui permit pas de suivre l'empereur à l'île Sainte-Hélène.

Le 20 mars devait aussi frapper le premier maître-d'hôtel de Napoléon. Après avoir abdiqué, ce grand homme remercia la presque-totalité de ses serviteurs, et ces braves gens étaient aussi loin d'imaginer le retour de l'île d'Elbe qu'ils l'avaient été de prévoir le renversement du conquérant qui avait si long-temps commandé à l'Europe.

M. Dunan, ainsi que son illustre maître, avait pensé que le temps de la prospérité devait être indéfini, et, après avoir servi dix ans l'empereur, il n'était pas riche. Se rappelant les bontés de son premier maître, il se présenta, à la rentrée de Louis XVIII, chez le duc de Bourbon; mais il y avait dans Paris un grand nombre de vieux serviteurs du prince qui de droit avaient repris leur service auprès de lui.

Cependant le chef qui avait suivi le prince dans l'émigration réclama et obtint 1000 francs de pension, et l'honorable protection de son noble maître, qui lui fit obtenir la place de contrôleur de la maison du duc de Berri.

Mais, par une fatalité toujours contraire à la fortune du maître-d'hôtel de l'empereur, la réaction du 20 mars arriva, la place de contrôleur lui échappa, et le retour de Napoléon dans la capitale indiqua assez à M. Dunan qu'il devait reprendre son service auprès de l'empereur, qui le revit avec plaisir. Ce bonheur inespéré devait être de courte durée. La destinée de Bonaparte devint de plus en plus orageuse; la tempête éclata, et engloutit pour toujours celui dont le nom avait rempli l'univers. Quelle terrible leçon pour les rois et pour les conquérants !

Le premier maître-d'hôtel de Napoléon, ainsi que tous ceux qui étaient dévoués à sa cause, furent battus par la tempête qui avait brisé le diadème des rois de France sur la tête, ombragée des lauriers de la victoire, de l'homme qui avait tout perdu.

Maintenant, je vais raconter quelques anecdotes qui intéresseront mes confrères, puisqu'il s'agit de la cuisine et du service de l'empereur.

Dans cette soirée confidentielle, M. Dunan me raconta les faits suivants. — L'empereur était véritablement attaché à son monde, et à son maître-d'hôtel en particulier, dont les soins et le dévoûment lui étaient bien connus. Il devait pourtant éprouver une grande mortification, causée par l'impétuosité du caractère de l'empereur. Il est vrai que, s'apercevant de la peine qu'il avait faite, il s'empressa de la réparer de la manière la plus flatteuse et la plus touchante. — Voici le fait.

Quelques jours avant de déclarer la guerre à la
Prusse, l'empereur parut à son déjeuner, la figure
rembrunie et paraissant occupé d'un vaste projet.
A peu près un mois avant cette époque remarquable, il avait demandé à M. Dunan pourquoi il ne
lui servait jamais de crépinettes de cochon. Ce goût
n'était point gastronomique, et était peu fait pour en-
courager la cuisine impériale. Aussi son maître-
d'hôtel lui observa que ce mets ne convenait point à
Sa Majesté, et que ces crépinettes étaient par trop
indigestes pour qu'on lui en servît. Le maître-d'hôtel
fit faire le lendemain des crépinettes de perdreaux
et les servit au déjeuner. L'empereur en fit compliment, en mangea beaucoup et les trouva excellentes.
Encouragé par cette douce réception, M. Dunan en
marqua sur son menu un mois après (1). Mais,
grand Dieu! quel accueil elles reçurent! l'empereur,
après avoir pris son potage, déclocha avec vivacité
la première assiette, et l'aspect de ces pauvres crépinettes le fit tout-à-coup sortir de son caractère : il
poussa brusquement la table et la renversa, avec tout
ce qui la couvrait, sur un magnifique tapis; il se re-
tira ensuite tout en colère dans son cabinet (2). Le
maître-d'hôtel me raconta qu'à ce moment il lui

(1) Le déjeuner se composait de six assiettes sur lesquelles se trouvaient des côtelettes de veau, du poisson, de la volaille, du gibier, un
entremets de légumes et des œufs à la coque.

(2) Je pense que ce mets délicieux avait sans doute rappelé à Napoléon quelques mauvais succès ; car les rois ne sont point exempts de
tribulations : les vicissitudes humaines atteignent le riche comme le pauvre, le fort comme le faible.

avait semblé être frappé par la foudre; il resta immobile et stupéfait de la scène extraordinaire qui venait de se passer. Les écuyers tranchants et les valets de pied se hâtèrent de tout ramasser, tandis que le premier maître-d'hôtel, tout étourdi de sa disgrâce, résolut d'aller chez le maréchal du palais demander sa démission, en lui racontant l'affaire. Celui-ci lui fit observer qu'il avait le plus grand tort de vouloir quitter le service de l'empereur, et qu'il devait sans perdre de temps faire préparer un second déjeuner; que l'empereur avait eu un moment de vivacité, mais qu'il ne manquerait pas de faire demander bientôt un second service. Notre maître-d'hôtel se décida avec peine, et obéit cependant aux ordres du grand maréchal (Duroc).

En effet, à peine le déjeuner fut-il préparé qu'il fallut le servir. Ce fut Roustant qui se présenta à l'empereur. Sa Majesté demanda pourquoi Dunan n'entrait pas pour le servir. Celui-ci arriva tout mortifié. Il servit un poulet rôti à l'empereur, qui lui en fit compliment; et, lui faisant signe d'approcher, Sa Majesté lui toucha plusieurs fois sur la joue avec bonté, et lui dit: « Ah! mon cher Dunan, vous êtes plus heureux d'être mon maître-d'hôtel que moi d'être empereur; » puis il continua son déjeuner avec tristesse. Le pauvre Dunan s'aperçut que l'homme tout-puissant et revêtu de la pourpre des rois n'était pas plus exempt que lui d'éprouver des peines profondes.

Plusieurs événements avaient véritablement attaché M. Dunan à cet homme extraordinaire; les faits suivants vont le prouver de plus en plus.

Dans toutes les campagnes que fit l'empereur, son premier maître-d'hôtel le suivit avec empressement, marchant souvent avec l'état-major de la garde, afin de savoir de l'empereur lui-même les heures qu'il décidait pour faire halte. Quelquefois il se trouvait au milieu des bataillons carrés de la garde de l'empereur; puis, au milieu de la canonnade et de la mitraille, il observait douloureusement le carnage effroyable des champs de bataille; et cet homme de bouche faisait de bien tristes réflexions sur la destruction des hommes qui périssent à l'armée, lui dont la mission était d'alimenter et de ranimer l'homme par la science gastronomique. Aussi, autant l'ardeur guerrière du soldat français le pousse à la victoire, autant le génie culinaire de Dunan lui faisait-il souhaiter le succès de nos armes. Mais la paix seulement pouvait le rendre à lui-même: alors il jouissait de la victoire avec délices, dans les banquets solennels que l'empereur donnait à ses généraux après les batailles. Il entendait raconter les faits glorieux de nos armes, et il disait en lui-même: « J'étais au milieu de vous; et, si je n'étais point armé pour la patrie, je la servais cependant avec dévoûment en contribuant de tous mes moyens à la conservation de la santé du grand homme sur lequel reposaient les destinées de la France. »

Mais le premier maître-d'hôtel de l'empereur n'était véritablement heureux qu'à Paris: là, entouré de toute sa brigade, son service était plus digne de son maître; aussi c'était à Paris que ses soins étaient le plus remarqués de l'empereur.

Pendant le moment du dîner, Napoléon avait-il

oublié de prendre son mouchoir ou sa tabatière, Dunan s'apercevait de suite lequel des deux l'empereur avait oublié dans son cabinet; il allait aussitôt chercher l'objet oublié , et son maître lui en témoignait sa satisfaction.

Un jour l'empereur lui dit : « Mais, Dunan, vous êtes devin, pour savoir toujours lequel des deux j'ai oublié, de mon mouchoir ou de ma tabatière.—Sire , répondit le fidèle serviteur, j'ai remarqué que Votre Majesté avait l'habitude de placer sa tabatière dans la poche gauche et son mouchoir dans la poche droite; lorsque Votre Majesté est à table , dès qu'elle cherche dans ses poches , je remarque dans laquelle, et je m'aperçois de suite quel est l'objet qu'à oublié Votre Majesté. Je suis heureux que cette attention soit agréable à Votre Majesté. » L'empereur le remercia avec bonté.

Un jour , à la suite du déjeuner, il avait avec ses généraux une conversation assez vive sur des sujets importants. Son maître-d'hôtel , ayant fini son service, allait se retirer , lorsque l'empereur, se retournant, lui dit : « Restez, Dunan, vous n'êtes point de trop ici. »

Une autre fois, également sortant de table , un des courtisans de Napoléon s'aperçut que sa tabatière était vide et s'empressa de la faire remplir. L'empereur reçut sa tabatière , l'ouvrit , jeta au feu le tabac qu'elle contenait, et fit signe à son maître-d'hôtel de lui en donner lui-même. (Quel pied de nez pour le courtisan !)

Après le terrible incendie de la salle du bal du prince de Schwartsemberg, Dunan n'avait quitté l'empereur que pendant son voyage à Saint-Cloud, pour y reconduire l'impératrice Marie-Louise. Le jour qui suivit cette nuit de deuil, il demanda quelques nouveaux détails à son maître-d'hôtel, en lui disant qu'il lui causait beaucoup de fatigues ; puis, lui prenant la main, il le fit entrer dans son cabinet, ouvrit sa cassette, et lui donna 10,000 francs en billets de banque.

Après la campagne de Russie, l'empereur avait fait marquer sur la liste des croix qu'il devait donner le nom de quelques serviteurs de sa maison, et Dunan était le premier.

Mais les événements se succédèrent avec tant de rapidité depuis la retraite de Moscow, que ces récompenses bien méritées furent négligées.

AVERTISSEMENT.

EUX de mes confrères qui ne liront pas cet ouvrage entièrement perdront en grande partie le fruit de longues méditations ; cependant elles sont le résultat de trente années de pratique et d'expérience ; ceux-là, dis-je , courent grand risque de ne pas bien comprendre des détails sur lesquels j'aurai cru devoir passer rapidement , afin de ne pas tomber dans des répétitions continuelles et aussi fastidieuses pour moi que pour le lecteur zélé à apprendre les choses que je démontre ; mon intention cependant est d'être intelligible , afin d'être compris aisément par mes confrères laborieux qui ont le désir d'acquérir de la réputation. Or, je décrirai toujours, dans chacun des premiers articles contenus dans chaque chapitre, les détails nécessaires au développement de l'opération; ensuite, j'abrégerai autant que possible les mêmes détails dans la description des articles qui se succéderont. A cet égard, je suivrai la méthode que j'ai adoptée dans les ouvrages que j'ai déjà publiés. J'ai conservé également la même manière de classer, par parties, les sujets qui sont dans la même catégorie, et de diviser chaque partie par chapitres, donnant la description des articles analogiques qui y sont contenus.

La première partie comprend les bouillons, consommés, fumets, en gras et en maigre.

La seconde, les potages français et étrangers, en gras et en maigre.

La troisième, les grosses pièces de poissons de mer et d'eau douce.

La quatrième comprend les grandes et petites sauces, les essences, ragoûts et garnitures en gras et en maigre.

La cinquième les grosses pièces de boucherie, de volaille, de gibier.

Enfin, dans un ouvrage qui suivra de près celui-ci, je publierai les traités des entrées, des entremets potagers et autres, et des rôts en gras et en maigre ; alors, j'aurai rempli la plus difficile et la plus laborieuse tâche que jamais homme de bouche ait osé entreprendre. Cette honorable ambition aura occupé toute ma vie, et cette consolante pensée m'élève au-dessus de mes détracteurs, jaloux de ces grands travaux.

J'ai ajouté de nouvelles tables ; contenant les remarques et observations que j'ai été susceptible de
faire en décrivant l'analyse de chaque partie en particulier. Par ce moyen, mes confrères trouveront plus
aisément les détails des choses essentiellement nécessaires à savoir, pour mieux comprendre les préceptes
répandus dans cet ouvrage, qui est entièrement neuf.
J'invite donc les jeunes praticiens à profiter de cette
importante observation : ils en recevront un accroissement rapide de réputation.

J'ai encore ajouté, en tête de chaque chapitre, le
sommaire des articles qui s'y trouvent analysés, afin
d'en rendre la recherche plus facile. Je veux également que la ménagère trouve dans mon livre de quoi
occuper ses loisirs : sa lecture lui découvrira une infinité de choses faciles à exécuter ; elle pourra instruire sa cuisinière sur ses goûts sensuels ; elle pourra
préparer de ses propres mains des mets succulents,
qui lui attireront les plus douces louanges de la part
de ses convives. Par ce résultat, elle pourra enrichir
sa table d'une infinité de choses variées et peu coû-
teuses ; elle pourra diriger elle-même son dîner le
jour où elle recevra sa famille et ses amis. Quelle
douce satisfaction pour elle ! Et tant de jouissances
deviendront le fruit de la lecture d'un livre qui,
après tout, sera plus nécessaire pour elle que la lecture d'un roman ; et si ma manière de décrire appartient à la cuisine des maisons opulentes, le point essentiel en toutes choses, c'est de connaître les procédés à employer pour bien les exécuter dans leurs
moindres détails ; la simplicité est toujours facile, dès
que l'on connaît les vrais moyens d'agir. Mais, me

dira-t-on, les dépenses d'une grande maison sont énormes. Erreur vulgaire, c'est parmi les praticiens que se trouve une sage économie, car nous savons tirer parti de toutes choses avec avantage ; d'ailleurs les dépenses du ménage des grands, ainsi que celles du modeste bourgeois, doivent avant tout se régler d'après les revenus des Amphitryons : c'est donc à la ménagère à régler les dépenses qu'elle veut faire pour la confection de ses dîners d'invitation. Si, par exemple, au lieu de donner pour rôt une dinde grasse au cresson, elle donne une dinde aux truffes, à coup sûr elle aura dépensé vingt-cinq ou trente francs de plus. Il est donc évident que les dépenses sont en général relatives aux choses que nous voulons servir; mais la manière de les préparer reste la même. Nos moyens pécuniaires doivent seuls décider du choix que nous faisons de nos aliments ; ensuite, il est des jours de fête dans les familles où la gastronomie doit avoir son tour; alors des mets plus recherchés doivent couvrir la table de nos festins. Je le répète, la lecture de mon livre rendra d'importants services à toutes les fortunes et à toutes les personnes qui aiment par goût à s'occuper de la préparation de leur cuisine, première nécessité de la vie privée et sociale.

Mon livre n'est donc point écrit que pour les grandes maisons. Je veux, au contraire, qu'il devienne d'une utilité générale. C'est une étrange erreur pour les personnes qui n'ont pas le moyen de tenir un certain courant de maison, de vouloir faire servir sur leurs tables des entrées et des entremets mal préparés et mal servis, parce que la personne chargée de leur confection n'a pas le temps, et plus souvent encore n'a pas le talent de les préparer. Je dirai donc avec ma franchise accoutumée : pourquoi ne pas quitter cette manière de couvrir les tables bourgeoises à l'imitation de celles des grands. Cette coquetterie de table ne sert qu'à mieux faire voir tout le ridicule de cette manie, qui coûte beaucoup, sans pour cela arriver aux résultats que l'on se propose pour faire bonne chère, et pour la faire faire à ses amis.

Je voudrais que, dans notre belle France, tout citoyen pût manger des mets succulents ; et cela est facile, quand on est servi à souhait par la Providence, comme nous le sommes ; car tout ce qui constitue la bonne chère se trouve là sous notre main. Je proposerai donc de servir désormais quatre mets au lieu de huit, et de les servir l'un après l'autre, ils en seront plus chauds et meilleurs. On devrait seulement servir sur la table le peu de dessert que l'on pourrait offrir, et y mêler des vases de fleurs, dont les rues de Paris abondent en toute saison ; le milieu de la table serait réservé pour y poser tour à tour le service de cuisine.

Je voudrais donc qu'il fût servi d'abord un bon potage, qui ne fût pas toujours la soupe au pain, mais bien nos purées de plantes légumineuses, de racines et d'herbages garnis de pâte, de gruau, d'orge perlé, de riz, de sagou, et de tapioca ; ensuite, que l'on servît le bouilli, mais toujours garni autour d'excellentes racines glacées ; et, ce qui serait plus digne encore de l'Amphitryon, de ne point servir le bouilli, mais, à sa place, un beau filet de bœuf, soit piqué et glacé à la broche, ou braisé, et surtout garni de quelques bons légumes ou racines glacés , ou bien avec du riz ou du macaroni, ainsi que nous l'avons démontré dans les chapitres suivants ; puis un bon jus de bœuf à part dans une saucière.

Après cette première grosse pièce, je voudrais que l'on en servît une seconde de poisson, soit cuit à l'eau de sel, ou au court bouillon, ou au gratin , ou bien en matelotte , ce qui est assez du goût de tout le monde ; ensuite un plat de rôt de volaille , un entremets de légumes, deux de douceur, dont un de pâtisserie, une salade et du dessert. Voilà de quoi dîner pour quinze personnes, et de quoi bien dîner.

Mais , me dira-t-on, vous voulez faire faire bonne chère. — Oui, sans doute. — Mais ne voyez-vous pas que votre filet de bœuf, votre poisson, votre rôti de volaille et vos entremets , coûteront bien davantage à l'Amphitryon bourgeois qu'il ne dépense ordinairement pour servir sur sa table le bouilli et quatre entrées. — Point du tout, les dépenses seront les mêmes; mais, je le répète, il vaut mieux bien recevoir ses amis deux fois par an , que quatre, et les traiter mal ; ils en seront plus reconnaissants; et d'ailleurs, agissant de même à votre égard , vous éprouverez le même plaisir en allant dîner chez eux. Vous sauriez désormais que ces invitations seront pour eux et pour vous des jours de fête, dont vous conserverez, convives et Amphitryons, d'aimables souvenirs. Que quelque bon bourgeois de Paris essaie de ce nouveau mode de traiter , et bientôt cet usage aura toute son influence sur les estomacs parisiens, et sur le reste de cette belle France, dont les bonnes productions gastronomiques sont tant enviées des étrangers.

OBSERVATIONS ET REMARQUES SUR LES ÉPICERIES
ET LES PLANTES AROMATIQUES QUI COMPOSENT
LES ASSAISONNEMENTS DE LA CUISINE MODERNE.

En me livrant exclusivement à la cuisine, j'ai
voulu me rendre un compte exact des bons et mauvais effets des aromates et épiceries, dont on abuse
trop souvent, et cela par suite de l'ignorance où
nous jette la routine.

Dès que nous voulons professer les arts et métiers
avec quelque distinction, nous devons sans relâche
nous livrer à l'étude de la science, et bientôt nous
marcherons à grands pas vers la perfection ; j'ai
donc voulu me rendre compte des bons et mauvais
effets que doivent produire les épiceries et aromates :
j'ai vu qu'en les employant avec discernement et
modération, ils étaient nécessaires, tant par leurs
vertus que pour obtenir de la variété dans nos sauces et assaisonnements.

En voici quelques notions. Nous devons employer de préférence le poivre blanc au poivre noir : il
excite l'appétit et fortifie l'estomac.

La muscade est cordiale et stomachique ; son goût
aromatique contribue sensiblement à donner un
goût agréable à nos assaisonnements.

Le girofle fortifie l'estomac ; mais, ainsi que le poivre et la muscade, il échauffe lorsque l'on en fait
un usage déréglé.

Le macis, étant le réseau qui enveloppe la noix-
muscade, a à peu près les mêmes propriétés que cette

dernière, et nous l'employons également avec succès dans nos assaisonnements.

Le gingembre, la coriande et la cannelle étaient fréquemment employés dans l'ancienne cuisine, tandis que nous ne nous en servons que très rarement dans la moderne, ou pour mieux dire pas du tout.

Les quatre épices sont également peu usitées aujourd'hui, si ce n'est dans l'assaisonnement des viandes, comme galantines et pâtés froids.

Si de l'épicerie nous passons en revue les plantes aromatiques, nous voyons que le thym, le basilic et la sarriette excitent l'appétit, fortifient l'estomac et les nerfs, soulagent les poumons et aident à la digestion.

Les feuilles de laurier (arbrisseau) sont également d'un grand usage en cuisine; elles contiennent une huile aromatique propre à fortifier les estomacs faibles.

Il est facile de s'apercevoir, d'après les détails que je viens de donner, qu'en employant les aromates et épiceries avec discernement et en petite quantité, nous pouvons en tirer un parti avantageux, tant pour le goût que pour la variété de nos assaisonnements, sans pour cela nuire à la santé.

Si nous voulons nous rendre compte des vertus des fines herbes, nous voyons que le persil est apéritif, que le cerfeuil provoque également l'appétit, et qu'il purifie le sang; que l'estragon est apéritif, sudorifique et stomachique.

L'ail, l'échalotte et l'oignon sont également employés avec succès, et ont a peu près les mêmes ver-

tus; ces plantes sont apéritives, pectorales et sudo-
rifiques.

Je le répète, le discernement fait la science du
cuisinier, et les soins assurent la durée de sa réputation. Je sais qu'il est difficile d'assaisonner à point,
et selon le goût de tout le monde, en y réfléchissant
bien; l'analyse peut beaucoup sans doute, mais elle
ne saurait réussir à contenter tous les goûts, par la
seule raison que chaque homme a le sien qui lui est
particulier. Celui qui aime l'acide n'aimera point
l'aigre-doux; ceux qui aiment l'amer dédaignent les
choses d'un assaisonnement doux; les mets légèrement assaisonnés ne sauraient plaire à ceux qui n'aiment que les choses relevées et de haut goût; cependant, on ne saurait disconvenir qu'il y a des praticiens parmi nous dont la science préside à tout ce
qu'ils confectionnent, et dont le goût et le palais
sont généralement goûtés des gastronomes. Mais le
premier talent que nous devons avoir, c'est de bien
faire, et de faire au goût du seigneur que nous servons, afin de lui conserver ses habitudes et sa santé.

Je ne terminerai pas cette analyse sans rappeler
que le sel est le plus précieux de tous les assaisonnements; les nations des deux mondes en font usage de
temps immémorial. Pline a dit que rien n'était plus
utile que le soleil et le sel : il excite l'appétit, favorise
la transpiration et la digestion; il corrige l'accessence
des substances animales et végétales, et en relève le
goût fade et insipide, en les rendant savoureuses et
agréables au palais.

C'est l'assaisonnement indispensable et par excellence; il est généralement employé comme le pro-

cédé le plus utile à la préparation et à la conservation des aliments tirés du règne animal. Le bon cuisinier l'emploie avec art, le médiocre l'emploie sans goût, et reste dans la médiocrité, en salant trop ou trop peu.

REMARQUES ET OBSERVATIONS SUR LE CONTENU DE CET OUVRAGE.

C'est dans un vieux *Dictionnaire des aliments*, publié en 1709, par M. Lémery, docteur régent en la faculté de médecine de Paris, c'est dans cet ouvrage, dis-je, que j'ai trouvé l'étude approfondie des vertus bienfaisantes de nos substances alimentaires, et je m'en suis servi depuis bien des années dans mon travail, en m'en trouvant toujours bien. Ainsi, mes observations alimentaires, relativement aux bons et mauvais effets qu'elles produisent sur la santé, me furent inspirées par l'expérience et par l'étude assidue du traité de M. Lémery, et d'un nouvel ouvrage publié en 1830, ayant pour titre : *Dictionnaire des substances alimentaires*, par M. A. F. Aulagnier, membre de l'Académie de médecine et de la Légion-d'Honneur.

Cette nouvelle production est lumineuse, intéressante, et porte le cachet de l'homme de mérite : aussi ce livre est-il bien supérieur au *Dictionnaire des aliments*, publié en 1826, par C. G.

J'ai pensé que je devais, dans l'intérêt de la science, rajeunir quelques vieilles recettes du praticien Vincent-la-Chapelle, et d'un ouvrage intitulé *Les sou-*

pers de la cour. Ces deux ouvrages m'ont paru seuls dignes de mon attention, parmi tous ceux qui ont paru depuis le dix-septième siècle, et qui ne sont, pour la plupart, que du réchauffé.

Maintenant, mes confrères ne m'accuseront pas d'avoir ajouté à la description de ma cuisine des pages de notes superflues : ce serait une étrange erreur que d'avoir de semblables pensées. Si j'ai ajouté des dissertations alimentaires et culinaires dans l'analyse de mes ouvrages, j'ai suivi les inspirations de l'amour de la science, elles sont le fruit de longues méditations, de pratique et d'expérience. Si, dans cette circonstance, je me suis servi d'un peu d'imagination, mes confrères à réputation, et les jeunes praticiens qui ont du bon sens, comprendront combien il m'aura fallu de courage et de persévérance pour suivre sans relâche, depuis vingt ans, un travail aussi aride que la description d'un tel ouvrage (bientôt dix volumes seront publiés). Cependant, je suis satisfait de mes travaux culinaires. En suivant cette nouvelle manière de décrire la cuisine française, c'est un nouvel hommage rendu à la mère-patrie de la gastronomie, à la science alimentaire, et aux grandes célébrités culinaires. Ainsi donc, j'ai cédé sans effort à mon imagination. Elle m'a servi à souhait en embellissant ma profession ; mais en même temps, ma raison m'inspira de réduire de beaucoup le nombre des articles que j'ai décrits dans mes livres. Ainsi, d'un côté, si j'ai ajouté des notes intéressantes pour donner quelque charme à tous ces détails de la science, en revanche j'ai de beaucoup abrégé la description d'une infinité d'articles qui au-

I.   e

raient de beaucoup augmenté la longueur de mes chapitres. Je le répète, ici il y a compensation. En obtenant ce résultat, c'est avoir rempli ma tâche selon l'esprit d'analyse du dix-neuvième siècle. Pour convaincre mes confrères de ces faits, je donnerai à la fin de ce volume une table particulière de mes observations culinaires, alimentaires et gastronomiques. Celui qui les lira avec attention s'apercevra aisément si j'ai rempli dignement le but que je me suis proposé, de reculer les limites de l'art, en lui donnant un accroissement notable dans toutes ses parties.

Enfin, cet ouvrage, entièrement neuf, comprend plus de deux cent cinquante potages gras, et le même nombre de potages maigres et de poisson, plus de cent cinquante sauces grasses et maigres, plus de cent cinquante ragoûts gras et maigres, plus de cinquante garnitures, plus de cinquante purées, plus de vingt-cinq essences, plus de cinq cents grosses pièces de poisson, et un nombre considérable de grosses pièces de boucherie, de volaille, de gibier, de grosses pièces de jambon, et autres de porc frais.

HISTOIRE

PHILOSOPHIQUE

DE LA CUISINE.

ARTICLE PREMIER.

L A cuisine est le plus ancien des arts, car Adam naquit à jeun, et le nouveau né, à peine entré dans ce monde, pousse des cris qui ne se calment que sur le sein de sa nourrice.

e *

C'est aussi, de tous les arts, celui qui nous a rendu le service le plus important pour la vie civile : car ce sont les besoins de la cuisine qui nous ont appris à appliquer le feu, et c'est par le feu que l'homme à dompté la nature.

Quand on voit les choses d'en haut, on peut compter jusqu'à trois espèces de cuisine.

La première, qui s'occupe de la préparation des aliments, a conservé le nom primitif;

La seconde s'occupe à les analyser et à en vérifier les éléments : on est convenu de l'appeler chimie ;

Et la troisième, qu'on peut appeler cuisine de réparation, est plus connue sous le nom de pharmacie.

Si elles diffèrent par le but, elles se tiennent par l'application du feu, par l'usage des fourneaux, et par l'emploi des mêmes vases.

Ainsi, le même morceau de bœuf que le cuisinier convertit en potage et bouilli, le chimiste s'en empare pour savoir en combien de sortes de corps il est résoluble; et le pharmacien nous le fait violemment sortir du corps, si par hasard il y cause une indigestion.

L'homme est un animal omnivore; il a des dents incisives pour diviser les fruits, des dents molaires pour broyer les graines, et des dents canines pour déchirer les chairs; sur quoi on a remarqué que, plus l'homme est rapproché de l'état sauvage, plus les dents canines sont fortes et faciles à distinguer.

Il est extrêmement probable que l'espèce fut longtemps frugivore, et elle y fut réduite par la nécessité: car l'homme est le plus lourd des animaux de l'ancien monde; et ses moyens d'attaque sont très bornés, tant qu'il n'est pas armé.

Mais l'instinct de perfectionnement attaché à sa nature ne tarda pas à se développer; le sentiment même de sa faiblesse le porta à chercher à se faire des armes; il y fut poussé aussi par l'instinct carnivore, annoncé par ses dents canines; et dès qu'il fut armé, il fit sa proie et sa nourriture de tous les animaux dont il était environné.

Cet instinct de destruction subsiste encore. Les enfants ne manquent jamais de tuer les petits animaux qu'on leur abandonne; ils les mangeraient s'ils avaient faim.

Il n'est point étonnant que l'homme ait désiré se nourrir de chair: il a l'estomac trop petit, et les fruits ont trop peu de substances animalisables pour suffire pleinement à sa restauration. Il pourrait mieux se nourrir de légumes; mais ce régime suppose des arts qui n'ont pu venir qu'à la suite des siècles.

Les premières armes durent être des branches d'arbre; et plus tard, on eut des arcs et des flèches.

Il est très digne de remarque que partout, où on a trouvé l'homme, sous tous les climats, à toutes les latitudes, on l'a toujours trouvé armé d'arcs et de flèches. Cette uniformité est difficile à expliquer. On ne voit pas comment la même série d'idées s'est présentée à des individus soumis à des circonstances si différentes; elle doit provenir d'une cause qui s'est cachée derrière le rideau des âges.

La chair crue n'a qu'un inconvénient, c'est de s'attacher aux dents par sa viscosité; à cela près, elle n'est point désagréable au goût. Assaisonnée d'un peu de sel, elle se digère très bien, et doit être plus nourrissante que tout autre.

« Mein God! me disait, en 1815, un capitaine de « Croates à qui je donnais à dîner, il ne faut pas « tant d'apprêts pour faire bonne chère. Quand nous « sommes en campagne, et que nous avons faim, nous « abattons la première bête qui nous tombe sous la « main, nous en coupons un morceau bien charnu, nous « le saupoudrons d'un peu de sel que nous avons tou- « jours dans la sabretache (1); nous le mettons sous « la selle sur le dos du cheval; nous donnons un « temps de galop; et (faisant le mouvement d'un « homme qui déchire à belles dents) gnian, gnian, « gnian, gnian, nous nous régalons comme des « princes. »

Quand les chasseurs du Dauphiné vont à la chasse, dans le mois de septembre, ils sont également pourvus de poivre et de sel. S'ils tuent un bec-figue de haute graisse, ils le plument, l'assaisonnent, le portent quelque temps sur leur chapeau, et le mangent.

Ils assurent que cet oiseau ainsi traité est encore meilleur que rôti.

D'ailleurs, si nos trisaïeux mangeaient leurs aliments crus, nous n'en avons pas tout à fait perdu

---

(1) La sabretache ou poche de sabre est cette espèce de sac écussonné qui est suspendu au baudrier d'où pend le sabre des troupes légères; elle joue un grand rôle dans les contes que les soldats font entre eux.

l'habitude. Les palais les plus délicats s'arrangent très bien des saucissons d'Arles, des martadelles, du bœuf fumé de Hambourg, des anchois, des harengs pecks, et autres pareils qui n'ont pas passé par le feu, et qui n'en réveillent pas moins l'appétit.

DÉCOUVERTE DU FEU.

Après qu'on se fut régalé assez long-temps à la manière des Croates, on découvrit le feu; et ce fut encore un hasard, car le feu n'existe pas spontanément sur la terre : les habitants des îles Mariannes ne le connaissaient pas.

CUISSON.

Le feu une fois connu, l'instinct de perfectionnement fit qu'on en approcha les viandes, d'abord pour les sécher, et ensuite on les mit sur des charbons pour les cuire.

La viande ainsi traitée fut trouvée bien meilleure ; elle prend plus de consistance, se mâche avec beaucoup plus de facilité; et l'osmazone, en se rissolant, l'aromatise, et lui donne un parfum qui n'a pas cessé de nous plaire.

Cependant, on vint à s'apercevoir que la viande cuite sur les charbons n'est pas exempte de souillure, car elle entraîne toujours avec elle quelques parties de cendres ou de charbon dont on la débarrasse difficilement. On remédia à cet inconvénient en la perçant avec des broches qu'on mettait au-dessus des charbons ardents, en les appuyant sur des pierres d'une hauteur convenable.

C'est ainsi qu'on parvint aux grillades, préparation aussi simple que savoureuse : car toute viande
grillée est de haut goût, parce qu'elle se fume en
partie.

Les choses n'étaient pas beaucoup plus avancées
du temps d'Homère ; et j'espère qu'on verra ici avec
plaisir, la manière dont Achille reçut dans sa tente,
trois des plus considérables d'entre les Grecs, dont
l'un était un roi.

Je dédie aux dames la narration que j'en vais faire,
parce qu'Achille était le plus beau des Grecs, et que
sa fierté ne l'empêcha pas de pleurer quand on lui
enleva Briséis. C'est aussi pour elles que je choisis la
traduction de M. Dugas de Montbel, auteur doux,
complaisant, et assez gourmand pour un helléniste.

« Aussitôt Patrocle obéit aux ordres de son com-
« pagnon fidèle. Cependant Achille approche de la
« flamme étincelante un vase qui renferme les
« épaules d'une brebis, d'une chèvre grasse, et le
« large dos d'un porc succulent. Automédon tient
« les viandes que coupe le divin Achille ; celui-ci les
« divise en morceaux, et les perce avec des pointes
« de fer.

« Patrocle, semblable aux immortels, allume un
« grand feu ; dès que le bois consumé ne jette plus
« qu'une flamme languissante, il pose sur le brasier
« de longs dards soutenus par deux fortes pierres,
« et répand le sel sacré.

« Quand les viandes sont prêtes, que le festin est
« dressé, Patrocle distribue le pain autour de la ta-
« ble dans de riches corbeilles ; mais Achille veut
« lui-même servir les viandes. Ensuite, il se place

« vis-à-vis d'Ulysse, à l'autre extrémité de la ta-
« ble, et commande à son compagnon de servir aux
« dieux.

« Patrocle jette dans les flammes les prémices du
« repas, et tous bientôt portent les mains vers les
« mets qu'on leur a servis et préparés. Lorsque,
« dans l'abondance des festins, ils ont chassé la faim
« et la soif, Ajax fait un signe à Phénix. Ulysse l'a-
« perçoit; il remplit de vin sa large coupe, et, s'a-
« dressant au héros : Salut, Achille, dit-il..... »

Ainsi, un roi, un fils de roi, et trois généraux
grecs, dînèrent fort bien avec du pain, du vin et de
la viande grillée.

Il faut croire que, si Achille et Patrocle s'occupèrent eux-mêmes des apprêts du festin, c'était par
extraordinaire, et pour honorer d'autant plus les hô-
tes distingués dont ils recevaient la visite; car ordinairement les soins de la cuisine étaient abandonnés
aux esclaves et aux femmes : c'est ce qu'Homère nous
apprend encore, en s'occupant, dans l'Odyssée, des
repas des poursuivants.

On regardait alors les entrailles des animaux farcies de sang et de graisse comme un mets très distingué (c'était du boudin .

A cette époque, et sans doute long-temps aupara-
vant, la poésie et la musique s'étaient associées aux
délices des repas. Des chantres vénérés célébraient
les merveilles de la nature, les amours des dieux et
les hauts faits des guerriers; ils exerçaient une espèce
de sacerdoce, et il est probable que le divin Homère
lui-même était issu de quelques uns de ces hommes
favorisés du ciel. Il ne se fut point élevé si haut si

ses études poétiques n'avaient pas commencé dès son enfance.

Madame Dacier remarque qu'Homère ne parle de viande bouillie en aucun endroit de ses ouvrages. Les Hébreux étaient plus avancés, à cause du séjour qu'ils avaient fait en Égypte : ils avaient des vaisseaux qui allaient sur le feu; et c'est dans un vase pareil que fut faite la soupe que Jacob vendit si cher à son frère Esaü.

Il est véritablement difficile de deviner comment l'homme est parvenu à travailler les métaux, Ce fut, dit-on, Tubalcaïn qui s'en occupa le premier.

Dans l'état actuel de nos connaissances, des métaux nous servent à traiter d'autres métaux : nous les assujettissons avec des pinces de fer, nous les forgeons avec des marteaux de fer, nous les taillons avec des limes d'acier; mais je n'ai encore trouvé personne qui ait pu m'expliquer comment fut faite la première pince et forgé le premier marteau.

FESTINS DES ORIENTAUX. — DES GRECS.

La cuisine fit de grands progrès quand on eut, soit en étain, soit en poterie, des vases qui résistèrent au feu. On put assaisonner les viandes, faire cuire les légumes; on eut du bouillon, du jus, des gelées ; toutes ces choses se suivent et se tiennent.

Les livres les plus anciens qui nous restent font mention honorable des festins des rois d'Orient. Il n'est pas difficile de croire que des monarques qui régnaient sur des pays fertiles en toutes choses, et surtout en épiceries et en parfums, eussent des tables somptueuses; mais les détails nous manquent. On sait seulement que Cadmus, qui apporta l'écriture en Grèce, avait été cuisinier du roi de Sidon.

Ce fut aussi chez les peuples voluptueux et mous que s'introduisit la coutume d'entourer de lits les tables des festins, et de manger couchés.

Ce raffinement, qui tient de la faiblesse, ne fut pas partout également bien reçu. Les peuples qui faisaient un cas particulier de la force et du courage, ceux chez qui la frugalité était une vertu, le repoussèrent long-temps; mais il fut adopté à Athènes; et cet usage fut long-temps général dans le monde civilisé.

La cuisine et ses douceurs furent en grande faveur chez les Athéniens, peuple élégant et avide de nouveautés; les rois, les particuliers riches, les poètes, les savants donnèrent l'exemple; et les philosophes eux-mêmes ne crurent pas devoir se refuser à des jouissances puisées au sein de la nature.

Après ce qu'on lit dans les anciens auteurs, on ne peut pas douter que leurs festins ne fussent de véritables fêtes.

La chasse, la pêche et le commerce, leur procuraient une grande partie des objets qui passent encore pour excellents, et la concurrence les avait fait monter à un prix excessif.

Tous les arts concouraient à l'ornement de leurs tables, autour desquelles les convives se rangeaient, couchés sur des lits couverts de riches tapis de pourpre.

On se faisait une étude de donner encore plus de prix à la bonne chère par une conversation agréable; et les propos de table devinrent une science.

Les chants, qui avaient lieu vers le troisième service, perdirent leur sévérité antique; ils ne furent
plus exclusivement employés à célébrer les dieux,
les héros et les faits historiques; on chanta l'amitié,
le plaisir et l'amour, avec une douceur et une harmonie auxquelles nos langues sèches et dures ne pourraient jamais atteindre.

Les vins de Grèce, que nous trouvons encore excellents, avaient été examinés et classés par les gour-
mets, à commencer par les plus doux, jusqu'aux
plus fumeux. Dans certains repas, on en parcourait
l'échelle tout entière; et, au contraire de ce qui se
fait aujourd'hui, les verres grandissaient à raison de
la bonté du vin qui y était versé.

Les plus jolies femmes venaient encore embellir
ces réunions voluptueuses.

Des danses, des jeux, et des divertissements de
toute espèce, prolongaient les plaisirs de la soirée.
On respirait la volupté par tous les pores; et plus
d'un Aristippe, arrivé sous la bannière de Platon,
fit retraite sous celle d'Epicure.

Les savants s'empressèrent à l'envi d'écrire sur
un art qui procurait de si douces jouissances. Platon,
Athénée et plusieurs autres, nous ont conservé leurs
noms. Mais, hélas! leurs ouvrages sont perdus; et
s'il faut surtout en regretter quelqu'un, ce doit être
la gastronomie d'Archestrate, qui fut l'ami d'un des
fils de Périclès.

« Ce grand écrivain, dit Théotine, avait parcouru
les terres et les mers pour connaître par lui-même
ce qu'elles produisent de meilleur. Il s'instruisait
dans ses voyages, non des mœurs des peuples, puis-

qu'il est impossible de les changer; mais il entrait dans les laboratoires où se préparent les délices de la table, et il n'eut de commerce qu'avec les hommes utiles à ses plaisirs. Son poème est un trésor de science, et ne contient pas un vers qui ne soit un précepte. »

Tel fut l'état de la cuisine en Grèce, et il se soutint ainsi jusqu'au moment où une poignée d'hommes qui étaient venus s'établir sur les bords du Tibre étendit sa domination sur les peuples voisins et finit par envahir le monde.

FESTINS DES ROMAINS.

La bonne chère fut inconnue aux Romains tant qu'ils ne combattirent que pour assurer leur indépendance, ou pour subjuguer leurs voisins, tout aussi pauvres qu'eux. Alors leurs généraux conduisaient la charrue, vivaient de légumes, etc. Les historiens frugivores ne manquent pas de louer ces temps primitifs, où la frugalité était en grand honneur.

Mais quand leurs conquêtes se furent étendues en Afrique, en Sicile et en Grèce, quand ils se furent régalés aux dépens des vaincus, dans des pays où la civilisation était plus avancée, ils emportèrent à Rome des préparations qui les avaient charmés chez les étrangers, et tout porte à croire qu'elles y furent bien reçues.

Les Romains avaient envoyé à Athènes une députation pour en rapporter les lois de Solon; ils y allaient encore pour étudier les belles-lettres et la philosophie. Tout en polissant leurs mœurs, ils connu-

rent les délices des festins, et les cuisiniers arrivèrent
à Rome avec les orateurs, les philosophes, les rhé-
teurs et les poètes.

Avec le temps et la série de succès qui firent af-
fluer à Rome toutes les richesses de l'univers, le
luxe de la table fut poussé à un point presque incroyable.

On goûta de tout, depuis la cigale jusqu'à l'autru-
che, depuis le loir jusqu'au sanglier.

Tout ce qui peut piquer le goût fut essayé comme assaisonnement; on employa comme tel des substances dont nous ne pouvons pas concevoir l'usage,
comme l'assa-fœtida, la rue, etc.

L'univers fut mis à contribution par les armées et
les voyageurs. On apporta d'Afrique les pintades et
les truffes, les lapins d'Espagne, les faisans de la
Grèce, où ils étaient venus des bords du Phase, et
les paons de l'extrémité de l'Asie.

Les plus considérables d'entre les Romains se firent jadis gloire d'avoir de beaux jardins, où ils firent cultiver non seulement les fruits anciennement
connus, tels que les poires, les pommes, les figues,
le raisin, mais encore ceux qui furent apportés de
divers pays, savoir : l'abricot d'Arménie, la pêche
de Perse, le coing de Sidon, la framboise des vallées
du mont Ida, et la cerise, conquête de Lucullus dans
le royaume de Pont. Ces importations, qui eurent
lieu dans des circonstances très diverses, prouvent du
moins que l'impulsion était générale, et que chacun
se faisait une gloire et un devoir de contribuer aux
jouissances du peuple-roi.

Parmi les comestibles, le poisson fut surtout un

objet de luxe. Il s'établit des préférences en faveur de certaines espèces ; et ces préférences augmentaient quand la pêche avait lieu dans certains parages. Le poisson des contrées éloignées fut apporté dans des vases pleins de miel ; et quand les individus dépassèrent la grandeur ordinaire, ils furent vendus à des prix considérables, par la concurrence qui s'établissait entre des consommateurs, dont quelques uns étaient plus riches que des rois.

Les boissons ne furent pas l'objet d'une attention moins suivie et de soins moins attentifs.

Les vins de Grèce, de Sicile et d'Italie, firent les délices des Romains ; et comme ils tiraient leur prix soit du canton, soit de l'année où ils avaient été produits, une espèce d'acte de naissance était inscrit sur chaque amphore.

Ce ne fut pas tout. Par une suite de cet instinct d'exaltation que nous avons déjà indiqué, on s'appliqua à rendre les vins plus piquants et plus parfumés ; on y fit infuser des fleurs, des aromates, des drogues de diverses espèces ; et les préparations que les auteurs contemporains nous ont transmises sous le nom de *condita* devaient brûler la bouche et violemment irriter l'estomac.

C'est ainsi que déjà, à cette époque, les Romains rêvaient l'alcool, qui n'a été découvert qu'après plus de quinze siècles.

Mais c'est surtout vers les accessoires des repas que ce luxe gigantesque se portait avec plus de faveur.

Tous les meubles nécessaires pour les festins furent faits avec recherche, soit pour la matière, soit pour la main-d'œuvre. Le nombre des services augmenta jusques et passé vingt ; et à chaque service, on enlevait tout ce qui avait été employé aux services précédents.

Des esclaves étaient spécialement attachés à chaque fonction conviviale, et ces fonctions étaient minutieusement distinguées. Les parfums les plus précieux embaumaient la salle du festin. Des espèces de hérauts proclamaient le mérite des mets dignes d'une attention spéciale ; ils annonçâient les titres qu'ils avaient à cette espèce d'ovation ; enfin, on n'oubliait rien de ce qui pouvait aiguiser l'appétit, soutenir l'attention, et prolonger les jouissances.

Ce luxe avait aussi ses aberrations et ses bizarreries. Tels étaient les festins où les poissons et les oiseaux servis se comptaient par milliers ; et ces mets qui n'avaient d'autre mérite que d'avoir coûté cher, tel que ce plat composé de la cervelle de cinq cents autruches, et cet autre où l'on voyait les langues de cinq mille oiseaux qui tous avaient parlé.

D'après ce qui précède, il nous semble qu'on peut facilement se rendre compte des sommes considérables que Lucullus dépensait à sa table, et de la cherté des festins qu'il donnait dans le salon d'Apollon, où il était d'étiquette d'épuiser tous les moyens connus pour flatter la sensualité de ses convives.

(*Extrait de la* Physiologie du gout, *par Brillat Savarin.*)

REPAS ET FESTINS DES GAULOIS.

Pour donner une idée de la manière dont les Gaulois prenaient leurs repas, nous allons rapporter un passage traduit de Possidonius. Cet auteur, ayant voyagé chez les Gaulois, avait pu étudier par lui-même les usages de ce peuple.

« Les Gaulois mangent à terre sur du foin, ayant
« devant eux. des tables de bois fort basses. Leur
« nourriture est du pain en très petite quantité, avec
« beaucoup de viandes, soit bouillie, soit rôtie, ou
« grillée. Ces mets sont servis d'une manière propre
« et ragoûtante, mais ils les mangent fort malpropre-
« ment, saisissant avec les mains des membres en-
« tiers, et les déchirant à belles dents comme des
« bêtes féroces ; s'il se trouve un morceau qui résiste
« davantage, ils le coupent avec un petit couteau à
« gaîne, qu'ils portent toujours au côté. Leurs riviè-
« res et les deux mers qui les environnent leur four-
« nissent aussi du poisson qu'ils assaisonnent avec du
« cumin (1) et du vinaigre ; ils usent peu d'huile ,
« car elle est rare chez eux, et on n'aime guère que
« ce qu'on peut avoir aisément. Quant au cumin ,
« ils le mêlent à toutes leurs boissons.

« Lorsqu'ils sont un certain nombre à table, la
« coutume est de s'asseoir en demi-cercle ; au milieu ,
« comme à la place d'honneur, se met le personnage
« le plus distingué par sa valeur comme par sa nais-
« sance et ses richesses. Auprès de lui se place le maître
« du logis ; puis successivement les autres convives ,
« selon leur rang et leur dignité. Par derrière sont
« les guerriers attachés à leurs personnes, et qui ,
« pendant tout le repas, tiennent leur bouclier par

(1) Le cumin, plante aromatique de la famille des ombellifères.

« devant ; il en est d'autres assis comme eux et ar-
« més de leurs lances. Les uns et les autres, au reste,
« sont traités comme leurs maîtres.

« La boisson des riches est du vin qu'ils tirent
« d'Italie ou des environs de Marseille, et qu'on
« leur sert de la manière suivante. Le domestique
« chargé de cette fonction apporte dans chaque
« main un vase de terre ou d'argent, semblable à
« une marmite et rempli de vin. Chacun y puise.
« On boit peu à la fois, mais on boit souvent et
« presque toujours pur. Les plats sur lesquels on
« apporte les viandes sont de la même matière que
« les vases. Quelques Gaulois cependant en ont en
« cuivre ; et d'autres, au lieu de plats, se servent de
« corbeilles tressées en osier.

« Il existe chez eux une coutume fort ancienne,
« qui quelquefois ensanglante leur repas. Celui qui
« prétend à l'honneur d'être le plus brave de la
« troupe saisit un quartier de viande ; si quelqu'un
« dans la compagnie se trouve avoir la même pré-
« tention, il se lève ; et alors les deux rivaux se bat-
« tent jusqu'à ce que l'un des deux tombe mort. »

Nous venons de voir que, dans l'origine, les Gaulois s'asseyaient sur du foin pour prendre leurs repas.
Bientôt les Romains, établis chez eux, leur appri-
rent à connaître la sorte de lit dont ils se servaient
au lieu de siéges ; mais cette mode gênante et mal-
saine ne dura pas long-temps ; les Gaulois substituè-
rent bientôt aux lits des escabeaux de bois sur lesquels ils mangeaient assis.

Cependant les sellettes et les escabeaux n'étaient
employés que dans les repas domestiques. Toutes

es fois qu'on donnait un grand festin , on faisait asseoir les convives sur des bancs ; et de là s'est formé notre mot *banquet*. L'usage des bancs s'est maintenu jusqu'au dernier siècle.

L'habitude avait conservé en partie l'usage du foin ; mais, au lieu de s'en servir pour s'asseoir , on l'étendait sous la table, afin de garantir les pieds des convives de la fraîcheur du sol. Bientôt on remplaça le foin, dont l'odeur portait à la tête , par un lit de paille étendu sur la terre Ces lits de paille furent trouvés chose si saine et si agréable, qu'on en employa de pareils dans toutes les pièces de l'appartement , et surtout chez les grands seigneurs et chez les rois, où ils étaient plus nécessaires qu'ailleurs, à cause de la vaste étendue des pièces.

Dans les classes, les écoliers n'étaient assis que sur la paille; et les églises, où il n'y avait encore ni bancs, ni chaises, étaient jonchées de paille fraîche et d'herbes odoriférantes, surtout à la messe de minuit et aux grandes fêtes.

En 1208 , Philippe-Auguste régla que , toutes les fois qu'il sortirait de Paris , la paille qui avait servi à joncher son palais serait donnée à l'Hôtel-Dieu; et, en 1373 , Charles V déchargea les habitants du village d'Aubervillers d'un droit onéreux , sous la condition qu'ils fourniraient la paille nécessaire à son hôtel.

Mais revenons aux repas de nos aïeux.

Autrefois , comme aujourd'hui, on couvrait la table du festin d'une nappe. Henri III , prince uniquement occupé de petitesses volupteuses, voulut qu'à sa table elle fût plissée avec art, comme les fraises

f *

que l'on portait alors au cou , et qu'elle offrît des des-
sins agréables aux yeux.

Il s'établit, aux moyens temps de la chevalerie ,
un usage fort bizarre à l'égard de la nappe. Lorsqu'on voulait faire affront à quelqu'un, on envoyait
un héraut ou un roi d'armes couper la nappe devant
lui, ou mettre son pain à l'envers. Cela s'appelait
trancher la nappe , et se pratiquait surtout vis-à-vis
de ceux qui avaient commis quelque bassesse ou
quelque lâcheté.

On trouve dans notre histoire un exemple mémorable de cet usage.

Charles VI avait à sa table , le jour de l'Epiphanie,
plusieurs convives illustres , entre lesquels étaient
Guillaume de Hainaut, comte d'Ostrevant. Tout à
coup un héraut d'armes vint trancher la nappe devant le comte, en lui disant qu'un prince qui ne
portait pas d'armes n'était pas digne de manger à la
table du roi. Guillaume, surpris, répondit qu'il portait le heaume , la lance et l'écu, ainsi que les autres
chevaliers. « Non , sire, cela ne se peut , répondit
« le plus vieux des hérauts. Vous savez que votre
« grand oncle a été tué par les Frisons, et que , jus-
« qu'à ce jour, sa mort est restée impunie. Certes,
« si vous possédiez des armes, il y a long-temps
« qu'elle serait vengée. » Cette terrible leçon opéra
son effet ; le comte ne pensa plus qu'à réparer sa
honte , et bientôt il en vint à bout.

On a vu plus haut la manière dont le vin était
servi dans les festins gaulois. Ils avaient aussi des
vases qui n'appartenaient qu'aux braves de la nation,
et qui leur étaient spécialement propres : tels étaient les

cornes d'urus ou de taureau sauvage. Le Gaulois qui avait été assez heureux pour en tuer un en prenait les cornes, dit César, comme un monument de sa valeur et de son intrépidité. Il les ornait d'anneaux d'or et d'argent, les étalait chez lui en parade, et y faisait boire les convives à la ronde lorsqu'il donnait un festin.

Cette coutume de boire dans des cornes se maintint en France bien des siècles après que les taureaux sauvages y furent détruits; quelquefois même les églises en employèrent, mais d'une espèce plus petite, pour contenir le vin qui servait à dire la messe.

Pour servir sur la table l'eau et le vin, comme on n'avait ni carafons ni bouteilles, on avait imaginé différents vases qui, selon leur forme ou leur capacité, s'appelaient pots, aiguières, hydres, barils, estamoies, justes, pintes, quartes. Le hanap était une espèce de coupe montée sur un pied élevé en forme de calice.

Un autre vase bizarre par sa forme était celui qu'on appelle nef. Il avait la forme d'un navire, et était destiné à contenir la salière, la serviette, etc., du prince : car ce meuble ne convenait qu'aux souverains et aux très grands seigneurs. Dans l'inventaire de l'argenterie de Charles V on comptait vingt et une nefs d'argent, dont la plus grande pesait 70 marcs.

Anciennement, chez les personnes à qui leur rang et leur qualité permettaient une vaisselle en or ou en argent, on étalait les différentes pièces principales sur un buffet ou crédence, qui avait pris le nom de dressoir. D'après la vie retirée que menaient alors les rois, princes et seigneurs puissants, renfermés toute l'année dans leurs châteaux ou palais, et n'ouvrant leurs cours qu'à certaines fêtes ou à de grandes solennités, ce dressoir était presque le seul moyen qu'ils eussent d'étaler leur magnificence. Chilpéric possédait un plat d'or massif du poids de cinquante livres, et enrichi de pierreries; et Sisenade, roi d'Espagne, promit à Dagobert un plat d'or pesant cinq cents livres.

Cette espèce de luxe, qui consiste à avoir une vaisselle nombreuse en or et en argent, était portée à un tel point sous la troisième race, que Philippe-le-Bel défendit par une ordonnance à ceux de ses sujets qui ne possédaient pas six mille livres tournois *d'avoir vessellement d'or ne d'argent pour boire ne pour mangier.* Par une autre ordonnance il obligea ceux qui avaient été exceptés à porter à la monnaie la moitié de leur vaisselle; enfin en 1310 il défendit aux orfèvres d'en fabriquer.

Plus modéré que lui, Charles-le-Bel se contenta d'interdire toute pièce qui pèserait plus d'un marc.

Ces ordonnances eurent apparemment peu de succès: car l'historien Froissard, qui écrivait dans le quatorzième siècle, nous cite un écuyer gascon qui se faisait suivre d'une vaisselle d'or et d'argent avec laquelle lui et ses gens étaient servis.

En 1457, le comte de Foix donna à Tours aux ambassadeurs de Ladislas d'Autriche un banquet fameux. Il y eut à ce repas douze tables de sept services chacune; et, pour chaque service, il y eut à chaque table cent quarante plats d'argent. Que d'après ce seul article, on calcule quelle quantité immense de vaisselle devait posséder le comte! l'imagination en est effrayée.

Si le luxe régnait dans la vaisselle employée aux festins, il ne se faisait pas moins remarquer dans le repas lui-même. Philippe-le-Bel voulut en 1294 opérer une réforme dans ce dernier objet. Il défendit à tout sujet de se faire servir pour un repas ordinaire plus d'un mets et d'un entremets ; et, pour les grands repas, plus de deux mets avec un potage au lard. Deux cent soixante-neuf ans après, Charles IX rendit une ordonnance par laquelle il défendait de servir à la fois dans un même repas chair et poisson, et ne permettait pour les noces et festins que trois services, y compris le dessert, de dix plats chacun. Enfin Louis XIII, en 1629, régla que, si l'on faisait un festin chez le traiteur, on ne pourrait dépenser qu'un écu par tête ; et que, si l'on se régalait chez soi, on n'aurait que trois services, et à chaque service qu'un seul rang de plats. Ces ordonnances eurent le succès qu'on devait en attendre ; rarement un ministre éclairé s'en permettra de pareilles. Il sait que, bientôt violées par l'homme puissant, éludées par l'homme riche, elles ont le double inconvénient et d'être inutiles dans un moment de disette, parce qu'alors la misère fait plus qu'elles, et d'être pernicieuses, parce qu'elles arrêtent la consommation, qui est la mère de l'agriculture.

USAGES PARTICULIERS DES REPAS.

Il est peu de choses qui aient éprouvé plus de variation que l'heure des repas en France.

Jusqu'au commencement du seizième siècle, on dinait à dix heures; le soir, on soupait à quatre heures, et dans les beaux jours, les gens aisés profitaient du reste de la soirée pour faire une légère promenade qui aidât la digestion.

Peu après, cependant, on retarda l'heure du dîner jusqu'à onze heures. Dans le dix-septième siècle on soupait à sept heures, et le dîner fut encore reculé d'une heure. Au commencement du dix-huitième siècle, la coutume de se mettre à table à une heure était généralement établie.

Chez les princes et les grands seigneurs, le moment du repas s'annonçait au son· du cor. C'est ce que l'on appelait corner l'eau, parce qu'avant de s'asseoir on se lavait les mains.

Tout gentilhomme n'avait pas le droit de faire corner son dîner ou son eau: c'etait un honneur qui n'appartenait qu'aux personnes de la plus haute distinction.

Aux repas des grands seigneurs, on se lavait les mains avec de l'eau aromatisée, et surtout de l'eau rose; après les repas on se lavait les mains une seconde fois.

Au temps de la chevalerie, la galanterie avait imaginé de placer les convives à table par couples, homme et femme; l'habileté du maître ou de la maîtresse de la maison consistait à savoir arranger son monde de manière que chaque couple fût content. Les deux personnes qui étaient placées ensemble n'avaient à elles deux pour chaque mets qu'une assiette commune, ce qu'on appelait manger à la même écuelle. Elles n'avaient également qu'une même coupe pour boire.

Quand un souverain voulait honorer quelqu'un, et lui témoigner de la considération, après avoir bu, il lui faisait passer sa coupe avec le reste de la liqueur qu'elle contenait. C'était là une faveur signalée.

Dans les grands festins, les santés se portaient quelquefois au son des instruments. Quand on buvait à quelqu'un, il était de la politesse que celui-ci fît raison aussitôt : c'est ce qu'en vieux langage on appelait *pléger*. Les grands seigneurs et les princes, lorsqu'ils mangeaient avec leurs inférieurs, leur permettaient quelquefois ce plégement. On lit à ce sujet, dans un historien, une anecdote attendrissante sur l'infortunée Marie Stuart, reine d'Écosse. « Condamnée à l'échafaud, dit-il, la veille de sa mort, « sur la fin du repas, elle but à tous ses gens, leur « commandant de la pléger : à quoi obéissant, ils « se mirent à genoux, et, mêlant leurs larmes avec « leur vin, burent à leur maîtresse. »

Les Gaulois avaient un goût très prononcé pour le vin. Diodore rapporte que pour un baril, ou même pour une cruche de cette liqueur, ils donnaient un esclave. Ils se piquaient à l'envi d'affronter les effets du vin ; et c'eût été une honte pour eux que de s'avouer vaincus dans cette sorte de combats. Il fallait malgré soi disputer la victoire en buvant ; et, pour échapper aux railleries, on compromettait sa santé.

Charlemagne, par un de ses capitulaires, défendit de se provoquer à boire dans les repas. Les personnes convaincues de ce délit devaient subir une sorte d'excommunication civile, être séquestrées pendant quelque temps de la société, et condamnées au pain et à l'eau. Mais cette défense eut peu d'effet ; il fut même un temps où, quand quelqu'un assistait à l'un de ces repas de buveurs, et qu'il refusait d'y boire comme eux, la coutume était de lui couper son chaperon par insulte.

Cependant comme il eût été injuste d'exiger d'un corps faible et infirme les mêmes prouesses en ce genre que d'un corps vigoureux, on s'avisa d'un expédient bizarre : ce fut de lui permettre de se choisir un représentant, qu'il chargeait de boire pour lui. Le substitut acceptait ou proposait des défis pour son commettant ; il buvait comme celui-ci eût fait lui-même ; en un mot, de lui dépendait la victoire ou la défaite.

Beaucoup de personnes croyaient autrefois que, pour entretenir la santé, il était nécessaire de s'enivrer une fois par mois.

Plusieurs rois tentèrent successivement de réprimer ce goût pour l'ivresse. François Ier publia, en 1536, un édit à cet effet : « Tout homme, y est-il « dit, convaincu de s'être enivré, est condamné, pour « la première fois, à subir la prison, au pain et à « l'eau ; pour la seconde fois, il sera en outre fouetté ; « pour la troisième, il le sera publiquement ; et, en « cas de rechute, il sera banni, avec amputation des « oreilles. »

(*Extrait de l'*Histoire de la vie privée des Français.)

FESTINS DES GRECS.

Des substances du règne animal et végétal qu'ils emploient. De l'esprit et de la science de leurs cuisiniers.

(Fragment du *Voyage du jeune Anacharsis*, par Barthélemy.)

Le luxe que Dinias étalait dans sa maison régnait aussi à sa table. Je vais tirer de mon journal la description du premier souper auquel je fus invité avec Philotas, mon ami.

On devait s'assembler vers le soir, au moment où l'ombre du gnomon aurait douze pieds de longueur. Nous eûmes l'attention de n'arriver ni trop tôt ni trop tard : c'est ce qu'exigeait la politesse. Nous trouvâmes Dinias s'agitant et donnant des ordres. Il nous présenta Philonide, un de ces parasites qui s'établissent chez les gens riches pour faire les honneurs de la maison et pour amuser les convives. Nous nous aperçûmes qu'il secouait de temps en temps la poussière qui s'attachait à la robe de Dinias. Un moment après, arriva le médecin Nicoclès, excédé de fatigue : il avait beaucoup de malades; mais ce n'étaient, disait-il, que des enrouements et des toux légères provenant des pluies qui tombaient depuis le commencement de l'automne. Il fut bientôt suivi par Léon, Zopyre et Théotime, trois Athéniens distingués, que le goût des plaisirs attachait à Dinias. Enfin Démocharès parut tout à coup, quoiqu'il n'eût pas été prié. Il avait de l'esprit, des talents agréables; il fut accueilli avec transport de toute la compagnie.

Nous passâmes dans la salle à manger. On y brûlait de l'encens et d'autres odeurs. Sur le buffet, on avait étalé des vases d'argent et de vermeil, quelques uns enrichis de pierres précieuses. Des esclaves répandirent de l'eau pure sur nos mains, et posèrent des couronnes sur nos têtes. Nous tirâmes au sort le roi du festin. Il devait écarter la licence sans nuire à la liberté, fixer l'instant où l'on boirait à longs traits, nommer les santés qu'il faudrait porter, et faire exécuter les lois établies parmi les buveurs (1). Le sort tomba sur Démocharès.

Autour d'une table que l'éponge avait essuyée à plusieurs reprises, nous nous plaçâmes sur des lits dont les couvertures étaient teintes en pourpre. Après qu'on eut apporté à Dinias le menu du souper, nous en réservâmes les prémices pour l'autel de Diane. Chacun de nous avait amené son domestique. Dinias était servi par un nègre, par un de ces esclaves éthiopiens que les gens riches acquièrent à grands frais, pour se distinguer des autres citoyens.

Je ne ferai point le détail d'un repas qui nous fournissait à tous moments de nouvelles preuves de l'opulence et de la prodigalité; il suffira d'en donner une idée générale.

On nous présenta d'abord plusieurs espèces de coquillages, les uns tels qu'ils sortent de la mer, d'autres cuits sous la cendre, ou frits dans la poêle; la plupart assaisonnés de poivre et de cumin. On servit

_____

(1) Par une de ces lois, il fallait ou boire ou sortir de table. On se contentait quelquefois de répandre sur la tête du coupable le vin qu'il refusait de boire.

en même temps des œufs frais, soit de poules, soit
de paons (ces derniers sont les plus estimés); des an-
douilles, des pieds de cochon, un foie de sanglier,
une tête d'agneau, de la fraise de veau; le ventre
d'une truie, assaisonné de cumin, de vinaigre, de
silphium; de petits oiseaux sur lesquels on jeta une
sauce toute chaude composée de fromage râpé,
d'huile, de vinaigre et de silphium. On donna au
second service ce qu'on trouve de plus exquis en
gibier, en volaille, et surtout en poissons. Des fruits
composèrent le troisième service.

Parmi cette multitude d'objets qui s'offraient à
nos yeux, chacun de nous eut la liberté de choisir ce
qui pouvait le plus flatter le goût de ses amis, et de
le leur envoyer : c'est un devoir auquel on ne manque
guère dans les repas de cérémonie.

Dès le commencement du souper, Démocharès
prit une coupe, l'appliqua légèrement à ses lèvres,
et la fit passer de main en main. Nous goûtâmes de
la liqueur chacun à notre tour. Ce premier coup est
regardé comme le symbole et le garant de l'amitié
qui doit unir les convives. D'autres le suivirent de
près, et se réglèrent sur les santés que Démocharès
portait, tantôt à l'un, tantôt à l'autre, et que nous
lui rendions sur-le-champ.

Vive et gaie, sans interruption et sans objet, la
conversation avait insensiblement amené des plaisan-
teries sur les soupers des gens d'esprit et des philosophes, qui perdent un temps si précieux les uns à se
surprendre par des énigmes et des logogriphes, les
autres à traiter méthodiquement des questions de
morale et de métaphysique. Pour ajouter un trait

au tableau du ridicule, Démocharès proposa de déployer les connaissances que nous avions sur le choix des mets les plus agréables au goût, sur l'art de les préparer, sur la facilité de se les procurer à Athènes. Comme il s'agissait de représenter les banquets des sages, il fut dit que chacun parlerait à son tour, et traiterait son sujet avec beaucoup de gravité, sans s'appesantir sur les détails, sans les trop négliger.

C'était à moi de commencer; mais, peu familiarisé avec la matière qu'on allait discuter, j'étais sur le point de m'excuser, lorsque Démocharès me pria de leur donner une idée des repas des Scythes. Je répondis, en peu de mots, qu'ils ne se nourrissaient que de miel et de lait de vache ou de jument; qu'ils s'y accoutumaient si bien dès leur naissance, qu'ils se passaient de nourrices; qu'ils recevaient le lait dans de grands seaux; qu'ils le battaient long-temps pour en séparer la partie la plus délicate, et qu'ils destinaient à ce travail ceux de leurs ennemis que le sort des armes faisait tomber entre leurs mains; mais je ne dis pas que, pour ôter à ces malheureux la liberté de s'échapper, on les privait de la vue.

Après d'autres particularités que je supprime, Léon, prenant la parole, dit : « On reproche sans cesse aux Athéniens leur frugalité. Il est vrai que nos repas sont en général moins longs et moins somptueux que ceux des Thébains et de quelques autres peuples de la Grèce; mais nous avons commencé à suivre leurs exemples; bientôt ils suivront les nôtres. Nous ajoutons tous les jours des raffinemments aux délices de la table, et nous voyons insensiblement disparaître notre ancienne simplicité, avec toutes ces vertus patriotiques que le besoin avait fait naître, et qui ne sont pas de tous les temps. Que nos orateurs nous rappellent, tant qu'ils voudront, les combats de Marathon et de Salamine ; que les étrangers admirent les monuments qui décorent cette ville : Athènes offre à mes yeux un avantage plus réel, c'est l'abondance dont on y jouit toute l'année ; c'est ce marché où viennent se réunir chaque jour les meilleures productions des îles et du continent. Je ne crains pas de le dire , il n'est point de pays où il soit plus facile de faire bonne chère ; je n'en excepte pas même la Sicile. Nous n'avons rien à désirer à l'égard de la viande de boucherie et de la volaille. Nos basses-cours, soit à la ville, soit à la campagne, sont abondamment fournies de chapons, de pigeons, de canards , de poulets et d'oies, que nous avons l'art d'engraisser. Les saisons nous ramènent successivement les becfigues , les cailles , les grives, les allouettes, les rouges-gorges, les ramiers, les tourterelles, les bécasses et les francolins. Le Phase nous a fait connaître les oiseaux qui font l'ornement de ses bords , qui font à plus juste titre l'ornement de nos tables ; ils commencent à se multiplier parmi nous , dans les faisanderies qu'ont formées de riches particuliers. Nos plaines sont couvertes de lièvres et de perdrix ; nos collines, de thym, de romarin, et de plantes propres à donner au lapin du goût et du parfum. Nous tirons des forêts voisines des marcassins et des sangliers , et de l'île de Mélos les meilleurs chevreuils de la Grèce.

La mer, dit alors Zopyre, attentive à payer le tribut qu'elle doit à ses maîtres , enrichit nos tables

de poissons délicats. Nous avons la murène, la do-
rade, la vive, le xiphias, le pagre, l'alose, et des
thons en abondance.

Rien n'est comparable au congre qui nous vient
de Sicyone, au glaucus que l'on pêche à Mégare, aux
turbots, aux maquereaux, aux soles, aux surmulets
et aux rougets qui fréquentent nos côtes. Les sardines
sont ailleurs l'aliment du peuple ; celles que nous
prenons aux environs de Phalère mériteraient d'ê-
tre servies sur la table des dieux, surtout quand on ne
les laisse qu'un instant dans l'huile bouillante.

Le vulgaire, ébloui par les réputations, croit que
tout est estimable dans un objet estimé. Pour nous ,
qui analysons le mérite jusque dans les moindres détails, nous choisirons la partie antérieure du glaucus,
la tête du bar et du congre, la poitrine du thon, le
dos de la raie, et nous abandonnerons le reste à des
goûts moins difficiles.

Aux ressources de la mer ajoutons celles des lacs
de la Béotie. Ne nous apporte-t-on pas tous les jours
des anguilles du lac Copaïs, aussi distinguées par leur
délicatesse que par leur grosseur? Enfin, nous pouvons mettre au rang de nos véritables richesses cette
étonnante quantité de poissons salés qui nous viennent de l'Hellespont, de Byzance et des côtes du Pont-
Euxin.

Léon et Zopyre, dit Philotas, ont traité des aliments qui font la base d'un repas. Ceux du premier
et du troisième service exigeraient des connaissances
plus profondes que les miennes, et ne prouveraient
pas moins les avantages de notre climat. Les lan-
goustes et les écrevisses sont aussi communes parmi

nous, que les moules, les huîtres, les oursins ou hé-
rissons de mer. Ces derniers se préparent quelquefois
avec l'oxymel, le persil et la menthe. Ils sont délicieux quand on les pêche dans la pleine lune, et ne
méritent en aucun temps les reproches que leur faisait un Lacédémonien qui, n'ayant jamais vu ce coquillage, prit le parti de le porter à sa bouche et d'en
dévorer les pointes tranchantes.

Je ne parlerai point des champignons, des asperges, des diverses espèces de concombres, et de cette
variété infinie de légumes qui se renouvellent tous les
jours au marché ; mais je ne dois pas oublier que les
fruits de nos jardins ont une douceur exquise. La supériorité de nos figues est généralement reconnue ; récemment cueillies, elles font les délices des habitants de l'At-
tique ; séchées avec soin, on les transporte dans les pays
éloignés, et jusque sur la table du roi de Perse. Nos
olives confites à la saumure irritent l'appétit ; celles
que nous nommons colymbades, sont par leur grosseur et par leur goût, plus estimées que celles des autres pays. Les raisins connus sous le nom de Nicostrate ne jouissent pas d'une moindre réputation.
L'art de greffer procure aux poires et à la plupart
de nos fruits les qualités que la nature leur avait re-
fusées. L'Eubée nous fournit de très bonnes pommes ;
la Phénicie, des dattes ; Corinthe, des coings dont la
douceur égale la beauté ; et Naxos, ces amandes si
renommées dans la Grèce.

Le tour du parasite étant venu, nous redoublâ-
mes d'attention. Il commença de cette manière.

Le pain que l'on sert sur nos tables, celui même
que l'on vend au marché, est d'une blancheur

I.   5

éblouissante, et d'un goût admirable. L'art de le préparer fut, dans le siècle dernier, perfectionné en Sicile par Théarion ; il s'est maintenu parmi nous dans tout son éclat, et n'a pas peu contribué aux progrès de la pâtisserie. Nous avons aujourd'hui mille moyens pour convertir toutes sortes de farines en une nourriture aussi saine qu'agréable. Joignez à la farine de froment un peu de lait, d'huile et de sel, vous aurez ces pains si délicats dont nous devons la connaissance aux Cappadociens. Pétrissez-la avec du miel, réduisez votre pâte en feuilles minces, et propres à se rouler à l'aspect du brasier, vous aurez ces gâteaux qu'on vient de vous offrir, et que vous avez trempés dans le vin ; mais il faut les servir tout brûlants. Ces globules si doux et si légers qui les ont suivis de près, se font dans la poêle avec de la farine de sésame, du miel et de l'huile. Prenez de l'orge mondé, brisez les grains dans un mortier, mettez-en la farine dans un vase ; versez-y de l'huile ; remuez cette bouillie pendant qu'elle cuit lentement sur le feu ; nourrissez-la par intervalles avec du jus de poularde, ou de chevreau, ou d'agneau ; prenez garde surtout qu'elle ne se répande au dehors, et quand elle est au juste degré de cuisson, servez. Nous avons des gâteaux faits simplement avec du lait et du miel ; d'autres où l'on joint au miel la farine de sésame, et le fromage ou l'huile. Nous en avons enfin dans lesquels on enferme des fruits de différentes espèces. Les pâtés de lièvre sont dans le même genre, ainsi que les pâtés de becfigues et de ces petits oiseaux qui voltigent dans les vignes.

En prononçant ces mots, Philonide s'empara

d'une tourte de raisins et d'amandes qu'on venait d'apporter et ne voulut plus reprendre son discours

Notre attention ne fut pas long-temps suspendue. Théotime prit aussitôt la parole.

Quantité d'auteurs, dit-il, ont écrit sur l'art de la cuisine, sur le premier des arts, puisque c'est celui qui procure des plaisirs plus fréquents et plus durables. Tels sont Mithæcus, qui nous a donné le Cuisinier sicilien; Numénius d'Héraclée, Hégémon de Thasos, Philoxène de Leucade, Actidès de Chio, Tymdaricus de Sicyone. J'en pourrais citer plusieurs autres, car j'ai tous leurs ouvrages dans ma bibliothèque; et celui que je préfère à tous est la Gastronomie d'Archestrate. Cet auteur, qui fut l'ami d'un des fils de Périclès, avait parcouru les terres et les mers pour connaître par lui-même ce qu'elles produisent de meilleur. Il s'instruisait dans ses voyages, non des mœurs des peuples, dont il est inutile de s'instruire, puisqu'il est impossible de les changer; mais il entrait dans les laboratoires où se préparent les délices de la table, et il n'eut de commerce qu'avec les hommes utiles à ses plaisirs. Son poème est un trésor de lumières, et ne contient pas un vers qui ne soit un précepte.

C'est dans ce code que plusieurs cuisiniers ont puisé les principes d'un art qui les a rendus immortels, qui depuis longtemps s'est perfectionné en Sicile et dans l'Elide, que parmi nous Tinbron a porté au plus haut point de sa gloire. Je sais que ceux qui l'exercent ont souvent, par leurs prétentions, mérité d'être joués sur notre théâtre; mais, s'ils n'avaient pas l'enthousiasme de leur profession, ils n'en auraient pas le génie.

g*

Le mien, que j'ai fait venir tout récemment de Syracuse, m'effrayait l'autre jour par le détail des qualités et des études qu'exige son emploi. Après m'avoir dit en passant que Cadmus, l'aïeul de Bacchus, le fondateur de Thèbes, commença par être le cuisinier du roi de Sidon : Savez-vous, ajouta-t-il, que pour remplir dignement mon ministère il ne suffit pas d'avoir des sens exquis et une santé à toute épreuve, mais qu'il faut encore réunir les plus grands talents aux plus grandes connaissances. Je ne m'occupe point des viles fonctions de votre cuisine ; je n'y parais que pour diriger l'action du feu, et voir l'effet de mes opérations. Assis, pour l'ordinaire, dans une chambre voisine, je donne des ordres qu'exécutent des ouvriers subalternes. Je médite sur les productions de la nature : tantôt je les laisse dans leur simplicité ; tantôt je les déguise, ou les assortis suivant des proportions nouvelles et propres à flatter votre goût. Faut-il, par exemple, vous donner un cochon de lait, ou une grosse pièce de bœuf, je me contente de les faire bouillir. Voulez-vous un lièvre excellent, s'il est jeune, il n'a besoin que de son mérite pour paraître avec distinction ; je le mets à la broche, et je vous le sers tout saignant. Mais c'est dans la finesse des combinaisons que ma science doit éclater.

Le sel, le poivre, l'huile, le vinaigre et le miel sont les principaux agents que je dois mettre en œuvre ; et l'on n'en saurait trouver de meilleurs dans d'autres climats. Votre huile est excellente, ainsi que votre vinaigre de Décélie ; votre miel du mont Hymette mérite la préférence sur celui de Sicile même.

Outre ces matériaux, nous employons dans les ragoûts les œufs, le fromage, le raisin sec, le silphium,
le persil, le sésame, le cumin, les câpres, le cresson,
le fenouil, la menthe, la coriandre, les carottes,
l'ail, l'oignon, et ces plantes aromatiques dont nous
faisons un si grand usage, telles que l'origan, et
l'excellent thym du mont Hymette. Voilà, pour
ainsi dire, les forces dont un artiste peut disposer,
mais qu'il ne doit jamais prodiguer. S'il me tombe
entre les mains un poisson dont la chair est ferme,
j'ai soin de le saupoudrer de fromage râpé, et de l'ar-
roser de vinaigre ; s'il est délicat, je me contente de
jeter dessus une pincée de sel et quelques gouttes
d'huile. D'autres fois, après l'avoir orné de feuilles
d'origan, je l'enveloppe dans une feuille de figuier,
et le fais cuire sous la cendre.

Il n'est permis de multiplier les moyens que dans
les sauces ou ragoûts. Nous en connaissons de plusieurs espèces, les unes piquantes et les autres douces.
Celle qu'on peut servir avec tous les poissons bouil-
lis ou rôtis est composée de vinaigre, de fromage
râpé, d'ail, auquel on peut joindre du poireau et de
l'oignon, hachés menu. Quand on la veut moins
forte, on la fait avec de l'huile, des jaunes d'œuf, des
poireaux, de l'ail et du fromage ; si vous la désirez
encore plus douce, vous emploierez le miel, les dattes, le cumin, et d'autres ingrédients de même nature.
Mais ces assortiments ne doivent point être abandonnés au caprice d'un artiste ignorant.

Je dis la même chose des farces que l'on introduit
dans le corps d'un poisson. Tous savent qu'il faut
l'ouvrir, et qu'après en avoir ôté les arêtes, on

peut le remplir de silphium, de fromage, de sel et d'origan. Tous savent aussi qu'un cochon peut être farci avec des grives, des becfigues, des jaunes d'œuf, des huîtres, et plusieurs sortes de coquillages. Mais soyez sûrs qu'on peut diversifier ces mélanges à l'infini, et qu'il faut de longues et profondes recherches pour les rendre aussi agréables au goût qu'utiles à la santé : car mon art tient à toutes les sciences, et plus immédiatement encore à la médecine. Ne dois-je pas connaître les herbes qui, dans chaque saison, ont le plus de sève et de vertu. Exposerai-je en eté sur votre table un poisson qui ne doit y paraître qu'en hiver ? Certains aliments ne sont-ils pas plus faciles à digérer dans certains temps ? et n'est-ce pas de la préférence qu'on donne aux uns sur les autres que viennent la plupart des maladies qui nous affligent ?

A ces mots, le médecin Nicoclès, qui dévorait en silence et sans distinction tout ce qui se présentait sous sa main, s'écrie avec chaleur : Votre cuisinier est dans les vrais principes ; rien n'est si essentiel que le choix des aliments ; rien ne demande plus d'attention. Il doit se régler d'abord sur la nature du climat, sur les variations de l'air et des saisons, sur les différences du tempérament et de l'âge ; ensuite, sur les facultés plus ou moins nutritives qu'on a reconnues dans les diverses espèces de viandes, de poissons, de légumes et de fruits. Par exemple, la chair de bœuf est forte, et difficile à digérer ; celle de veau l'est beaucoup moins ; de même celle d'agneau est plus légère que celle de brebis, et celle de chevreau que celle de chèvre. La chair de porc, ainsi que celle de

sanglier, dessèche, mais elle fortifie, et passe aisément. Le cochon de lait est pesant. La chair de lièvre
est sèche et astringente. En général, on trouve une
chair moins succulente dans les animaux sauvages
que dans les domestiques, dans ceux qui se nourrissent de fruits que dans ceux qui se nourrissent
d'herbes, dans les mâles que dans les femelles, dans
les noirs que dans les blancs; dans ceux qui sont
velus que dans ceux qui ne le sont pas. Cette doc-
trine est d'Hippocrate.

Chaque boisson a de même ses propriétés. Le vin
est chaud et sec; il a dans ses principes quelque
chose de purgatif. Les vins doux montent moins à la
tête; les rouges sont nourrissants; les blancs, apéritifs :
les clairets, secs et favorables à la digestion. Suivant
Hippocrate, les vins nouveaux sont plus laxatifs que
les vieux, parce qu'ils approchent plus de la nature
du moût; les aromatiques sont plus nourrissants que
les autres; les vins rouges et moelleux...

Nicoclès allait continuer, mais Dinias l'interrom-
pit tout à coup Je ne me règle pas sur de.pareilles
distinctions, lui dit-il, mais je bannis de ma table
les vins de Zacynthe et de Leucade, parce que je les
crois nuisibles, à cause du plâtre qu'on y mêle. Je
n'aime pas celui de Corinthe, parce qu'il est dur; ni
celui d'Icares, parce qu'outre ce défaut, il a celui
d'être fumeux. Je fais cas du vin vieux de Corcyre,
qui est très agréable, et du vin blanc de Mendé, qui est
très délicat.

Archiloque comparait celui de Naxos au nectar : c'est
celui de Thasos que je compare à cette liqueur divine.
Je le préfère à tous, excepté à celui de Chio, quand

il est de première qualité; car il y en a de trois sortes.

Nous aimons en Grèce les vins doux et odoriférants. En certains endroits, on les adoucit en jetant dans le tonneau de la farine pétrie avec du miel; presque partout on y mêle de l'origan, des aromates, des fruits et des fleurs. J'aime, en ouvrant un de mes tonneaux, qu'à l'instant l'odeur des violettes et des roses s'exhale dans les airs, et remplisse mon cellier; mais je ne veux pas qu'on favorise trop un sens au préjudice de l'autre. Le vin de Byblos, en Phénicie, surprend d'abord par la quantité de parfums dont il est pénétré. J'en ai une bonne provision; cependant je le mets fort au-dessous de celui de Lesbos, qui est moins parfumé, et qui satisfait mieux le goût. Désirez-vous une boisson agréable et salutaire, associez des vins odoriférants et moelleux avec des vins d'une qualité opposée : tel est le mélange du vin d'Erytrhée avec celui d'Héraclée.

L'eau de mer mêlée avec le vin aide, dit-on, à la digestion, et fait que le vin ne porte point à la tête; mais il ne faut pas qu'elle domine trop. C'est le défaut des vins de Rhodes. On a su l'éviter dans ceux de Cos. Je crois qu'une mesure d'eau de mer suffit pour cinquante mesures de vin, surtout si l'on choisit pour faire ce vin les nouveaux plants préférablement aux anciens.

De savantes recherches nous ont appris la manière de mélanger les boissons. La proportion la plus ordinaire du vin à l'eau est de deux à cinq et de un à trois; mais, avec nos amis, nous préférons la proportion contraire, et sur la fin du repas nous oublions ces règles austères. Solon nous défendait le vin pur.

C'est, de toutes ses lois, peut-être la mieux observée, grâces à la perfidie de nos marchands, qui affaiblissent cette liqueur précieuse. Pour moi, je fais venir mon vin en droiture, et vous pouvez être assurés que la loi de Solon ne cessera d'être violée pendant tout ce repas.

En achevant ces mots, Dinias se fit apporter plusieurs bouteilles d'un vin qu'il conservait depuis dix ans, et qui fut bientôt remplacé par un vin encore plus vieux.

Nous bûmes alors presque sans interruption. Démocharès, après avoir porté plusieurs santés, prit une lyre, et, pendant qu'il l'accordait, il nous entretint de l'usage où l'on a toujours été de mêler le chant aux plaisirs de la table. Autrefois, disait-il, tous les convives chantaient ensemble et à l'unisson. Dans la suite il fut établi que chacun chanterait à son tour, tenant à la main une branche de myrte ou de laurier. La joie fut moins bruyante à la vérité, mais elle fut moins vive. On la contraignit encore, lorsqu'on associa la lyre à la voix. Alors plusieurs convives furent obligés de garder le silence. Thémistocle mérita autrefois des reproches pour avoir négligé ce talent. De nos jours, Epaminondas a obtenu des éloges pour l'avoir cultivé. Mais, dès qu'on met trop de prix à de pareils agréments, ils deviennent une étude; l'art se perfectionne aux dépens du plaisir, et l'on ne fait plus que sourire au succès.

Les chansons de table ne renfermèrent d'abord que des expressions de reconnaissance, ou des leçons de sagesse. Nous y célébrions et nous y célébrons encore les dieux, les héros et les citoyens utiles à leur patrie. A des sujets si graves on joignit ensuite l'éloge du vin; et la poésie, chargée de le tracer avec les couleurs les plus vives, peignit en même temps cette confusion d'idées, ces mouvements tumultueux qu'on éprouve avec ses amis, à l'aspect de la liqueur qui petille dans les coupes. De là tant de chansons bachiques semées de maximes, tantôt sur le bonheur et sur la vertu, tantôt sur l'amour et sur l'amitié. C'est en effet à ces deux sentiments que l'âme se plaît à revenir, quand elle ne peut plus contenir la joie qui la pénètre.

Plusieurs auteurs se sont exercés dans ce genre de poésie; quelques uns s'y sont distingués: Alcée et Anacréon l'ont rendu célèbre. Il n'exige point d'effort, parce qu'il est ennemi des prétentions. On peut employer pour louer les dieux et les héros la magnificence des expressions et des idées; mais il n'appartient qu'au délire et aux grâces de peindre le sentiment et le plaisir.

Livrons-nous au transport que cet heureux moment inspire, ajouta Démocharès; chantons tous ensemble, ou tour à tour, et prenons dans nos mains des branches de laurier ou de myrte.

Nous exécutâmes aussitôt ses ordres; et, après plusieurs chansons assorties à la circonstance, tout le chœur entonna celle d'Harmodius et d'Aristogiton. Démocharès nous accompagnait par intervalles; mais, saisi tout à coup d'un nouvel enthousiasme, il s'écrie : « Ma lyre rebelle se refuse à de si nobles sujets ; elle réserve ses accords pour le chantre du vin et des amours. Voyez comme au souvenir d'Anacréon ses cordes frémissent, et rendent des sons plus harmonieux. O mes amis! que le vin coule à grands flots; unissez vos voix à la mienne, et prêtez-vous à la va- .riété des modulations.

« Buvons; chantons Bacchus : il se plaît à nos dan- ses, il se plaît à nos chants; il étouffe l'envie, la haine et les chagrins ; aux grâces séduisantes, aux amours enchanteurs, il donne la naissance. Aimons, buvons, chantons Bacchus.

« L'avenir n'est point encore ; le présent n'est bien- tôt plus : le seul instant de la vie est l'instant où l'on jouit. Aimons, buvons, chantons Bacchus.

« Sages dans nos folies, riches de nos plaisirs, fou- lons aux pieds la terre et ses vaines grandeurs; et, dans la douce ivresse que des moments si beaux font couler dans nos âmes, buvons, chantons Bacchus. »

Cependant nous entendîmes un grand bruit à la porte, et nous vîmes entrer Calliclès, Nicostrate, et d'autres jeunes gens, qui nous amenaient des danseu- ses et des joueuses de flûte avec lesquelles ils avaient soupé. Aussitôt la plupart des convives sortirent de table, et se mirent à danser : car les Athéniens ai- ment cet exercice avec tant de passion, qu'ils regar- dent comme une impolitesse de ne pas s'y livrer quand l'occasion l'exige. Dans le même temps, on ap- porta plusieurs hors - d'œuvre propres à exciter l'ap- pétit, tels que des cercopes et des cigales, des raves coupées par morceaux et confites au vinaigre et à la moutarde, des pois chiches rôtis, des olives que l'on avait tirées de leur saumure.

Ce nouveau service, accompagné d'une nouvelle provision de vin, et de coupes plus grandes que celles dont on s'était servi d'abord, annonçaient des excès qui furent heureusement réprimés par un spectacle inattendu.

A l'arrivée de Calliclès, Théotime était sorti de la salle. Il revint, suivi de joueurs de gobelets, et de ces farceurs qui, dans les places publiques, amusent la populace par leurs prestiges.

On desservit un moment après. Nous fîmes des libations en l'honneur du bon génie et de Jupiter-Sauveur; et, après que nous eûmes lavé nos mains dans une eau où l'on avait mêlé des odeurs, nos baladins commencèrent leurs tours. L'un arrangeait sous des cornets un certain nombre de coquilles ou de petites boules, et, sans découvrir son jeu, il les faisait paraître ou disparaître à son gré. Un autre écrivait ou lisait en tournant avec rapidité sur lui-même. J'en vis dont la bouche vomissait des flammes, ou qui marchaient la tête en bas, appuyés sur leurs mains, et figurant avec leurs pieds les gestes des danseurs. Une femme parut, tenant à la main douze cerceaux de bronze : dans leur circonférence roulaient plusieurs petits anneaux de même métal. Elle dansait, jetant en l'air et recevant successivement les douze cerceaux. Une autre se précipitait au milieu de plusieurs épées nues. Ces jeux, dont quelques uns m'intéressaient sans me plaire, s'exécutaient presque tous au son de la flûte. Il fallait, pour y réussir, joindre la grâce à la précision des mouvements.

FRAGMENTS

DES DÉTAILS

DES FÊTES SOLENNELLES

QUI EURENT LIEU A MOSCOU

POUR

LE SACRE DE L'EMPEREUR NICOLAS.

RIEN ne peut égaler le spectacle magique qu'ont offert les illuminations qui ont eu lieu le jour du couronnement de Leurs Majestés impériales, et les deux jours suivants; celles du Kremlin particulièrement ont frappé d'étonnement et d'admiration tous les spectateurs. Toutes les tours, les créneaux et les édifices de cette citadelle, brillaient de mille feux ; des festons garnissaient l'enceinte des murailles, et le tout était dominé par l'imposante pyramide du clocher d'Ivan-véliki, éclairé en verres de couleur depuis la base jusqu'au sommet, surmonté d'une croix et d'une couronne. Le jardin du Kremlin, illuminé avec autant de goût que de profusion, terminait ce coup-d'œil enchanteur. On remarquait encore l'Université, l'hôtel du gouverneur-général militaire, prince D. Galitzyne, celui du tsarévitch de Géorgie, le club de la noblesse, l'École de commerce, et les différents hôtels occupés par les ambassadeurs extraordinaires et les ministres étrangers.

Le 2 septembre il y a eu au théâtre Pétrovski une grande mascarade de cour, qui a été honorée de la présence de Leurs Majestés l'empereur et l'impératrice, de LL. AA. II. M. le grand-duc Michel et Madame la grande-duchesse Hélène, ainsi que de S. A. R. le prince Charles de Prusse. Pendant une demi-heure avant l'arrivée de Leurs Majestés impériales, tous les regards étaient fixés sur la porte par où elles devaient entrer, et un silence profond régnait dans la salle. Leurs Majestés arrivèrent à huit heures et demie à la mascarade, et n'en sortirent que vers 11 heures, après avoir soupé dans une des salles. On ne peut se figurer rien de plus magnifique ni de plus brillant que cette fête, où l'on comptait jusqu'à cinq mille personnes de la haute noblesse et des prin cipaux négociants de l'empire, parmi lesquelles un grand nombre étaient accourues des provinces les plus éloignées pour jouir, dans cette circonstance mémorable, du bonheur de contempler le monarque adoré et son auguste famille. Le charmant costume national des dames, les riches broderies de leurs coiffures et de leurs bandeaux, leurs colliers de diamants et de perles fines, et leurs voiles brodés en or, contrastant avec les uniformes militaires et civils recouverts de larges vénitiennes, donnaient à cette fête un caractère d'originalité. Il semblait voir réunies tout ce que l'Europe et l'Asie offrent de beautés, de richesses et de pompes.

Le 3 septembre, à quatre heures après midi, il y a eu un grand repas, donné par le commerce de Moscou à tous les généraux, aux officiers de la garde et aux officiers-majors de l'armée. S. M. l'empereur a daigné assister à ce repas, auquel avaient été invités les ambassadeurs étrangers et tous les membres du corps diplomatique. On avait orné pour cette fête l'intérieur de la maison d'exercices, au centre de laquelle des trophées militaires formaient une salle magnifique, entourée des deux côtés de bosquets de lauriers, d'orangers et de fleurs. Deux tables étaient particulièrement destinées aux sous-officiers et soldats du détachement de la garde

Toutes les personnes qui ont assisté aux fêtes du couronnement de l'empereur Paul Ier, et de celui de l'empereur Alexandre Ier, assurent que celles qui ont eu lieu au couronnement de S. M. l'empereur Nicolas Ier l'emportent de beaucoup par le goût et la magnificence que l'on y a déployés.

En effet, le bal du 6 septembre au club de la noblesse, ceux qu'ont donnés le maréchal duc de Raguse le 8 septembre, et le duc de Devonshire le 10 , et que Leurs Majestés l'empereur et l'impératrice ont daigné honorer de leur présence, réunissaient tout ce que la richesse, le luxe et l'élégance pouvaient offrir de plus achevé ; il semblait qu'il eût été impossible d'inventer rien de plus agréable, de plus magnifique et de plus parfait.

Cependant il était réservé au prince Youssoupoy et à la comtesse Orloff-Tchesmensky de surpasser encore toute cette splendeur dans les fêtes qu'ils ont également eu l'honneur d'offrir, le 12 et le 17 du même mois, à Leurs Majestés l'empereur et à l'impératrice ; fêtes dont les journaux russes ont publié une relation détaillée.

La onzième planche représente la vue de la fête et du repas donnés au peuple le 16 septembre, par S. M. l'empereur.

La vaste place dite Devitchié-Polé (Champ-des-Demoiselles), située devant le monastère des Demoiselles, et près de laquelle s'élèvent les collines des Moineaux et coule la Moskva, cette place si chère aux cœurs des Russes par les souvenirs historiques qu'elle rappelle, avait été choisie pour cette fête intéressante.

Un pavillon circulaire, richement décoré, s'élevait au centre pour recevoir S. M. l'empereur et la famille impériale; des deux côtés, à une certaine distance, on avait construit quatre galeries en colonnades : la première pour les personnes des trois premières classes, la seconde pour le corps diplomatique, la troisième pour les officiers-généraux, et la quatrième pour les personnes de la cour. Les députés des provinces musulmanes-russes du Caucase occupèrent la moitié de la troisième galerie. Nous les avons dessinés, planche XIII, tels que nous les avons vus ce jour-là, dans leurs riches costumes asiatiques.

Plus loin il y avait des deux côtés un certain nombre de galeries extrémement longues pour les spectateurs. Entre ces galeries et dans toute la longueur de la place, on voyait 12 galeries pour la musique, 16 cascades et 8 fontaines de vin blanc et rouge, 2 escarpolettes, 2 montagnes glissantes, 9 théâtres forains, 1 cirque de voltigeurs, 3 amphithéâtres pour l'ascension d'un nombre égal d'aérostats, enfin 240 tables couvertes de nappes longues de 10 sagènes (1) chacune.

Au centre de chaque table il y avait un mouton rôti tout entier, les cornes dorées, la tête argentée, et le corps enveloppé de damas rouge. De chaque côté, un vase contenant deux seaux de bière, un gâteau sucré en forme de pot de fleurs avec des roses, un petit rouleau chargé de pommes ; un plat de rôt, composé de 30 poulets, 4 oies et 4 canards, surmonté d'une corbeille dorée ou argentée ; ensuite un vase contenant deux seaux d'hydromèle, un petit chêne chargé de prunes, 2 jambons, un vase contenant deux seaux de bière, un petit rouleau portant des poires, un plat de gelée, un petit chêne portant des pommes, enfin un bouilli de 60 livres.

_____

(1) 10 sagènes font 21 mètres un tiers.

1.   h

Il y avait sur chaque table 100 pains blancs (dits kalatchy), et 40 petits pains bis.

Dès la pointe du jour la foule commença à se porter sur la place, où la file d'équipages arriva sans interruption depuis neuf heures.

S. M. l'empereur, suivi d'un nombreux et brillant état-major, accompagnait à cheval la voiture dans laquelle étaient LL. MM. les impératrices. Leurs Majestés impériales arrivèrent à midi sur la place, où elles furent reçues avec des acclamations vives et prolongées. Après en avoir fait le tour, elles entrèrent dans le pavillon qui avait été préparé pour leur réception, et sur lequel un drapeau fut arboré. A un signal, le peuple s'approcha des tables, le repas commença, et les divertissements lui succédèrent.

On estime que dans cette matinée il peut y avoir eu 200,000 personnes sur la place. A cette occasion, il a été distribué au peuple :

    240 moutons,

    480 gâteaux sucrés,

    720 pouds (1) de bouilli,

    480 plats de gelée,

    7200 poulets,

    1000 oies,

    1000 canards,

    46000 pommes,

    46000 poires,

    46000 prunes.

---

(1) Un poud égale 16 kil 280.

4000 seaux (1) de bière ,

4000 seaux d'hydromèle ,

2400 seaux de vin rouge et blanc ,

24000 pains blancs (kalatchy) ,

9600 petits pains bis,

960 jambons.

Pour donner une plus juste idée des immenses constructions élevées sur le Devitchié-Polé, uniquement pour la fête de cette journée, nous en avons tracé le plan (planche xii), et nous offrons , sur la même planche également, le dessin de l'une des deux cent quarante tables.

Les fêtes splendides qui se sont succédé pendant un mois à Moscou, après la cérémonie du couronnement de LL. MM. l'empereur et l'impératrice, ne pouvaient se terminer par un spectacle plus magnifique et plus imposant que par le feu d'artifice qui a été tiré le 22 septembre, en présence de Leurs Majestés impériales, et qui avait été préparé d'après la disposition de S. A. I. monseigneur le grand-duc Michel, grand-maître de l'artillerie.

Ce feu d'artifice avait été disposé en face du corps des Cadets, établissement où les préparatifs qui avaient été faits pour la réception de LL. MM. II. méritent une description particulière. De l'escalier de parade, orné de trophées d'armes et magnifiquement éclairé, l'on passait dans une espèce de corridor formé de fusils et ayant des canons pour colonnes ; l'éclairage de ces colonnes imitait le feu de la mous-

(1) Un seau équivaut à 12 litres 5o centi.

h*

queterie et l'inflammation des grenades, en sortant
de la volée des obusiers. On entrait ensuite dans une
grande salle dont les tentures étaient formées de sabres,
d'espadons, de briquets (1) et de pistolets, disposés avec beaucoup de goût. Sur deux des côtés de la
salle, ces mêmes armes artistement groupées offraient
aux regards les chiffres de LL. MM. l'empereur et
l'impératrice; de là on passait dans la galerie décorée
d'une magnifique colonnade, ouvrage du célèbre ar-
chitecte Guarengui, au centre de laquelle se trouvait
une loge pour Leurs Majestés impériales ; plus de
800 personnes de leur suite remplissaient la galerie.

(1) Sabre d'infanterie.

RELATION

ABRÉGÉE

DES CÉRÉMONIES

QUI ONT EU LIEU A MOSCOU EN SEPTEMBRE 1826,

A L'OCCASION

DU SACRE DE L'EMPEREUR NICOLAS.

LES cérémonies religieuses ont eu lieu au Kremlin avec toute la pompe asiatique. Des estrades, décorées avec la plus grande richesse et avec la plus grande élégance, avaient été construites pour recevoir la cour. Un immense cortége, où l'on remarquait les chefs de toutes les tribus nomades et autres dans le plus brillant costume, s'est rendu à l'église Sainte-Sophie. L'empereur s'avançait au milieu, et c'est là qu'il a pris la couronne.

Le Kremlin est une forteresse formée de murailles où l'on ne laissait pénétrer que la cour et les étrangers; il y a dans l'intérieur huit églises surmontées chacune de sept tourelles et de dômes en cuivre, le tout entouré d'obélisques.

Les fêtes ont duré pendant huit jours, ainsi que les illuminations. On exécutait de tous côtés des danses à la cosaque; il y avait au reste des jeux et des divertissements de tout genre. Les musiciens de chaque régiment formaient des groupes de distance en distance. L'air retentissait de chants nationaux; mais il faut avouer que ces chants ne signifiaient rien. A chacun des angles, on faisait des distributions de vin, bière et eau-de-vie.

Les fêtes populaires avaient lieu dans une enceinte quatre fois plus spacieuse que le Champ-de-Mars de Paris: il y avait une grande quantité d'entrées entourées de galeries en colonnades. Un grand nombre de tables étaient servies; des papiers colorés et découpés servaient de nappes; des comestibles en viande froide étaient disposés dans des espèces d'auges en bois. Le signal du commencement de cet étrange festin devait être donné par le canon, mais le peuple impatient ne l'a pas attendu et a tout pillé d'avance. Le gouverneur s'est vu forcé d'appeler un régiment de cosaques pour rétablir l'ordre.

Les princes et les ambassadeurs ont aussi donné pendant 8 jours des fêtes d'une magnificence extraordinaire ; mais rien n'a pu approcher de celle donnée par le duc de Raguse , ambassadeur de France. La construction d'une tente à la française a coûté 40,000 francs rien que pour la charpente ; cette tente était de plain-pied avec la salle à manger, et les décorations intérieures se composaient de trophées militaires français et russes.

24 officiers de tous grades et de chaque arme recevaient les dames à l'entrée des salons et leur offraient des bouquets. Il y avait 40 huissiers de service ; et 36 valets de pied, couverts de la plus brillante livrée, formaient la haie sur l'escalier de réception.

L'empereur est resté à cette fête, avec toute la cour, jusqu'à 6 heures du matin. Sa table était composée de 40 couverts et dominait sur une élévation de 3 ou 4 pieds. Il y avait en outre 22 autres tables de 16 couverts chacune. A mesure que chaque table était servie, les convives se remplaçaient, et cela a duré depuis minuit jusqu'à 7 heures du matin. Le feu d'artifice, qui était de la plus rare beauté, a duré pendant une heure entière. Enfin, de mémoire d'homme, on n'a pas vu de fête aussi fastueuse et aussi splendide que celle-ci ; le goût et la délicatesse se mêlaient à la plus grande profusion. 80 bouches à feu et 20,000 hommes de troupes impériales formaient la garde.

Ces détails m'ont été donnés par M. Alexandre, chef de cuisine d'extra chez le duc de Raguse , lors de son ambassade extraordinaire à Moscou.

UN REPAS

A SAINT - PÉTERSBOURG.

Es jours derniers, grand dîner chez le prince Boris; il est aimable et spirituel autant que riche, ce qui devient assez rare. Nous étions quarante convives : comment peindre la magnificence de cette maison. En arrivant, on traverse, au milieu de deux rangées de valets richement vêtus, plusieurs salons qui précèdent la belle galerie de tableaux, où le prince vous reçoit avec une bonne grâce parfaite. On entre sans être annoncé par le fausset d'un faquin, qui, en estropiant votre nom, fait rire toute l'assemblée; la simplicité russe exclut ce cérémonial.

A six heures, on s'achemine vers une autre galerie, où l'on trouve une table couverte d'un beau surtout chargé de fruits et de fleurs; au premier coup-d'œil, on se croirait invité chez un descendant de Pythagore. Le gourmet ne peut, comme en France, dévorer de ses regards le premier acte du dîner, ni marquer ses victimes; ses jouissances sont encore un mystère; mais il aura le charme de la surprise; chaque cinq minutes on viendra tenter sa gourmandise.

Ici, on ne souffre point de la lenteur ni de l'embarras d'un Amphitryon qui souvent a la double prétention de se montrer écuyer tranchant et aimable conteur. Un maître-d'hôtel très expéditif découpe lestement sur les buffets le quartier de bœuf de l'Ukraine, le veau d'Arkangel, le sterlet du Volga, et la dinde du Périgord. Tous les plats étant doubles et présentés par une foule de valets intelligents, le service se fait à merveille, et l'on mange chaud.

Mais, en citant le côté brillant, faut-il bien faire la part de la critique. Il y a un usage en Russie sur lequel peu de gens prennent leur parti; chaque fois qu'on enlève l'assiette, on enlève aussi le couvert. Dans les grands dîners, il serait impossible d'avoir assez de vermeil ou d'argenterie pour la renouveler vingt fois. Qu'arrive-t-il, ou que peut-il arriver?

C'est que les domestiques, peu scrupuleux de leur nature, ne lavent point mais essuient légèrement ou n'essuient pas du tout les couverts. Ainsi, cette élégance de mœurs vous expose à manger avec la fourchette de tout le monde. J'ai vu des dames se cramponner à leur couvert pour échapper au danger qui les menaçait.

Il ne faut pas croire que les vins étrangers attendent cérémonieusement le second service : aussitôt après la soupe, on est envahi par les plus illustres coteaux de la Guyenne et de la Bourgogne. Souvent le libéral Amphitryon, s'il a le secret de vos préférences, fait placer devant vous la bouteille favorite; le maître-d'hôtel vous signale cette attention, et, à travers les fleurs qui ombragent la table, on échange un salut reconnaissant contre un sourire gracieux du prince. L'intervalle qui sépare les deux services est rempli par un sorbet au rhum, dont la mission est de renouveler l'appétit.

Hélas! il n'est pas de joie pure ici-bas. Le prince, avec l'intention d'ajouter aux délices de ses convives, fait placer dans la pièce voisine, dont les portes restent ouvertes, un orchestre de soixante musiciens qui vous assourdissent de leurs sons harmonieux, depuis la première cuillerée de soupe jusqu'au dernier verre de vin de *Constance*. Cette recherche me semble tout-à-fait nuisible aux voluptés du festin; les causeurs surtout la trouvent insupportable.

J'étais placé près du général major de Gorgoly; les morceaux de musique se succédaient avec une telle presse, que l'on ne devra point me taxer d'exagération en lisant le dialogue suivant.

LE GÉNÉRAL GORGOLY.

Étiez-vous hier à la revue ?

(*L'Ouverture du jeune Henri.*)

MOI.

Oui, mon général; jamais les troupes ne me parurent si belles, et l'empereur!...

(*La Bataille de Prague.*)

LE GÉNÉRAL.

Nos soldats ont une brillante tenue; les chevaux sont, dit-on, plus beaux que ceux d'Ang....

(*Un grand air de Rossini.*)

MOI.

Ce qui m'a surtout frappé, c'est l'incroyable uniformité des chevaux de chaque régiment; ils semblent tous sortir du même moule, et je ne conçois pas comment...

(*Une marche militaire.*)

LE GÉNÉRAL.

Nos remontes se font dans des provinces très abondantes en gras pâturages, et tous les ans on...

(*Une tyrolienne.*)

MOI.

Vos officiers ont une charmante tournure, et autrefois nos parisiennes....

(*Di tanti palpiti.*)

LE GÉNÉRAL.

Avez-vous remarqué, près du prince Serge, ce gros vice-gouverneur, qui....

(*Air de la Pie voleuse.*)

MOI.

Ma foi, mon général, je remarque qu'à cette table on ne peut être que gourmand, et c'est le parti qu'il faut prendre.

Bientôt le repas finit, et je dis à mon voisin : « Au moins avons-nous la certitude de n'avoir rien dit qui puisse nous compromettre. » Cette dernière observation s'adressait *au grand-maître de police.*

Les Grecs, plus raffinés que nous dans certaines délicatesses de la vie, se contentaient, pendant le repas, d'un seul musicien qui accompagnait de sa lyre des chants de guerre ou d'amour ; cette mélodie s'adressait à l'esprit et au cœur autant qu'aux oreilles. Si Alcibiade, avec ses idées bizarres, se fût avisé d'étonner ses convives par une centaine de clairons et de trompettes, il est très probable que chacun, jetant sa couronne de roses avec humeur, aurait déserté la salle du festin. Si on veut absolument des musiciens (ceux-ci, je dois le dire, exécutent dans la perfection), on devrait les placer à distance : leurs accords, un peu lointains, auraient alors quelque chose de suave qui, complétant les délices du banquet, ne couperait la parole à personne. *Les morceaux caquetés se digèrent aisément;* ce principe gastronomique est tout-à-fait violé quand on a pour voisinage immédiat la musique d'un régiment.

Ce pays, étant la terre classique des tours de force, abonde en pruniers; on y mange d'assez belles cerises au mois de mars; elles coûtent deux ou trois roubles la livre. J'ai assisté à un grand dîner chez un jeune homme opulent; le milieu de la table était occupé par un beau cerisier; chaque convive cueillait les cerises sur la branche qui l'ombrageait. L'arbre coûtait à l'Amphitryon dix-huit cents roubles; ainsi, ce tour de force de la nature en entraîne un autre, celui d'acheter. Dans le mois de janvier, une livre de petits pois ou de haricots verts coûte de vingt-cinq à trente roubles; et comme la livre russe n'est que de treize onces, il en faut deux ou trois pour faire un plat. Un concombre coûte trois roubles. Ainsi rien de plus cher que ces jeux de la végétation. Durant tout l'hiver, on mange des asperges, d'autres légumes et plusieurs fruits, tous frais cueillis; mais la saveur manque aux prodiges de la serre. Un ministre étranger, mon voisin de table, me disait un jour : « Mes yeux m'apprennent que je mange des asperges, mais ma bouche n'en convient pas. »

Le calcul décimal est ici de rigueur dans tous les marchés : on vend dix poires, dix pêches, dix prunes,

dits petits pâtés, etc. ; la douzaine est inconnue. Ce
système s'étend même aux grâces de la cour. Si on
croit juste de donner une gratification de huit à neuf
mille roubles , il serait assez simple d'arriver aux dix
mille, par respect pour le calcul décimal , et par
égard pour le gratifié ; mais on trouve encore plus
simple de descendre aux cinq mille.

L'Art

DE

LA CUISINE FRANÇAISE

AU DIX-NEUVIÈME SIÈCLE.

PREMIÈRE PARTIE.

TRAITÉ DES BOUILLONS EN GRAS ET EN MAIGRE, DES CONSOMMÉS, FUMETS ET BOUILLONS MÉDICINAUX, DES BRAISES, POÊLES, MIRE-POIX, GLACES, COURTS-BOUILLONS ET PATES A FRIRE.

CHAPITRE PREMIER.

SOMMAIRE.

Analyse du pot-au-feu bourgeois, pot-au-feu de maison ou bouillon restaurant, pot-à-feu au bain-marie, grande marmite au grand bouillon, soins à donner à la cuisson du bœuf bouilli pour servir de grosse pièce, pièce d'alloyau bouilli pour servir de grosse pièce, bouillon d'empotage, bouillon de volaille pour les potages de santé, bouillon de dindon pour les potages de santé, bouillon restaurant de perdrix, idem de lapereaux de garenne.

OBSERVATIONS PRELIMINAIRES.

LES hommes du 18ᵉ siècle qui ont écrit sur l'art alimentaire n'ont point daigné analyser quelques notions sur les soins à donner au modeste pot-au-feu ; cependant c'est la nourriture principale de la classe laborieuse de la nation : elle

I.

mérite bien que l'on fasse quelque chose pour améliorer ses aliments. Les auteurs culinaires de nos
temps modernes ont affecté le même dédain, et n'ont
point donné d'analyse sur la théorie de l'humble
soupe grasse ; mais en revanche ils n'ont pas eu de
honte d'écrire qu'on ne savait pas faire de bon
bouillon dans les grandes cuisines, sans cependant
indiquer aucun nouveau procédé pour y remédier,
si cela eût réellement existé. O ignorance ! quelle
obscurité vous environne ! et pourtant quelle jactance est la vôtre ! Mais vos efforts seront vains ; le
charlatanisme aura beau vouloir en imposer au pu-
blic, il est parmi les praticiens culinaires des hommes assez courageux pour le démasquer publiquement, et venger la science par des travaux honorables pour la gastronomie du 19ᵉ siècle.

ANALYSE DU POT-AU-FEU BOURGEOIS.

Dans le ménage de l'artisan, le pot-au-feu est sa
nourriture la plus substantielle, quoi qu'en puisse
dire le journal intitulé *le Gastronome* (1). C'est la

(1) Cependant ces gastronomes devraient savoir que *le régime alimentaire des Français* en 1789 ne permettait au peuple, terme moyen, de
manger que deux parties de substances animales contre quinze de végétales ; que depuis cette époque l'état de la classe laborieuse est resté à
peu près le même pour la nourriture, notre agriculture n'y ayant pas
suppléé, puisque la France est dans la nécessité de tirer des bœufs de la
Suisse, de l'Allemagne et de la Belgique, ainsi qu'un nombre considérable de moutons qui nous viennent d'Allemagne, de Belgique et de
Hollande. Tous ces bestiaux tirés de l'étranger à des prix élevés, aug-

femme qui soigne la marmite nutritive , et sans avoir
la moindre notion de chimie ; elle a simplement appris de sa mère la manière de soigner le pot-au-feu.
D'abord elle dépose la viande dans une marmite de
terre, en y joignant l'eau nécessaire (pour trois livres
de bœuf deux litres d'eau) ; puis elle la place au coin
de son feu , et , sans s'en douter , elle va faire une action toute chimique. Sa marmite s'échauffe lentement,
la chaleur de l'eau s'élève graduellement, et dilate du
bœuf les fibres musculaires en dissolvant la matière
gélatineuse qui y est interposée. Par ce moyen de chaleur tempérée, le pot au feu s'écume doucement ;
l'osmazone, qui est la partie la plus savoureuse de la
viande , se dissolvant peu à peu , donne de l'onction
au bouillon, et l'albumine, qui est la partie des mus-
cles qui produit l'écume, se dilate aisément, et monte
à la surface de la marmite en écume légère. Ainsi ,
par le simple procédé d'avoir conduit doucement son
pot au feu , la ménagère a obtenu un bouillon savou-

mentés encore par l'octroi des barrières , rendent fort chère la viande
de boucherie de Paris.

Or , les jours de pot-au-feu sont donc les plus nutritifs de la semaine
dans le ménage de l'artisan. Bien loin de blâmer et de réduire cette partie animalisée des aliments de la classe laborieuse, le célèbre chimiste
d'Arcet dit, dans l'une de ses brochures si intéressantes sur ses savants
procédés pour extraire par la vapeur la gélatine que contiennent les os
de la viande de boucherie lorsqu'elle est cuite, qu'on n'a rien de mieux
à faire, dans l'intérêt de cette classe (la classe ouvrière), que d'anima-
liser leurs aliments avec cette même gélatine, dût-on abandonner ce
procédé à l'époque où notre agriculture fournira à toute notre population
une suffisante quantité de viande, de lait, d'œufs, etc.

Dans un temps plus opportun je reviendrai sur la critique qu'a fait le
Gastronome sur la soupe et le bouilli de la classe laborieuse.

reux et nutritif, et un bouilli tendre et de bon goût. Voilà les résultats avantageux de cette opération toute chimique ; tandis qu'en plaçant inconsidérément la marmite sur un feu trop ardent, l'ébullition se trouve précipitée; l'albumine se coagule, se durcit; l'eau, n'ayant pas eu le temps nécessaire de pénétrer la viande, empêche la partie gélatineuse de l'osmazome de s'en dégager, et, par ce triste résultat, vous n'avez plus qu'un bouilli dur à manger, et un bouillon sans succulence et sans goût. Voilà la science que doit avoir la ménagère, et les causes bien réelles de la bonté du bouillon de ménage ; mais cette action chimique n'est-elle pas pratiquée dans nos cuisines? N'ai-je pas vu, dans nos grands extra culinaires des grands festins donnés à l'Hôtel-de-Ville de Paris (du temps de l'empire et de la restauration), à l'École militaire, et dans les maisons impériales et royales de la capitale, où les Laguipierre, les Robert, les Lasnes, les Bouchesèche, les Daniel, les Richaud, les Savard, les Chaud et les Bardet commandaient en chef; n'ai-je pas, dis-je, entendu mille fois ces grands maîtres recommander aux hommes chargés de mettre les marmites au feu de les faire écumer lentement, avec un feu modéré, et d'y joindre par intervalles un peu d'eau fraîche, afin de dilater l'albumine qui s'élevait alors en écume abondante. Par cette manière de procéder nous obtenons du bouillon tout aussi bon que celui de la ménagère. D'ailleurs, dans nos grands travaux, nos marmites sont tellement grandes et garnies de viande, qu'elles sont toujours placées devant le feu, ce qui facilite la parfaite dissolution de la partie gélatineuse de l'osmazome. Voilà les résultats bienfaisants que la pratique démontre journellement aux cuisiniers les moins habiles. Il suffit d'avoir un peu de bon sens pour être promptement au fait de ces premières notions de la chimie alimentaire (1). Mais, me dira le vulgaire, dans vos grandes cuisines, votre bouillon est sans cesse employé pour les sauces, les braises, les potages', les consommés et fumets ; puis, après avoir épuisé la marmite, on la remplit encore avec de l'eau : or, vous ne pouvez avoir de bon bouillon dans vos grandes cuisines. Non, certes, ce bouillon n'est plus aussi substantiel que le premier. Cependant, j'ose affirmer que le premier homme de bouche qui eut l'idée de faire remplir en partie (avec de l'eau (2) bouillante) la marmite, après, bien entendu, avoir retiré la pièce de bœuf qu'on doit servir ; cet homme, dis-je, fut inspiré, puisqu'il sut s'apercevoir que les os de la viande de boucherie contiennent une grande partie de gélatine qui donne un *sensible accroissement* de qualité au bouillon.

Le savant monsieur Darcet vient de prouver par

---

(1) Voilà de ces choses que les garçons de cuisine routiniers ne veulent pas comprendre ; ils mettent les trois quarts du temps la marmite au feu, en accélèrent l'ébullition pour la faire écumer bien vite, afin d'en être débarrassés. Aussi le cuisinier peu soigneux dans son travail sert des pièces de bœuf dures et des bouillons détestables, et cela par la négligence de son garçon. J'invite donc les hommes jaloux de bien exécuter leurs travaux à surveiller la manière dont la marmite sera gouvernée pour la faire écumer. L'analyse chimique précitée prouve combien cette partie de notre travail peut nous devenir nuisible ou fructueuse dans notre service.

(2) Ce procédé est très rarement employé ; mais par le temps qui court l'économie est poussée si loin qu'il est impossible de ne pas ré-

ces travaux chimiques combien les os de la viande de boucherie contiennent de substance gélatineuse ; et le résultat de ses nombreuses expériences touchant ce travail est un bienfait pour l'humanité, puisqu'il contribue à améliorer de beaucoup le régime alimentaire dés hôpitaux de Paris et des départements. Je citerai pour appui et pour preuve de ce que j'avance le passage suivant, extrait d'un rapport que M. Jourdan a présenté à l'administration des hospices de Paris, relativement aux avantages obtenus par le nouveau régime alimentaire de M. Darcet en employant la gélatine des os. « Les malades convalescents, dit M. Jourdan, étant mieux nourris, quittent plus promptement l'hôpital. Ce n'est pas seulement une économie que vous obtenez, Messieurs, c'est un bienfait de plus que vous accordez aux familles pauvres, en pressant le moment où doivent leur être rendus ceux qui la plupart du temps en sont le soutien par leurs travaux. »

Ces faits chimiques prouvent incontestablement que nous devons obtenir une substance gélatineuse des os en laissant la marmite au feu quelques heures de plus que de coutume.

---

fléchir péniblement sur le sort des cuisiniers et sur la ruine de la cuisine française. Cependant nous avons de grandes fortunes en France, et j'espère encore que nous aurons quelques nobles Amphytrions qui seront assez nationaux pour faire de leurs maisons le sanctuaire de la bonne chère, et la science alimentaire. qui honora toujours notre belle patrie, sera sauvée. Honneur à ces Français généreux qui sauront vivre pour manger, et non pas manger pour vivre, la pire de toutes les conditions de l'homme dans l'opulence!

POT-AU-EEU DE MAISON , OU BOUILLON RESTAURANT.

Mettez dans une marmite de terre, de capacité suffisante pour contenir quatre livres de tranche de bœuf, un fort jarret de veau et une poule à moitié rôtie à la broche; ajoutez trois litres d'eau froide, placez la marmite devant le feu, faites-la écumer doucement; cette opération terminée, vous y joignez un peu de sel, deux carottes, un navet, trois poireaux et un demi-pied de céleri que vous attachez en bouquet, et un clou de girofle piqué dans un oignon. Ayez soin de faire repartir la marmite après l'addition des racines; puis vous la faites mijoter cinq heures sans interruption; après quoi vous retirez les racines, que vous parez avec soin; vous goûtez le bouillon et le servez doux de sel; ensuite vous le dégraissez, et trempez votre soupe, placez dessus vos racines et servez.

Voilà un bouillon de maison qui est sain, restaurant, et qui convient dans les ménages où la nourriture des enfants est soignée.

POT-AU-FEU AU BAIN-MARIE.

Mettez dans une marmite de terre trois livres de tranche de bœuf, deux livres de ruelle de veau, puis une carbonate de mouton (la partie du filet après les côtelettes); ayez soin que ces viandes soient bien dégraissées; ajoutez une poule colorée à la broche, deux litres et demi d'eau froide, deux carottes, un na-

vet, un clou de girofle piqué dans un oignon, deux
poireaux et un demi-pied de céleri ; couvrez la marmite de son couvercle ; ajoutez autour un cordon de
pâte faite de farine et d'eau, un peu mollette ; observez qu'elle doit clore la marmite bien hermétiquement, afin que la vapeurs oit concentrée. Maintenant vous placez la marmite dans une grande casserole de quatre pouces plus large que la marmite ;
elle doit contenir de l'eau bouillante dont l'ébullition
ne doit pas être interrompue pendant six heures : pour
cet effet, vous devez avoir soin d'ajouter d'heure en
heure un peu d'eau bouillante au bain-marie, dont
l'ébullition reste toujours la même. Après ce laps de
temps, vous retirez la pâte qui a luté le couvercle de
la marmite; vous passez le bouillon au tamis de soie,
et le servez de suite pour potage ou pour consommé.

Voilà encore un bouillon de maison ; il est sain,
restaurant, et convient aux personnes qui ont l'estomac délabré, soit par des fatigues de travail ou de
voyage. Ce bouillon deviendra rafraîchissant si l'on
y joint, en le marquant, deux laitues et une poignée
d'oseille et de cerfeuil épluchés, lavées, et attachées
en bouquet.

GRANDE MARMITE, OU GRAND BOUILLON. — SOINS
A DONNER A LA CUISSON DU BŒUF BOUILLI POUR
SERVIR DE GROSSE PIÈCE.

Observation.

Mes voyages en Russie, en Allemagne, en Prusse,
en Italie et en Angleterre, m'ont donné la preuve

certaine que les bœufs que nous mangeons à Paris
sont de la première qualité ; les bœufs anglais seuls
pourraient leur être comparés sous le rapport de la
nutrition et de la succulence. Cependant, le célèbre
auteur du *Manuel des Amphytrions* prétend que
nos bœufs ont plus de suc et d'esprit nutritif, étant
obligés, pour arriver dans la capitale, de faire les
longs trajets de la Normandie, du Poitou, du Bour-
bonnais et de l'Auvergne ; que par conséquent leurs
principes régénérateurs se sont fondus et identifiés
pendant ces voyages, et qu'ils nous arrivent avec le
complément de leur bonne qualité.

Tout ce que je puis dire, c'est que la viande de
boucherie de Paris et de Londres est infiniment su-
périeure à celle du reste de l'Europe, et probable-
ment de l'univers.

Il est notable que, depuis la paix de la France avec
l'Angleterre (1814), nous avons pris à Paris l'habitude de servir plus souvent des rosbifs d'aloyau de
moutons et d'agneaux que l'on n'était dans l'usage de
le faire avant la restauration, et cela vient du nombre considérable d'Anglais qui viennent séjourner à
Paris. Ils demandèrent dans leurs hôtels qu'on leur
servît des rosbifs, et ils eurent raison ; mais, par suite
de ce système, pour le leur servir bouilli, il fut nécessaire de donner au bœuf moins de coction, afin qu'il
conservât de l'onction et de la succulence (1). Or
quatre heures au plus sont suffisantes pour cuire une

(1) Selon Jourdan Le Cointe, qui publia son *Cuisinier de santé* en
1792, il paraîtrait que le bœuf bouilli était alors aussi en usage en Angleterre que le bœuf rôti l'y est actuellement. Si cette assertion était vé-

culotte de bœuf de vingt-cinq à trente livres ; le
bouillon est moins bon; mais le bœuf, ayant été soi-
gné pour son écumage, a conservé plus de goût, et
surtout ce jus onctueux et savoureux que les Anglais
ont raison d'estimer confortable.

Pour servir un aloyau bouilli, il suffit de lui donner trois heures d'ébullition : alors le filet mignon et
le gros filet sont rosés, juteux et tendres comme s'ils
avaient été cuits à la broche. J'engage mes confrères
à ne point perdre de vue ces observations ; elles sont
importantes pour eux, puisqu'ils pourront servir des
pièces de bœuf à l'anglaise ; d'ailleurs ce goût se répand depuis quelques années dans toutes les grandes
maisons de Paris.

Je reviens à ma grande marmite. L'aide de cuisine
doit dégraisser et désosser avec soin la culotte de
bœuf, et, après l'avoir ficelée en lui donnant bonne
tournure, il brise les os, les place dans la marmite
et pose dessus la pièce de bœuf. Le garçon de cuisine
remplit à plus des trois quarts la marmite d'eau froide,
et la suspend à la crémaillère, ou la place devant le
feu, ce qui est bien préférable ; il pousse ensuite le
feu avec modération, afin de faciliter l'écumage ; car
il est essentiel qu'il se fasse doucement, et en y joignant un peu d'eau fraîche par intervalles. (J'invite
les garçons de cuisine à se bien pénétrer des procédés que j'ai indiqués pour le pot au feu. Voir le premier article de ce chapitre.) Lorsque l'écume a été

---

ritable, je conclurais de là que les rosbifs rôtis ont été introduits chez
les Anglais, ainsi qu'une infinité de mets français, à l'époque où nos
cuisiniers y partirent en émigrant avec leurs seigneurs en 92 et 93.

retirée avec soin, et que le peu qu'il en paraît est blanchâtre, le garçon descend sa marmite et la place sur une paillasse de cendre rouge faite dans un coin de l'âtre, rapproché de la braise ardente ; il doit alors ajouter dans la marmite une petite poignée de sel marin (1), puis les racines nécessaires à son assaisonnement, sans oublier deux clous de girofle. Maintenant, il ne s'agit plus que de soigner la marmite, afin que l'ébullition ait lieu doucement et sans interruption pendant quatre à cinq heures, et non pas faire tarir la marmite par une ébullition déréglée. Je le répète, les soins à donner à une marmite sont plus importants qu'on ne l'imagine les trois quarts du temps dans les cuisines ; cependant les procédés que je viens de décrire doivent être pris désormais en considération par les hommes soigneux dans leurs travaux. Ensuite, comme il est nécessaire de mettre la marmite au feu dans la matinée afin d'avoir du bouillon pour mouiller le consommé ou l'empotage, vers la fin de la cuisson de la pièce de bœuf, on y enfonce la pointe d'un hatelet : lorsqu'elle quitte aisément, elle est cuite à point.

On doit la retirer avec soin de la marmite et la déposer dans une braisière, en passant le dégraissis avec du bouillon en assez grande quantité pour qu'elle se trouve masquée à sa surface ; on la couvre en la plaçant ensuite dans l'étuve ; une demi-heure avant le moment du service, on égoutte la pièce de bœuf,

---

(1) La veille du jour où l'on doit tirer les grandes sauces, le chef doit avoir soin de recommander de saler à peine la marmite, et de ne pas abandonner ce soin au garçon de cuisine, comme cela se pratique trop ordinairement.

on la pare carrément ; on pare également la graisse, sans toutefois en altérer l'épaisseur ; puis on retire une grande partie du bouillon de la braisière ; on y place de nouveau la pièce de bœuf, que l'on glace avec soin, puis on couvre la braisière avec feu dessus et dessous : alors la glace se colore légèrement, et dès que vous avez égoutté et dressé la grosse pièce, vous la glacez de nouveau et la servez avec sa garniture.

Observation.

Les cuisiniers qui n'ont point servi leurs dîners en maîtres - d'hôtel se donnent beaucoup de mouvement pour glacer la pièce de bœuf à trois ou quatre reprises, afin de la rendre d'un beau glacé rougeâtre ; mais on peut obtenir le même résultat en agissant ainsi que je viens de l'indiquer, sans pour cela la masquer de trois ou quatre couches de glace, qui finissent par former une peau élastique que le meilleur couteau ne saurait trancher nettement, ce qui devient très désobligeant pour l'homme chargé de servir le dîner. J'en parle par expérience, et cela est facile à concevoir : car la glace n'est autre chose qu'une gélatine réduite qui, par conséquent, devient collante, et produit le mauvais effet dont je viens de parler ; elle le devient tellement que la gélatine de M. d'Arcet (par son procédé de réduction) doit remplacer un jour la colle de poisson, ainsi que celle qu'emploient dans leurs travaux les tabletiers, les ébénistes et les menuisiers. Je sais bien que la glace dont nous nous servons est faite avec du veau et de la volaille, et que sa substance est plus délicate et plus onctueuse, cela doit être ; mais, je le répète, plusieurs couches de celle-ci séchées au four deviennent un corps facile à couper lorsqu'il est froid, mais jamais quand il est chaud.

BOUILLON DE VOLAILLE POUR LES POTAGES DE SANTÉ.

Mettez à la broche deux poulets bien en chair, donnez-leur couleur à feu clair, puis vous les mettez dans une petite marmite fraîchement étamée, avec deux litres d'eau ; après l'avoir écumée, vous y mêlez une carotte, un navet, un clou de girofle piqué dans un oignon, deux poireaux, un demi-pied de céleri, et une laitue, le tout émincé et passé légèrement roux dans du beurre clarifié ; ajoutez un peu de sel ; faites mijoter trois petites heures ; dégraissez le bouillon avec soin et passez-le au tamis de soie. Vous vous en servez pour des potages de santé. Ce bouillon sans bœuf est léger, nourrissant, et convient aux personnes dont l'estomac fait mal les fonctions de l'hygiène.

BOUILLON DE DINDON, POUR POTAGE DE SANTÉ.

Après avoir habillé selon la règle une poule-dinde de ferme, vous la faites rôtir à feu clair, afin qu'elle soit colorée avant d'être cuite à point ; puis vous la mettez dans une marmite avec quatre litres d'eau ; faites écumer doucement sur l'angle du fourneau, puis vous y joignez deux carottes, deux navets, deux oignons, quatre poireaux, un pied de céleri et une laitue, le tout émincé et légèrement coloré dans du beurre clarifié; ajoutez un clou de girofle et le sel nécessaire à l'assaisonnement; donnez cinq heures d'ébullition, dégraissez parfaitement le consommé, passez-le au tamis de soie, et vous en servez pour les potages de santé. Ces bouillons sont légers, quoique succulent, et conviennent aux personnes dont l'estomac a besoin de bouillons restaurants.

BOUILLON RESTAURANT DE PERDRIX.

Faites légèrement colorer à la broche quatre perdrix, puis vous les mettez dans une petite marmite, avec un jarret de veau dont la crosse aura été retirée; ajoutez trois litres d'eau; faites écumer sur l'angle du fourneau et lentement; ajoutez des racines passées au beurre ainsi qu'il est indiqué ci-dessus; mettez un peu de sel et un clou de girofle; faites mijoter ce bouillon pendant quatre heures, dégraissez-le avec soin et le passez au tamis de soie.

Ce bouillon, quoiqu'un peu échauffant, est très restaurant et convient aux personnes dont les forces sont épuisées.

BOUILLON DE LAPEREAUX DE GARENNE.

Mettez dans une petite marmite deux lapereaux de garenne coupés comme pour gibelotte; ajoutez une livre de rouelle de veau coupée en tranches et grillée, afin de lui donner de la couleur. Mettez deux

litres et demi d'eau, faites écumer doucement sur
l'angle du fourneau, et, après avoir retiré l'écume,
vous y joignez les racines indiquées au bouillon de
dindonneaux ; elles doivent être passées au beurre ;
après trois heures d'ébullition, vous dégraissez et passez ce bouillon au tamis de soie. Vous l'employez
pour les potages de santé, mais il ne convient qu'aux
amateurs de gibier.

PIÈCE D'ALOYAU BOUILLI POUR GROSSE PIÈCE.

Vous préparez votre aloyau selon la règle, en pa-
rant les os de l'échine avec la scie, après en avoir
levé les chaires qui y sont adhérentes, puis vous coupez également le bout des fausses côtes qui se trouvent entre le filet mignon et le gros filet ; vous levez
avec soin l'épiderme du petit filet, que vous recouvrez avec une grande bande de graisse de bœuf que
que vous aviez levée le long du rognon, et ensuite
applatie avec le couperet, en la mettant entre une serviette, afin de la maintenir ; puis vous parez la pièce
d'aloyau d'un carré long ; roulez ensuite le flanchet
le long du filet mignon ; ficelez la pièce comme pour
mettre à la broche, en faisant un nœud à chaque
tour de ficelle. Après avoir mis les os dans la marmite, vous y mettez l'aloyau et l'eau nécessaire ; faites
écumer la marmite de la manière accoutumée, assaisonnez-la, et donnez trois heures d'ébullition à
partir du moment où l'écume a été retirée, car alors
seulement commence l'ébullition. Après ce laps de
temps, qui doit arriver au moment même du service,

vous égouttez la pièce d'aloyau, la déficelez avec
soin, la parez légèrement, et, après l'avoir glacée
(côté du filet mignon), vous la mettez dans une braisière avec le dégraissis seulement de la marmite;
placez la braisière feu dessus et dessous, afin de sécher la glace; puis, étant près de servir, vous enlevez la pièce de bœuf avec le fond de la braisière,
la placez sur le plat de grosse pièce, la glacez de nouveau, la garnissez et la servez de suite.

Observation.

La culotte de bœuf et l'aloyau sont seules dignes
de paraître sur la table de l'opulence, et si nous servons parfois la poitrine, ce doit être très rarement :
cette pièce est trop grasse, quoique délicate dans les
parties adhérentes aux os.

Le fameux Laguipierre servait cette grosse pièce
de poitrine à l'écarlate, la glaçait, et la dressait sur
une purée de pommes de terre, de pois, de haricots
ou de lentilles.

Je reviendrai sur ces détails en temps et lieux. Je
terminerai ce chapitre, où j'ai donné l'analyse de la
théorie du pot-au-feu bourgeois, de celui de maison
ou bouillon restaurant, du pot-au-feu au bain-marie,
de la grande marmite ou grand bouillon et de la
pièce d'aloyau, en y décrivant les soins trop souvent
négligés par l'inexpérience et la routine.

La partie du bœuf que nous considérons comme la
plus convenable pour faire de bon bouillon est la
cuisse tout entière. Elle se divise en quatre parties
distinctes : la culotte, qui en est la plus estimée; puis
la noix, la sous-noix et le rond. Cette dernière pièce,

qui renferme l'os de la cuisse est considérée comme la plus propre à donner de bon bouillon, parce qu'elle renferme plus d'osmazome; nous avons encore le gîte à la noix. Le bon bœuf se reconnaît ordinairement lorsqu'il est bien couvert de bardes de graisse, et lorsque sa chair est de couleur cramoisie, et veinée de nuances grasses.

La culotte bouillie d'un jeune bœuf est d'une nutrition succulente et saine, ainsi que le rosbif de l'aloyau. Si les jeunes praticiens profitent des avis et conseils que je leur donne dans leur intérêt, ils acquerront plus de considération et plus de renommée.

BOUILLON D'EMPOTAGE.

Mettez dans une grande casserole beurrée une demi sous-noix de veau ou un jarret, une demi-selle de mouton rôtie, une poule, deux oignons, deux carottes et un bouquet de poireaux et de céleri; ajoutez deux grandes cuillerées de bouillon; placez la casserole sur un fourneau ardent, et le laissez s'affaiblir à mesure que la réduction a lieu; observez que la glace ne doit être seulement que blonde; alors vous piquez les viandes avec la pointe du couteau, afin d'en obtenir la quintessence; remplissez la casserole de grand bouillon; écumez l'empotage avec soin; et, après cinq heures d'une légère ébullition, vous retirez les viandes, et passez le bouillon de l'empotage à la serviette ouvrée, puis vous le dégraissez et vous vous en servez pour mouiller les potages de racines et autres.

I. 2

CHAPITRE II

TRAITÉ DES CONSOMMÉS, FUMETS, GLACES DE VOLAILLE ET DE GIBIER.

SOMMAIRE.

Consommé blanc de volaille : consommé de débris de volaille ; consommé blanc de santé de volaille, fumet de faisans pour suprême ; fumet de perdreaux, idem de bécasses, de gélinottes, de grives et mauviettes ; fumet de lapereaux et de levrauts; jus ou extrait gélatineux de bœuf.

CONSOMMÉ BLANC DE VOLAILLE.

Après avoir habillé deux grosses poules, vous les ficelez et les mettez dans une marmite (de neuf à dix pouces de diamètre) avec un jarret de veau du poids de trois livres ; puis vous la

remplissez à plus des trois quarts de bouillon froid
ou chaud, et la faites partir en la plaçant sur l'angle du fourneau : par ce procédé, l'ébullition a lieu
doucement , la partie de l'osmazome que contiennent les poules se dilate aisément ; le consommé
est plus clair , plus onctueux , et par conséquent
plus nutritif. Après l'avoir écumé , vous y joignez deux carottes , un oignon , un navet , un peu
de céleri et deux ou trois poireaux liés en bouquet.
Le bouillon étant salé, il ne faut point ajouter de sel
au consommé. Après l'avoir fait mijoter pendant cinq
heures consécutives , vous en retirez la graisse , les
racines et les viandes : passez le consommé dans une
serviette ouvrée , ou bien au petit tamis de soie ; puis
vous l'employez pour des potages blancs ou pour
clarifier les sauces , et pour mouiller les poêles et les
cuissons d'entrées braisées. Si , au contraire , vous
destinez ce consommé pour faire de la glace , vous
devez le mouiller le moins possible ; que les poules
soient seulement masquées par le bouillon , cela suffit : car, plus le consommé sera court , plus il sera
substantiel, et plus vite la réduction sera opérée. Il
est prudent de ne point perdre de vue la glace vers
la fin de sa réduction , et d'observer que le feu soit
d'une chaleur égale, afin qu'elle ne soit pas susceptible de pincer, soit à droite , soit à gauche des parois de la casserole.

On emploie cette glace pour les ragoûts et sauces
blondes, comme suprême , allemande , béchamel , et
aussi pour glacer certaines entrées de couleur blonde.

CONSOMMÉ DE DÉBRIS DE VOLAILLE.

Dans nos grands dîners, nous marquons ordinairement nos consommés avec les débris de volaille, que nous employons soit pour grosses pièces, pour entrées ou pour rôt, excepté les pattes que nous réservons pour l'aspic, attendu qu'elles donnent une gélatine très collante ; on joint également au consommé les parures de veau, un jarret et le bouillon nécessaire ; puis on écume et on assaisonne le consommé selon la règle. On s'en sert après l'avoir bien dégraissé pour mouiller les entrées ou entremets de légumes, comme cardes, laitues, céleri, marrons et chicorée, et quelquefois aussi pour clarifier les grandes sauces.

CONSOMMÉ BLANC DE SANTÉ DE VOLAILLE.

Après avoir levé les filets de six poulets gras habillés selon la règle, et destinés à servir pour entrée, vous levez les cuisses comme pour fricassée ; puis vous coupez les carcasses en deux parties, et retirez les poumons et les parties sanguines adhérentes aux reins ; alors vous mettez tous les débris dans une grande casserole de douze pouces de diamètre ; vous placez d'abord les reins, les ailerons et les parures des filets, puis dessus les cuisses, auxquelles vous donnez une forme ronde, afin de vous en servir pour les déjeuners (ou bien vous les conservez pour faire une entrée) ; vous les couvrez de bardes de lard ; vous y joignez deux carottes, un navet, un oignon, un peu de céleri et deux poireaux, le tout couvert d'un rond de papier grassement beurré ; puis vous joignez assez d'eau froide pour en masquer la surface de la volaille ; surtout ne mettez point de sel ; faites partir et écumer le consommé en le laissant mijoter deux petites heures ; puis vous égouttez les fragments de volaille, et le passez à la serviette. Après l'avoir dégraissé, vous pouvez en prendre la moitié pour travailler le velouté au suprême, et faire réduire le reste en glace pour l'additionner audit suprême en le terminant. Voilà l'utilité du consommé de volaille. On peut aussi le faire réduire entièrement ; puis on mêle une partie de cette glace dans de l'allemande, ce qui constitue encore la sauce au suprême, ainsi que le faisaient le fameux Laguipierre et autres grands maîtres.

FUMETS DE FAISANS POUR SUPRÊME.

Après avoir levé les filets de cinq moyens faisans choisis, bien en chair et peu faisandés, pour faire une entrée, vous levez ensuite les cuisses et brisez les carcasses ; mettez le tout dans une casserole ; ajoutez assez de bouillon pour en mouiller la surface ; puis un fragment de laurier et une échalotte ; lorsque l'ébullition a lieu, vous écumez le fumet, et le faites mijoter doucement sur l'angle du fourneau pendant deux petites heures ; puis vous le passez à la serviette, le dégraissez avec soin et en prenez la moitié pour travailler le velouté ; réduisez le reste en glace pour l'additionner à la sauce suprême au moment où vous la terminez.

Je l'ai déjà observé, les bouillons employés pour les sauces, consommés et fumets, doivent être très doux de sel, afin que la réduction donne des essences nutritives et onctueuses, mais point salées ; ces observations sont l'âme d'une cuisine saine et bienfaisante, seul moyen de conserver la pureté du sang et la vie des Amphitryons, qui savent apprécier nos travaux et la bonne chère.

Les fumets de perdreaux, de bécasses, de gélinottes, de grives, de mauviettes et autres menus gibiers, se préparent en suivant les procédés précités.

FUMET DE LAPREAUX.

Après avoir levé les filets de six ou huit lapreaux de garenne, destinés pour entrée, vous en gardez les cuisses, et brisez les carcasses, avec lesquelles vous marquez un fumet selon la règle. (Voir le *Fumet de faisans.*) Le fumet de levreaux se prépare de même.

GLACE DE VOLAILLE EN TABLETTES.

Mettez dans une marmite de capacité suffisante dix livres de tranche et un os de jambe de bœuf, dix livres de ruelle de veau, y compris deux jarrets ; ajoutez cinq poules, un vieux coq, que vous avez habillés selon l'usage et colorés ensuite à la broche ; ajoutez assez d'eau pour masquer la surface des viandes ; faites doucement écumer la marmite, assaisonnez-la comme de coutume, ajoutez un rien de sel, couvrez le consommé, et le placez sur un fourneau garni de charbon et de cendres rouges, afin qu'il ne fasse que

mijoter pendant six heures sans interruption ; vous
pouvez luter le couvercle avec un cordon de pâte,
et mettre la marmite à four doux : par ce procédé le
consommé aura plus d'onction et de succulence.
Après six heures d'une légère ébullition obtenue soit
au four, soit au fourneau, vous égouttez les viandes,
passez le consommé à la serviette, le dégraissez bien
parfaitement, et le faites réduire de suite dans une
grande casserole et à grand feu ; vers la fin de la réduction, ayez soin de remuer la glace avec une
grande cuillère de bois, afin d'éviter qu'elle s'attache,
et sitôt que cette substance gélatineuse vient à masquer
fortement la cuillère et qu'elle s'en sépare en formant un cordon très lisse, vous la versez sur plusieurs plaques de cuivre étamées, à bords relevés et
grassement beurrées ; quatre ou cinq heures après,
vous coupez les tablettes de deux pouces et demi de
longueur, sur un pouce et demi de largeur, le plus
également possible ; vous les mettez ensuite l'une sur
l'autre dans une boîte de ferblanc ayant cinq pouces
de largeur sur dix-huit de longueur, afin qu'il y
tienne douze tablettes à chaque lit ; cette boîte doit être
légèrement beurrée dans l'intérieur, puis vous la fer-
mez de son couvercle, et chaque jour de voyage vous
prenez une ou plusieurs tablettes, selon la quantité de
potages dont vous avez besoin ; vous les faites dissoudre dans de l'eau chaude, et bientôt vous obtenez
des potages succulents et onctueux. Si vous voulez
émincer les racines que vous destinez à l'assaisonnement de la marmite, et les faire roussir avec soin,
le consommé en recevra un goût plus savoureux et
plus agréable.

Observation.

Nous marquons la même glace pour glacer les
grosses pièces, les entrées et les rôts que nous servons journellement.

JUS OU ESSENCE GÉLATINEUSE DE BOEUF.

Après avoir beurré grassement une casserole de
douze pouces de diamètre, vous coupez en tranches
rondes quatre gros oignons avec lesquls vous masquez le fond de la casserole, puis vous y joignez cinq
livres de tranche du bœuf coupées en deux parties;
ajoutez des parures de veau, de mouton, de volaille
et les fragments d'une carcasse de lapereau ou d'une
perdrix; la casserole doit se trouver presque remplie; mettez deux grandes cuillerées de bouillon(1),
placez le jus sur un feu modéré, ayez soin de le faire
suer doucement, et dès que la glace est colorée d'un
blond rougeâtre, vous en prenez un peu avec la
pointe du couteau : si elle se roule sous les doigts
sans s'y attacher vous remplissez la casserole de
grand bouillon en ébullition; ayez soin d'écumer et
d'assaisonner le jus de racines selon la règle; donnez
cinq à six heures d'ébullition, puis vous le dégraissez
et y mettez un blanc d'œuf battu avec un peu de bouillon froid, afin de clarifier cette essence gélatineuse;
donnez vingt minutes d'ébullition, et passez l'essence
au tamis de soie.

(1) Je prie mes confrères de bien vouloir se rappeler que, dans le
cours de cet ouvrage, la cuillère que je désigne sous l'épithète de
grande cuillère est celle à pot ordinaire.

BLOND DE VEAU.

Après avoir beurré grassement le fond d'une moyenne casserole, vous y placez un peu de maigre de jambon, une poule, une sous-noix, un casis et un jarret de veau dont la crosse aura été retirée; puis vous y joignez trois grandes cuillerées de bouillon, deux carottes et deux oignons; couvrez la casserole et placez-la sur un fourneau ardent; ayez soin d'observer le moment où le mouillement commence à tomber à glace; alors vous piquez les viandes avec la pointe du couteau; recouvrez la casserole, et posez-la sur un feu très doux, afin d'obtenir la quintessence de l'osmazome du veau; ayez soin de remarquer que la glace se colore peu à peu; quand elle a acquis une couleur rougeâtre, vous en prenez un peu à la pointe du couteau, et si, en la roulant dans les doigts, elle n'est point collante, vous y versez du bouillon pour remplir la casserole; une demi-heure après, vous faites partir l'ébullition sur l'angle du fourneau afin que le blond de veau soit clair; après quatre heures d'une légère ébullition, vous le passez par la serviette ouvrée dans une moyenne terrine.

Observation.

Le blond de veau convient pour colorer les potages, pour travailler les petites et les grandes sauces brunes; il sert quelquefois pour le rôti et pour mouiller divers entrées et entremets.

CHAPITRE III.

TRAITÉ DES BOUILLONS EN MAIGRE.

SOMMAIRE.

Bouillon maigre d'essence de plantes potagères ; idem de racines ; idem maigre de pois et de racines ; grand bouillon maigre ; idem maigre à la Laguipierre ; idem maigre de poisson ; jus maigre de poisson ; glace d'essence de racines ; idem de poisson.

BOUILLON MAIGRE D'ESSENCE DE PLANTES POTAGÈRES.

APRÈS avoir épluché et lavé deux bottes de carottes de Créci , deux bottes de navets blancs ou de Suède, vous les émincez et les passez sur un feu modéré avec du beurre fin ; vous les remuez de temps en temps avec la cuillère de bois, afin que ces racines se colorent également; dès qu'elles sont légèrement roussies, vous y mêlez une botte de poireaux, une idem d'oignons et six pieds de céleri également émincés; passez le tout encore un quart d'heure; ajoutez dix litres d'eau bouillante, un oignon piqué de deux clous de grofle, un peu de sel, un rien de poivre et de muscade rapée. Faites mijoter doucement, écumez et dégraissez bien parfaitement le bouillon; donnez quatre heures d'ébullition, puis vous le passez au tamis de soie : observez qu'il doit être doux de sel.

Observation.

Vous vous servez de ce grand bouillon pour mouiller les potages et les sauces maigres, ainsi que nous l'indiquerons par la suite ; en roussissant avec soin ces plantes légumineuses, elles donnent à l'essence un goût agréable et savoureux, et ont en même temps l'avantage de colorer légèrement le bouillon.

BOUILLON MAIGRE DE RACINES.

Vous épluchez et lavez trois bottes de carottes de Créci, deux bottes de bons navets, six pieds de céleri, deux bottes d'oignons blancs et une de poireaux, le tout émincé et blanchi cinq minutes à l'eau bouillante; ensuite vous les rafraîchissez, les égouttez et les mettez dans une marmite avec dix litres d'eau bouillante : ajoutez un oignon piqué de deux clous de girofle, un peu de sel, de poivre concassé, de muscade rapée et de beurre; faites mijoter

trois heures à petit feu, écumez et dégraissez avec
soin, et passez ensuite le bouillon au tamis de soie
dans une grande jatte de terre de pipe.

Observation.

Ce bouillon non coloré convient pour les potages
et les sauces qui le réclament, mais il a moins de saveur que le premier décrit.

BOUILLON MAIGRE DE POIS ET DE RACINES.

Faites blanchir selon la règle, après les avoir
épluchées et lavées, deux bottes de carottes, autant
d'oignons, la même quantité de navets, une botte de
poireaux et six pieds de céleri ; après avoir égoutté
ces racines, mettez-les dans une marmite avec trois
litres de pois secs entiers, dix litres d'eau, un peu
de sel, de poivre, de muscade rapée, deux clous de
girofle et un peu de beurre fin ; après deux heures et
demie d'ébullition, vous dégraissez le bouillon, le retirez du feu, le laissez reposer et le passez ensuite au
tamis de soie. Vous vous en servez pour mouiller les
potages et les sauces.

GRAND BOUILLON MAIGRE.

Faites cuire trois litres de pois secs dans trois litres
d'eau avec un peu de sel, de beurre fin, de mignonnette, de muscade et un petit bouquet de persil ;
après quatre heures d'ébullition, vous retirez la mar-

mite du feu ; puis, trente à quarante minutes après,
vous passez le bouillon à clair par le tamis de soie.
Pendant la cuisson des pois vous avez préparé deux
bottes de carottes, deux de navets, une d'oignons blancs, et six pieds de céleri, le tout émincé
et passé dans du beurre fin sur un feu modéré, en
ayant soin de remuer avec la cuillère de bois, afin
que les racines se colorent d'un blond égal et peu sensible ; ensuite vous y joignez dix moyens merlans
habillés et coupés en deux, puis le blanc émincé
d'une botte de poireaux ; ajoutez dix litres d'eau et le
bouillon de pois, donnez trois heures d'ébullition,
après quoi vous passez le bouillon par le tamis de
soie.

Observation.

Vous vous servez de ce bouillon, qui est savoureux
et substantiel, pour les sauces et pour les potages
garnis de poissons et de plantes légumineuses, ainsi
que nous les décrirons dans les chapitres qui leur seront consacrés dans le courant de cet ouvrage.

GRAND BOUILLON MAIGRE A LA LAGUIPIERRE.

Ce grand maître avait l'habitude de faire mettre
le soir une grande marmite au feu : elle contenait
quatre litres de pois secs, trois bottes de chacune de
ces racines, carottes, navets et oignons, puis une
botte de céleri et autant de poireaux, le jaune et
le blanc seulement, puis douze litres d'eau, un peu
de sel, de mignonnette, de muscade rapée, deux

clous de girofle et un peu de beurre fin ; dès que la
marmite était partie on la plaçait dans un coin de
l'âtre, sur une forte paillasse de cendres chaudes; puis,
dans l'angle où elle s'approchait du mur , on ajoutait
du feu et une ou deux pelletées de charbon; dès qu'il
était allumé , on le couvrait de cendres rouges : par
ce moyen la marmite était dans une légère ébullition
durant toute la nuit. Le matin, en arrivant à la cui-
suine, il faisait foncer une grande casserole (dont le
fond était beurré) avec cinq ou six gros oignons
coupés en ruelles ; il plaçait dessus deux carpes ,
deux tanches et deux brochets de Seine coupés par
tronçons; puis il ajoutait deux grandes cuillerées
du bouillon de la marmite, et faisait suer son poisson
sur un feu modéré ; dès que la réduction avait lieu ,
il couvrait le feu de cendres, afin que la glace se colo-
rât graduellement ; dès qu'elle devenait d'un blond
léger, il y joignait le bouillon de la grande marmite
en le passant par le tamis de soie ou par une serviette
ouvrée ; lorsque la glace se trouvait dissoute en colo-
rant légèrement le bouillon, il plaçait la casserole
sur un fourneau ardent pour obtenir l'ébullition ; il
la retirait ensuite du feu et laissait mijoter le bouillon deux heures , après quoi il le faisait passer selon
la règle , et s'en servait pour les potages et les grandes sauces. J'ai suivi le même procédé (dans mon
travail du maigre , mais on n'a pas toujours le
moyen d'employer du poisson de Seine dans le grand
bouillon maigre), et j'invite mes confrères à en employer, selon les dépenses qu'ils pourront faire.

BOUILLON MAIGRE DE POISSON.

Beurrez grassement le fond d'une casserole moyenne, masquez-le ensuite avec des tranches d'oignons coupées en anneaux ; placez dessus une petite anguille, deux tanches , deux carpes et deux brochets de Seine coupés en tronçons ; ajoutez-y six carottes, six oignons , et un bouquet de blanc de poireaux et de jaune de céleri ; ajoutez assez d'eau pour en masquer la surface du poisson; placez la casserole sur un fourneau ardent , afin d'accélérer la réduction , dès qu'elle a lieu, vous couvrez le fourneau de cendres afin que la glace se colore légèrement ; alors vous la mouillez avec de l'eau bouillante ; vous ajoutez un peu de sel , de poivre, de muscade rapée , et deux clous de girofle ; après deux heures d'ébullition vous passez le bouillon au tamis de soie , et vous vous en servez pour travailler les petites sauces maigres et pour les potages garnis de poisson , ainsi qu'on le verra par la suite.

JUS DE POISSON.

Après avoir beurré le fond d'une casserole , vous y mettez quatre gros oignons blancs coupés en ruelles ; puis vous placez dessus une petite anguille , un brochet, deux tanches , une carpe de Seine , deux moyens merlans et deux moyennes soles; ajoutez deux grandes cuillerées du bouillon maigre d'essence de plantes potagères (voyez le premier article de ce cha-

pitre); couvrez la casserole et la placez sur un fourneau modéré ; observez le moment où la réduction
arrive à point ; laissez la glace se colorer d'un blond
rougeâtre ; retirez-la du feu ; ajoutez dans la casserole du bouillon maigre précité en suffisante quantité, en ayant soin de mouiller modérément, afin
que le jus ait de l'onction, devant servir en quelque
façon d'essence pour les poissons frits et grillés ;
ajoutez un bouquet de persil et ciboule, assaisonné
d'un peu de macis et de mignonnette ; ajoutez deux
clous de girofle, un fragment de thym, de laurier et
de basilique ; donnez deux heures d'ébullition, dégraissez le jus avec soin et le passez au tamis de soie.

Observation.

Nous avons encore des bouillons que nous employons à faire des potages maigres ; ils se composent des cuissons de pois secs, de haricots ou de
lentilles, que vous faites cuire à l'eau froide avec un
peu de sel, de beurre, deux carottes, deux oignons,
deux navets et un bouquet de poireaux et de céleri ;
donnez quatre heures d'ébullition ; lorsque les légumes sont cuits à point, vous en prenez le mouillement pour en confectionner des potages comme on
le verra au traité des potages en maigre.

GLACE MAIGRE D'ESSENCE DE RACINES.

Pour cette glace vous faites réduire avec soin le
bouillon indiqué en tête de ce chapitre, mais il est
bien essentiel de ne point quitter vers la fin de sa

réduction, cette glace peu consistante est susceptible
de prendre promptement couleur ; d'ailleurs elle ne
se réduit qu'en un sirop épais et peu consistant, mais
doux et savoureux.

GLACE MAIGRE DE POISSON.

Vous marquez cette glace en suivant les détails
que nous avons analysés pour le jus précité ; seulement il est convenable de laisser un peu moins colorer
la glace avant de la mouiller : alors elle aura la couleur convenable après réduction faite à point.

Observation.

J'ai encore vu faire au grand Laguipierre un
bouillon maigre composé de racines, de poules d'eau,
de maquereuses et autres oiseaux aquatiques, tels
que frilets, plongeons et râles. Mais, quoiqu'il eût
toujours le soin de les faire blanchir avant de les
mettre dans la marmite, le bouillon en général avait
un goût de marécage qu'il fallait corriger par l'addition d'herbes aromatiques, qui alors devenaient do-
minantes. Ce bouillon ne lui servait, il est vrai, que
pour braiser les oiseaux ci-dessus mentionnés, puis
pour ses marinades et courts-bouillons, et pour faire
de la glace en y mêlant de l'essence de racines.

Toutes les plantes légumineuses qui ont servi pour
marquer les articles contenus dans ce chapitre doivent être passées en purée et mouillées avec des
bouillons de choux ; elles servent ordinairement pour
les communs. Les poissons doivent servir également
en retirant les arêtes et laissant la chair dans la pu-

I.   3

rée. On peut ajouter à ces purées de l'oignon passé au beurre, ou bien de l'oseille et du cerfeuil émincés et passés au beurre : on mouille alors la purée avec de l'eau.

CHAPITRE IV.

TRAITÉ DES BOUILLONS MÉDICINAUX.

SOMMAIRE.

Eau de poulet rafraîchissante ; bouillon rafraîchissant de poulet ; second procédé pour faire le bouillon rafraîchissant de poulet ; troisième procédé pour faire le bouillon rafraîchissant de poulet ; bouillon de poulet rafraîchissant et pectoral ; idem rafraîchissant de veau ; idem de tortue ; idem léger et rafraîchissant de foie de veau ; idem de mou de veau pour les maladies de poitrine ; idem de poulet pour les maux de poitrine ; idem d'escargots et de grenouilles pour les toux sèches ; idem rafraîchissant d'écrevisses pour purifier la masse du sang ; idem rafraîchissant de cerfeuil ; idem rafraîchissant de cresson ; idem pour les obstructions du mésentère, du foie et de la rate ; bouillon rafraîchissant au jus d'herbes ; jus d'herbes.

OBSERVATION.

PAR le temps qui court, les secousses que nous ressentons sont si violentes, que le moral et le physique s'en trouvent affectés rapidement ; le sang s'échauffe, et pour maintenir la santé dans un état salutaire les bouillons médicinaux

3 *

sont devenus nécessaires. En conséquence, je vais en
décrire quelques uns qui me viennent d'habiles docteurs; mais comme chaque médecin a ses formules, les
recettes de bouillon changent continuellement; mes
confrères devront suivre les ordonnances des docteurs
de leurs patrons de préférence à ces recettes, mais
elles sont néanmoins nécessaires pour apprendre la
manière d'agir à l'égard de leurs préparations culinaires, ce que les médecins n'enseignent pas toujours dans leurs ordonnances.

EAU DE POULET RAFRAICHISSANTE.

Après avoir habillé un poulet en chair, vous le
dépecez, et coupez chaque membre en deux; retirez
les poumons et les parties sanguines de l'intérieur;
déposez ces fragments de poulet dans une petite marmite nouvellement étamée; joignez-y un litre d'eau
et une pincée de sel; faites écumer avec soin; donnez
dix minutes d'ébullition; ajoutez les feuilles jaunes
d'une laitue; donnez encore cinq minutes d'ébullition, après quoi vous jetez dans l'eau de poulet une
poignée d'oseille, de cerfeuil, et quelques feuilles de
poirée; couvrez la marmite en la retirant du feu; un
quart d'heure après, vous passez ce léger bouillon
par un tamis de soie (qui ne doit servir qu'à cette
préparation); dégraissez avec soin chaque tasse que
vous servirez.

Observation.

Mes confrères doivent considérer les eaux de poulet, de veau, de foie et de mou de veau et autres,

comme des extraits de bouillon, et ne doivent leur donner que très peu de nutrition, par une légère ébullition de peu de durée, et non pas laisser inconsidérément ces extraits bouillir plus long-temps qu'il n'est indiqué ; afin de les obtenir légers et rafraîchissants, mes confrères devront prendre cette observation en considération.

BOUILLON RAFRAICHISSANT DE POULET.

Habillez, selon la règle, un poulet jeune et bien en chair, et le dépecez ; puis vous en retirez les poumons, les parties sanguines, et le mettez ensuite dans une petite marmite nouvellement étamée ; joignez-y deux litres d'eau froide ; après l'avoir écumé, vous y joignez une carotte, un navet émincé et un peu de sel ; faites bouillir légèrement pendant deux heures ; puis vous ajoutez une laitue parée, effeuillée et lavée ; donnez quelques ébullitions pour y joindre ensuite une poignée d'oseille, de cerfeuil et quelques feuilles de poirée ; couvrez la marmite en la retirant du feu ; laissez l'infusion se faire pendant un quart d'heure, et passez le bouillon au tamis de soie ; dégraissez-le avec soin, et le servez d'une chaleur modérée.

SECOND PROCÉDÉ POUR FAIRE LE BOUILLON DE POULET RAFRAICHISSANT.

Dépecez comme de coutume un jeune poulet en chair ; mettez-le dans une petite marmite de terre vernissée en y joignant deux cuillerées à bouche d'orge perlé, une demi-once de semences froides majeures, et deux litres d'eau ; après avoir écumé la marmite avec soin, vous donnez trois heures d'ébullition réglée et légère ; vous y mêlez les feuilles d'une laitue et autant de bourrache, après les avoir lavées ; couvrez l'infusion en retirant la marmite du feu ; quinze à vingt minutes après vous passez le bouillon par le tamis de soie. On en sert plusieurs verres le matin, deux heures avant le déjeuner, et le soir, quatre heures après avoir dîné.

TROISIÈME PROCÉDÉ POUR FAIRE LE BOUILLON DE POULET RAFRAICHISSANT.

Dépecez, selon la règle, un jeune poulet en chair ; mettez-le dans une petite marmite nouvellement étamée ; ajoutez deux cuillerées à bouche de riz parfaitement lavé, et deux litres d'eau ; après avoir écumé le bouillon, vous y mêlez quelques semences froides et deux pincées de graines de pavot ; faites-le bouillir doucement pendant deux heures ; ajoutez six moyennes écrevisses de rivière, et donnez ensuite quinze à vingt minutes d'ébullition ; après quoi, vous y mêlez une poignée de feuilles de bourrache ; couvrez, et retirez la marmite du feu, afin que l'ébullition cesse. Après un quart d'heure d'infusion, vous passez le bouillon au tamis de soie, et le servez tiède deux heures avant et après les repas.

Il convient pour adoucir l'âcreté du sang.

BOUILLON DE POULET RAFRAICHISSANT ET PECTORAL.

Vous le préparez en suivant les détails analysés ci-dessus ; seulement vous ajoutez, en mettant le poulet au feu, deux cuillerées à bouche d'orge perlé que vous avez lavé. Dès que ce bouillon est fait, vous le passez à la serviette et y joignez deux onces de sucre d'orge (sucre mêlé d'infusion de guimauve) ; étant dissous, vous le servez tiède et parfaitement dégraissé.

Observation.

Les bouillons de chapon se préparent selon les procédés décrits pour ceux de poulet analysés précédemment ; seulement ils sont plus nutritifs, quoique rafraîchissants, et conviennent mieux pour les hommes que pour les femmes et les enfants. L'eau de chapon se prépare comme l'eau de poulet.

L'eau et le bouillon de veau se préparent de même que ceux précités ; seulement on remplace le poulet par une livre de ruelle de veau parfaitement dégraissée.

BOUILLON RAFRAICHISSANT DE VEAU.

Mettez dans une petite marmite une livre de ruelle de veau, et autant d'agneau parfaitement dégraissé ; ajoutez une demi-once de semences froides enveloppée dans un petit morceau de linge, et deux litres d'eau ; faites écumer avec soin ; donnez deux heures d'ébullition ; puis vous y joignez les feuilles d'une laitue, autant de bourrache et quelques grains de pavot; couvrez la marmite, donnez quinze à vingt minutes d'ébullition, après quoi vous y mêlez une poignée de feuilles de bourrache; couvrez et retirez la marmite du feu, afin que l'ébullition cesse; après un quart d'heure d'infusion, vous passez le bouillon au tamis de soie; après l'avoir parfaitement dégraissé, vous le servez tiède le matin à jeûn, et le soir trois heures après avoir mangé. Ce bouillon tempère le sang et dispose au sommeil.

BOUILLON DE TORTUE.

Prenez une tortue de jardin, retirez-en la chair qui se trouve dans l'intérieur de la coquille seulement, coupez-la par petites parties, faites-les bouillir dans une pinte d'eau pendant trois heures en réduisant le bouillon de moitié, puis vous ajoutez une poignée de feuilles de chicorée sauvage, couvrez et retirez la marmite du feu; après dix minutes d'infusion, vous passez le tout avec pression, par une étamine neuve.

Ce bouillon de tortue est généralement considéré par les médecins comme très propre à modérer l'irritation et la trop grande chaleur des entrailles; il convient également à ceux qui sont dans l'état d'une consomption prochaine.

Observation.

Ici finit l'analyse des bouillons rafraîchissants, tandis que ceux décrits par le fameux Vincent-la-Chapelle sont en bien plus grand nombre. Cela ne

doit pas étonner le lecteur : ce grand praticien culinaire avait sans doute, pendant sa longue carrière,
eu souvent l'occasion de confectionner de ces sortes de
bouillons.

BOUILLON LÉGER ET RAFRAICHISSANT DE FOIE DE VEAU.

Prenez un foie de veau blond et frais du jour ; puis
vous en retirez largement toutes les parties adhérentes à l'amer, et le faites bouillir dans deux litres
d'eau pendant deux heures, en faisant réduire de moitié ; en suite vous y joignez une demi-poignée de cerfeuil, autant de cresson de fontaine et de chicorée
sauvage, et quelques feuilles de pimpernelle ; couvrez l'infusion en la retirant du feu ; dix minutes
après, vous la passez au tamis de soie.

Ce bouillon est salutaire dans les fièvres continues,
ardentes et malignes, dans les vomissements fréquents et invétérés, dans les pesanteurs et faiblesses
d'estomac ; il passe facilement, lave le sang, et, le
rendant plus fluide, il en adoucit l'âcreté.

BOUILLON DE MOU DE VEAU POUR LES MALADIES DE POITRINE.

Coupez en gros dés un mou de veau frais du jour ;
après l'avoir lavé, vous le faites cuire dans un litre et
demi d'eau, en le faisant réduire d'un tiers ; puis vous
y mêlez quatre figues grasses, six dattes, six jujubes,
une demi-once de raisin de Damas ; donnez dix minutes d'ébullition, et ajoutez une demi-once de cha-

cune des cinq capillaires, qui sont l'adianthum, le cé-
térach , le polytric, la scolopendre et la polypode ;
faites infuser dix minutes , puis vous passez avec
pression ce bouillon médicinal par l'étamine. Servez-
en une tasse le matin , et une le soir , trois heures
après avoir mangé.

BOUILLON DE POULET POUR LES MAUX DE POITRINE.

Après avoir dépecé un poulet jeune et bien en
chair , vous le mettez écumer dans un litre et demi
d'eau ; faites réduire ce bouillon d'un tiers ; puis vous
y joignez douze jujubes de pareil nombre de sébestes ;
après dix minutes d'ébullition , vous ajoutez encore
une petite feuille de pulmonaire , autant de scolopendre , de bourrache, de buglose et de fleurs de pas-
d'âne ; faites infuser dix minutes après avoir retiré le
bouillon du feu ; passez-le avec pression par l'étamine , et le servez le matin à jeûn.

Au moment de servir ce bouillon , on doit y ajouter vingt grains de sel de soufre.

BOUILLON D'ESCARGOTS ET DE GRENOUILLES, POUR LES TOUX SÈCHES.

Mettez dans une casserole à ragoût fraîchement
étamée douze escargots de vigne et quarante-huit
cuisses de grenouilles ; faites-les suer sur un feu doux
en les couvrant, afin de les faire écumer ; ensuite vous
les broyez dans le mortier et les faites bouillir dans
un litre d'eau en y joignant le blanc de quatre poireaux , six navets bien sains , coupés par fragments ,

et deux cuillerées à bouche d'orge perlé. Après avoir écumé le bouillon, vous le faites réduire d'un tiers, et le passez avec pression par l'étamine. Vous en servez la moitié en y mêlant douze grains de poudre de safran, et le reste le soir en suivant les mêmes procédés.

BOUILLON RAFRAICHISSANT D'ÉCREVISSES POUR PURIFIER LA MASSE DU SANG.

Après avoir coupé en petits dés une livre de ruelle de veau bien dégraissée, vous la faites écumer dans une petite marmite avec un litre et demi d'eau et un peu de sel ; faites mijoter une heure et demie, puis vous y mêlez douze petites écrevisses de Seine que vous avez brisées dans le mortier. Donnez quelques minutes d'ébullition ; passez le bouillon au tamis de soie ; servez-le sans le dégraisser Il se prend le matin à jeûn.

BOUILLON RAFRAICHISSANT DE CERFEUIL.

Coupez en petites tranches une livre de ruelle de veau dégraissée ; mettez-la dans une petite marmite avec un litre et demi d'eau et un peu de sel. Après l'avoir écumé avec soin, donnez une heure et demie d'ébullition ; puis, en retirant le bouillon du feu, vous y joignez une grosse poignée de cerfeuil sur lequel vous aurez donné quelques coups de pilon. Après dix minutes d'infusion, vous passez le bouillon au tamis de soie et le servez tiède le matin à jeûn.

Ce bouillon rafraîchit la masse du sang.

BOUILLON RAFRAICHISSANT DE CRESSON.

Vous procéderez selon les détails décrits ci-dessus;
seulement vous supprimez le cerfeuil, pour le remplacer par une poignée de cresson lavé et légèrement
pilé; donnez dix minutes d'infusion, passez au tamis de soie, et servez ce bouillon tiède le matin à
jeûn.

BOUILLON POUR LES OBSTRUCTIONS DU MÉSENTÈRE, DU FOIE ET DE LA RATE.

Coupez en gros dés une demi-livre de ruelle de
veau, et faites-la écumer dans un litre d'eau; puis
vous y mettez une once de limaille de fer que vous
avez soin de laver à l'eau chaude et d'enfermer ensuite dans un petit linge fin; faites réduire d'un tiers,
puis vous y mettez infuser, en le retirant du feu,
quelques racines de patience, quelques feuilles de
chicorée sauvage, de cerfeuil, de pimpernelle, d'a-
grimoine, de scolopendre et de cresson de fontaine,
une demi-poignée de chacune de ces plantes, après
les avoir épluchées et lavées; donnez dix minutes
d'infusion, puis vous passez ce bouillon avec une légère pression par l'étamine fine. Servez une tasse le
matin à jeûn, et une le soir, quatre heures après avoir
diné.

On doit en prendre pendant un mois consécutif.

BOUILLON RAFRAICHISSANT AU JUS D'HERBES.

Epluchez et lavez une grosse poignée de cerfeuil,

autant d'oseille, de poirée et de pourpier, puis les
feuilles de deux laitues ; émincez ces herbes potagères
et jetez-les dans un demi-litre d'eau bouillante ;
faites ébullitionner une seconde, et couvrez l'infusion ; après vingt minutes d'infusion, vous ajoutez
une pointe de sel et deux onces de beurre frais ; passez ce bouillon par le tamis de soie.

On doit en servir deux tasses le matin à jeûn, et
deux tasses le soir, deux heures après avoir dîné.

JUS D'HERBES.

Après avoir épluché et lavé une poignée de cresson,
la même quantité de feuilles de laitue, de petite
chicorée sauvage, d'oseille et de cerfeuil, vous les
égouttez et les pilez parfaitement dans le mortier,
puis vous en exprimez le suc en les passant avec
pression par l'étamine fine. Servez de suite. Ces herbes doivent être fraîchement cueillies afin de produire l'effet qu'on attend de leur usage.

J'ai soumis ces bouillons médicinaux, que j'ai
extraits et rajeunis de Vincent-la-Chapelle, à un
médecin réputé de nos jours, qui a blâmé seulement
l'ébullition des herbes rafraîchissantes qui y sont indiquées, tandis que l'infusion pure et simple doit avoir
lieu. J'ai suivi cette méthode d'infusion, et ces bouillons, en recevant une nouvelle qualité, rempliront
plus sûrement le but que se proposent les formules
des médecins, *dont l'expérience a confirmé la bonté.*

CHAPITRE V.

TRAITÉS DES POÊLES, MIRE-POIX, BRAISES, COURTS-BOUILLONS ET MARINADES.

SOMMAIRE.

Poële; idem ordinaire; mire-poix à la Laguipierre; blanc; braise; courts-bouillons; idem en maigre; marinade cuite; idem de racines crues; roux blanc pour le velouté; idem pour l'espagnole; pâte à frire à la française; idem à l'italienne; idem à la hollandaise: idem pour l'en-tremets; friture à l'huile; idem au beurre fondu; idem au sain-doux; idem à la graisse de bœuf.

POÊLE.

METTEZ dans une moyenne casserole douze onces de maigre de jambon de Baïonne coupé en dés, ainsi qu'une livre de lard gras, et deux livres de ruelle du veau; ajoutez une

livre de beurre fin, quatre carottes, et quatre gros
oignons également coupés en dés; ajoutez un bouquet garni d'unedemi-feuille de laurier, deux clous de
girofle, du thym, du basilic, un peu de macis, une
pincée de mignonnette et une petite pointe d'ail; placez
la casserole sur un feu modéré, en ayant soin de remuer la poêle avec la cuillère, afin que le lard soit
à peine fondu pour le conserver très blanc, point essentiel de l'opération; ensuite vous y joignez deux
grandes cuillerées de bon bouillon, la chair de deux
citrons épépinés et émincés; couvrez la casserole et
placez-la sur un feu doux pendant deux heures;
après quoi vous passez la poêle avec pression par l'é-
tamine, et vous en servez pour cuire les entrées
et grosses pièces de volaille, ainsi que quelques
autres grosses pièces qui seront indiquées pour être
poêlées.

Observation.

Par le temps qui court, il serait ridicule de dire
aux cuisiniers des maisons du jour : Marquez votre
poêle selon les détails énoncés ci-dessus. Peu d'Amphitryons leur en permettraient la dépense : il faut
donc employer des procédés moins coûteux, mais
qui ne sont plus en harmonie avec nos principes ac-
coutumés.

POÊLE ORDINAIRE.

Coupez en très petits dés un fragment de maigre
de jambon et de lard gras; coupez de même deux
carottes et deux oignons; ajoutez un fragment de

thym, de laurier, de basilic, un peu de macis et deux clous de girofle, le tout maintenu dans un bouquet de persil; placez ce mélange au fond de la casserole où vous devez faire cuire, par exemple, une poularde pour entrée. La poularde étant préparée selon la règle, vous la couvrez de chair de citrons et de bardes de lard que vous fixez dessus par quelques tours de ficelle, puis vous versez dessus une grande cuillerée de bon dégraissis bien blanc, et une cuillerée de bon consommé. La poularde, étant cuite avec soin dans cet assaisonnement, aura encore du goût en ayant bonne mine; mais elle n'aura plus cette onction et cette saveur que donne l'assaisonnement de la première poêle que j'ai analysée.

Cependant, quelque médiocre que paraisse le second procédé indiqué ci-dessus, il vaut mieux l'employer que de mettre tout simplement sur sa poularde, pour la cuire, du dégraissis de la marmite et du bouillon. Cela est bien fade et bien insipide : autant vaudrait-il faire cuire la poularde couverte de bardes de lard, dans le consommé du potage, en supprimant toutefois le citron en lames qui couvre d'habitude la surface de la volaille, afin de la maintenir blanche.

Observation.

Pour faire de bonnes poulardes ou poulets poêlés, le cuisinier devra en garder la cuisson pour s'en servir trois ou quatre fois pour la même opération; elle aura plus d'onction et de goût, car chaque pièce de volaille cuite dedans y déposera une partie de ses sucs nutritifs, et, par ce résultat, les dernières cuites dans la même poêle auront plus de succulence. C'est au praticien à tirer parti de son travail, c'est par ces soins que l'on fait des économies et que l'on augmente sa réputation.

MIRE-POIX.

Coupez en gros dés deux livres de ruelle de veau, une livre de lard gras, une de maigre de jambon de Bayonne, quatre carottes et quatre gros oignons coupés aussi en dés ; passez le tout dans une casserole avec une livre de beurre d'Isigny, du persil en branches, un maniveau de champignons, deux échalottes émincées, un rien d'ail, une feuille de laurier, un peu de thym et de basilic, deux clous de girofle, un peu de macis et de mignonnette ; le tout étant à peine roussi sur un feu doux, vous y joignez la chair de deux citrons épépinés et coupés minces, trois grandes cuillerées de bouillon ou de consommé, et un verre de bon vin blanc ; faites mijoter la mire-poix pendant deux heures et la passez avec pression par l'étamine. Servez-vous de cet assaisonnement pour les entrées susceptibles d'être préparées à la mire-poix.

MIRE-POIX A LA LAGUIPIERRE.

Coupez en petits dés douze onces de maigre de jambon et douze onces de lard gras ; passez-les dans une casserole sur un feu doux, en y joignant huit onces de beurre fin, un fragment de basilic, de thym, de laurier, de macis, deux clous de girofle, un peu de mignonnette, deux échalottes émincées, un rien

I.   4

d'ail, la chair de deux citrons épépinés et un maniveau de champignons émincés; remuez la mire-poix
avec la cuillère; dès qu'elle commence à vouloir se
roussir, vous y joignez un verre de bon vin blanc,
et une grande cuillerée de consommé, et la faites
mijoter pendant deux heures; puis vous la passez
avec pression par l'étamine, afin d'en obtenir la quin
tessence.

Observation.

Cette mire-poix sert pour les entrées de pigeons in-
nocents, les ailerons de dindon, les cuisses de volaille en ballottine, les petits cannetons et autres entrées, et quelquefois aussi pour les poulardes et
poulets, suivant les sauces auxquelles on les des-
tine.

Les deux procédés énoncés ci dessus pour la préparation de la mire-poix ne diffèrent de celle de la poêle
que par l'addition des champignons et du vin blanc,
qui quelquefois est du champagne, du madère, du
malaga ou du sauterne, selon l'emploi auquel nous la
destinons.

BLANC.

Emincez une livre de graisse de bœuf et une
de parures de bardes de lard; passez-les sur un feu
doux dans une casserole, en y joignant quatre onces
de beurre fin, un bouquet assaisonné d'une demi-
feuille de laurier, un peu de thym, de basilic, de
macis, et deux clous de girofle; ajoutez une pincée
de mignonnette, un peu de sel, et la chair de deux ci-

trons émincés dont vous avez extrait les pépins. Passez cet assaisonnement sur un fourneau modéré sans
le faire roussir, puis vous y joignez de l'eau en quantité suffisante pour en masquer les objets destinés à
cuire dedans. Quelques cuisiniers ajoutent un peu de
farine dans le blanc: cela est inutile et ne convient
point, n'étant pas dans les principes.

BRAISE.

Observation.

Nous appelons braiser mettre des bardes de lard
dans le fond d'une casserole, par dessus des tranches
de ruelle de veau ; ensuite on y dépose soit une oie,
ou un dindon, un gigot, une pièce de bœuf ou autres
choses semblables ; puis on ajoute des tranches de
veau et des bardes de lard, deux carottes tournées
par fragment, six moyens oignons entiers, un bouquet garni d'une feuille de laurier, d'un peu de thym,
de basilic, de macis, de mignonnette et d'un rien
d'ail ; puis un demi-verre de vieille eau-de-vie et de
consommé ou bouillon (deux grandes cuillerées) ;
ensuite vous couvrez l'objet à braiser d'un rond de
papier fort et beurré.

Voilà le procédé qui constitue la manière de marquer ce que l'on est convenu de nommer *braiser*.
Cette opération appartient à la routine, que j'ai encore secouée ; et pour me justifier, il suffit d'avoir un
peu de bon sens pour s'apercevoir de suite combien
il est singulier de vouloir donner de l'onction à une
dinde braisée, par exemple, en l'entourant de tranches de veau et de bardes de lard. Cependant il faut

4 *

convenir que l'onction du lard et la partie succulente du veau donnent de la nourriture à la pièce
braisée ; mais en même temps, on ne peut nier que
le veau , cuisant avec la dinde, ne prenne une partie
du suc savoureux et nutritif de la dinde : car ces
deux chairs , différentes de goût et de succulence ,
se nourrissent du même assaisonnement. Mais , me
dira-t-on , lorsque le veau est cuit, on le retire, puis
on laisse l'objet braisé tomber à glace dans son fond.
Il est vrai ; mais les tranches de veau en cuisson
n'en ont pas moins ravi , je le répète , une partie
substantielle et savoureuse de la dinde. Enfin , pour
secouer ce vieux procédé routinier, j'avais l'habitude
de marquer le même ensemble d'assaisonnement à
part, de manière que, le veau étant cuit, je le retirais
de la braise et versais sa cuisson sur la pièce entourée
de bardes de lard , et placée soit dans une casserole
ovale ou ronde et juste pour contenir la dinde ; de
manière que celle-ci , par ce simple procédé , conservait tout le suc de son osmazome , et recevait l'essence du veau qui avait déposé sa partie substantielle
dans la préparation de la braise.

Il faut ensuite avoir le soin , au moment du service , de passer le fond au tamis de soie, et de le remet-
tre dans la braisière ; la dinde se trouve baignée
dans une demi-glace que vous obtenez par quelques moments d'ébullition , et tout est pour le mieux.
Voilà le fruit de la pratique et de l'observation.

COURT-BOUILLON EN GRAS A LA LAGUIPIERRE.

Après avoir émincé six carottes et six oignons,

vous les mettez dans une moyenne casserole contenant une demi-livre de beurre fin, une petite poignée
de persil en branches, deux feuilles de laurier , un
peu de thym , de basilic , une gousse d'ail, quelques
fragments de macis, quatre clous de girofle , deux
pincées de mignonnette ; puis vous y joignez trois
bouteilles de bon vin rouge de Bourgogne ou de Bor--
deaux et six grandes cuillerées de consommé ; couvrez la casserole , placez-la sur un fourneau ardent ,
et dès que l'ébullition a lieu , laissez mijoter doucement le court-bouillon sur l'angle du fourneau ; une
heure après , vous le passez avec pression à l'étamine ,
et le versez tout bouillant sur le poisson qui sera
placé dans la poissonnière. Vous devez observer que
l'assaisonnement soit de haut goût , afin de le rendre
d'une saveur agréable et d'éviter qu'il soit fade.

Observation.

La préparation du court-bouillon ne le constitue
pas ; ce n'est qu'après y avoir cuit du poisson qu'il
mérite le nom de *court-bouillon*. Aussi , dans les
grandes maisons , a-t-on bien soin de le conserver
chaque fois qu'il sert , car il devient de plus en plus
excellent à mesure que de nouveaux poissons y sont
cuits. Cependant , il faut observer que celui dans lequel aurait cuit un saumon donnerait le goût de ce
poisson à une carpe ou à un brochet , par exemple.
La saveur du saumon étant pénétrante , elle se dilate dans la cuisson , et y reste en partie.

La fameux Laguipierre , pour marquer son court-
bouillon , faisait cuire dans la préparation quelques
carpes et brochets ordinaires , afin de donner de l'onc-

tion aux premiers poissons qu'il y faisait cuire. Ces dépenses peuvent se faire en servant ensuite ces poissons
aux offices avec une sauce aux câpres.

COURT-BOUILLON EN MAIGRE.

Vous procédez selon les détails précités; seulement vous supprimez le consommé, pour le remplacer par du bouillon maigre de poissons et de racines.

MARINADE CUITE.

Mettez dans une casserole quatre carottes et quatre gros oignons émincés, puis du persil en branches,
deux feuilles de laurier, une branche de thym et
une de basilic, quatre clous de girofle, une forte pincée de mignonnette et autant de macis, deux gousses d'ail, et une demi-livre de beurre fin; passez cet
assaisonnement sur un feu modéré en le remuant
avec la cuillère de bois; dès que les racines commencent à roussir, vous y joignez une demi-bouteille de
vinaigre ordinaire et dix grandes cuillerées de bouillon
ou d'eau bouillante; alors vous y mettez le sel nécessaire, faites mijoter doucement pendant une heure,
puis vous passez la marinade dans l'étamine avec
forte pression.

Cette marinade sert pour cuire le poisson, et pour
mariner à froid des filets de bœuf et de mouton.

MARINADE CRUE.

Mettez dans un seau de terre six grosses carottes

et six oignons émincés, du persil en branche, deux
gousses d'ail, quatre feuilles de laurier, du basilic,
du thym, une poignée de sel blanc, une cuillerée à
bouche de mignonnette, une de fleur de muscade
(macis), quatre bouteilles de vinaigre et huit d'eau.
Cet assaisonnement convient pour y déposer le che-
vreuil, le cerf, le daim, le sanglier, et les filets de
bœuf. On peut les y laisser pendant sept et huit
jours; si vous n'aviez qu'un jour ou deux pour mariner les objets précités, il faudrait ajouter quatre
bouteilles de vinaigre.

ROUX BLANC POUR LE VELOUTÉ.

Mettez dans une moyenne casserole une livre de
beurre fin, placez-la sur un feu modéré; dès qu'il
est fondu vous y mettez douze onces de farine de
première qualité. (Evitez qu'elle soit nouvelle, car
alors le roux se relâcherait au travail des sauces.)
Après l'avoir bien amalgamée, vous placez le roux
sur des cendres chaudes, le couvrez, et tous les
quarts d'heure vous le remuez avec la cuillère de bois,
afin de le cuire également; il faut observer qu'il doit
mijoter sans interruption; une heure après vous
vous en servez, ou le déposez dans une petite terrine
légèrement beurrée.

ROUX BLOND POUR L'ESPAGNOLE.

Vous le marquez ainsi qu'il est démontré ci-dessus; seulement vous le faites cuir deux heures sur
des cendres d'une chaleur douce, afin de le colorer

peu à peu d'un blond un peu foncé, et vous vous
en servez de suite, ou le déposez dans une petite terrine que vous couvrez d'un rond de papier beurré.

Observation.

Je ne sais pourquoi Jourdan Lecointe, qui était
sans doute aussi mauvais médecin que mauvais cuisinier, a trouvé étonnant, ainsi que d'autres pla-
giaires qui se sont traînés sur ses traces, que l'on fît
des roux pour lier les sauces. Tous ces hommes ignorants se sont plu à dénigrer ce précieux procédé en
le traitant d'incendiaire et de corrosif. O pitoyables
écrivains, que vous êtes impertinents et sots ! Comment du beurre frais, et de la plus pure farine, mêlés ensemble, et cuits avec soin sur des cendres d'un
feu doux, deviendraient-ils nuisibles à la santé ? Il en
est des roux à l'égard des grandes et petites sauces,
ce qu'il en est de l'encre pour ces écrivains qui veulent, en dépit du bon sens, faire des livres élémen-
taires sur les arts et métiers sans en avoir de notions
certaines ; ils ne savent pas que nos roux préparés
selon les procédés précités ont un goût de noisette
qui plaît au palais le moins exercé ; que ce roux, étant
mêlé au mouillement des sauces, après les avoir liées,
s'en sépare en grande partie par l'ébullition légère
que nous donnons au travail des sauces, afin de les
dégraisser ; que la casserole qui les contient est toujours placée sur l'angle du fourneau, pour que l'é-
cume et le beurre se jettent du côté opposé à l'ébullition ; que le beurre que nous en retirons, et qui
est celui employé pour la confection du roux, n'a
point la moindre altération, et qu'il a la même cou-

leur que lorsqu'il fut mêlé à la farine pour en obtenir le roux.

Maintenant, je le demande à ces faiseurs de livres ridicules, en quoi ce travail du beurre mêlé à la farine peut-il devenir corrosif et incendiaire? Je le répète, si ces vains compilateurs avaient le moindre bon sens, ils sauraient que la clarification des grandes sauces les débarrasse entièrement de toute apparence de roux, mais qu'ils sont essentiellement nécessaires pour lier et constituer les sauces; que, sans le procédé de cuire le roux, la farine mêlée au beurre ne formerait qu'une liaison imparfaite; que par conséquent les sauces, étant mal liées, deviendraient des essences à la réduction, et ne seraient ni veloutées ni succulentes. Mais qu'importe à ces hommes ignorants? Pourvu qu'ils parlent à tort et à travers, pourvu que leurs plats écrits soient publiés, ils se moquent bien d'avilir les arts et métiers. Cependant arrive tôt ou tard le praticien éclairé, qui dévoile la bassesse du charlatanisme, et, vengeur de la science, les fait disparaître de la scène du monde.

PATE A FRIRE A LA FRANÇAISE.

Faites tiédir, dans une petite casserole, deux verres d'eau dans laquelle vous ajoutez deux onces de beurre frais et une pointe de sel; puis vous la versez en partie dans une petite terrine contenant huit onces de farine de première qualité, en ayant soin de la mêler doucement avec la cuillère de bois, afin de la lier d'une pâte mollette, déliée et très lisse. Cependant observez qu'elle doit former un cordon et masquer

la cuillère en la levant un peu au-dessus de la terrine.
Ajoutez sur la fin tout le beurre qui pourrait se trouver à la surface de l'eau tiède restante. Il est donc essentiel de ne point se presser de mêler la farine pour
en former un pâte ferme, et pour être obligé ensuite
de l'amollir avec de l'eau : ce travail devient nuisible
en cordant la pâte, qui ne produit plus le même
effet à la cuisson.

Lorsqu'elle est préparée avec soin, et au moment
de vous en servir, vous y amalgamez légèrement un
blanc et demi d'œuf fouetté ; puis vous trempez dedans les objets au fur et à mesure que vous les mettez dans la friture étant chaude à point.

PATE A FRIRE A L'ITALIENNE.

Mettez dans une petite terrine huit onces de farine, deux jaunes d'œuf et une cuillerée à ragoût
d'huile d'Aix, une pointe de sel et de gros poivre,
puis l'eau nécessaire, que vous y versez avec soin en
remuant le mélange avec la cuillère de bois, pour en
former une pâte mollette, déliée et très lisse ; puis,
au moment du service, vous y mêlez un blanc et
demi d'œuf fouetté, et vous en servez de suite.

Observation.

Cette pâte est également belle à la friture ; mais
elle reste moins long-temps croustillante après sa
cuisson que la pâte préparée par le procédé à la
française.

PATE A FRIRE A LA HOLLANDAISE.

Elle se prépare selon les procédés énoncés ci-dessus; seulement, vous y mêlez, en la détrempant, un verre de bonne bière pour remplacer une grande partie de l'eau.

PATE A FRIRE POUR LES ENTREMETS.

Vous la préparez de tous points ainsi que nous l'avons démontré pour la pâte à frire à la française ; la seule différence est d'y mêler un demi-verre de bon vin blanc, ou bien une cuillerée à bouche de vieille eau-de-vie.

FRITURE A L'HUILE.

Pour se servir de l'huile pour frire, il faut qu'elle soit nouvelle et de parfaite qualité; le moindre goût désagréable, en la chauffant, se décèle et se communique aussitôt aux objets qu'on y fait frire ; du reste, la couleur qu'elle donne est claire et brillante : son emploi n'est donc pas à dédaigner. Elle se brûle moins vite que les autres fritures.

FRITURE AU BEURRE FONDU.

Pour faire de bonne friture avec ce beurre, il doit être fin et nouvellement fait, et surtout parfaitement épuré de tout laitage. Quand ce beurre est mauvais, il rend immangeables les objets qui y sont frits. Du reste, il donne une belle couleur à la cuisson.

FRITURE DE SAINDOUX.

Lorsque la panne du porc est nouvelle et fondue avec soin, elle donne une bonne friture, et surtout un jolie couleur dorée aux objets que l'on y fait frire; mais dans le cas contraire, si le saindoux a pris seulement un peu le goût de rance, cette friture devient détestable; on ne doit pas s'en servir.

L'huile, le beurre fondu et le saindoux, lorsqu'ils ne sont pas purs, ont un grand inconvénient : c'est de mousser au feu et de déborder bientôt la poêle à frire, ce qui peut causer des malheurs en brûlant les personnes qui ne s'en méfient pas, et même occasioner des incendies, ainsi que je l'ai vu dans un grand extra que j'ai fait à Villiers-sur-Marne.

FRITURE DE GRAISSE DE BOEUF.

Cette friture est sans contredit la meilleure, et celle qui conserve le plus long-temps le croustillant aux objets qu'on y fait frire. Pour l'obtenir bonne, il faut dégraisser avec soin le derrière de trois ou quatre grandes marmites dans lesquelles auront cuit des culottes de bœuf; quand on n'a pas l'avantage de pouvoir en agir ainsi, on doit hacher cinq livres de graisse de rognons de bœuf; elle doit être fraîche; puis on la fait fondre à très petit feu en y joignant un verre d'eau; lorsqu'elle est fondue, on la passe avec pression dans une serviette de cuisine, et l'on s'en sert de suite, ou on la dépose dans une terrine neuve, afin qu'elle ne contracte pas de mauvais goût.

Observation.

Pour faire de belle friture, il faut la mener sur un feu ardent, et sitôt qu'elle a jeté une fumée vaporeuse, elle est chaude à point; alors on doit la placer sur l'angle du fourneau, et s'en servir de suite sans la laisser s'échauffer davantage, ce qui la brûlerait indubitablement; lorsque la poêle est garnie des objets destinés à y prendre couleur ou à y cuire, on doit la replacer sur le fourneau selon le temps nécessaire; je le répète, pour donner simplement la couleur à des croquettes, tandis que pour y frire des filets à la Horly ou des poissons entiers, elle doit être menée plus doucement, afin que la chair du poisson y cuise parfaitement.

Voilà toute la théorie nécessaire pour faire frire convenablement.

CHAPITRE VI.

TRAITÉ DES FARCES A QUENELLES DE VOLAILLE, DE GIBIER,
DE POISSON.

SOMMAIRE.

Panade ; farce à quenelles de volaille ; idem de faisans ; idem de bécasses ; idem de gélinottes ; idem de perdreaux ; idem de lapereaux ;
idem de levrauts ; idem de menu gibier ; idem de merlans ; idem de
carpes ; idem de brochets ; idem d'anguilles ; idem d'éperlans ; idem
de saumons.

PANADE.

METTEZ dans une petite casserole gros comme trois œufs de mie de pain à potage du
jour, et trois grandes cuillerées à ragoût
de consommé ; faites mijoter sur un feu doux pendant
quinze minutes, après quoi vous la desséchez en la

remuant avec la cuillère de bois, pour en former une espèce de pâte mollette ; puis vous la déposez sur une assiette en la masquant avec un peu de beurre et l'employant lorsqu'elle est froide.

FARCE A QUENELLES DE VOLAILLE.

Levez les filets de deux poulets gras bien en chair, retirez-en l'épiderme et les nerfs, faites-les piler bien parfaitement, puis vous les relevez sur une assiette ; mettez à côté la moitié de leur volume de tétine de veau cuite dans la marmite, et parée lorsqu'elle est froide ; ajoutez la moitié du volume de la tétine de la panade ; faites piler d'abord la tétine, ajoutez la panade ; faites piler cinq minutes, mettez la chair de volaille et faites piler un quart d'heure ; assaisonnez la farce de sel, d'un peu de poivre, de muscade râpée et de quatre jaunes d'œuf ; après avoir fait piler de rechef pendant dix minutes, vous y joignez deux grandes cuillerées à ragoût de bonne béchamel froide ; la farce étant bien pilée de nouveau, vous la faites passer par le tamis à quenelles et la déposez dans une terrine que vous placez ensuite dans le timbre ou sur de la glace pilée et déposée sur un grand plat de terre. Lorsque la farce est un peu rafraîchie, vous en faites un essai par une petite quenelle que vous mettez dans un peu de bouillon en ébullition, et le retirez du feu en même temps, la quenelle devant se cuire sans bouillir. Cette remarque doit s'observer pour pocher ou cuire les quenelles en général. La petite quenelle étant cuite, vous l'égouttez et la coupez en deux ; l'intérieur doit être lisse, le goût savoureux et moelleux, et l'assaisonnement à point. Si vous trouvez que la quenelle ne soit pas assez délicate, vous devez y amalgamer un peu de béchamel pour arriver à ce point essentiel de l'opération. La chose est bien facile, puisqu'il ne s'agit que d'additionner un peu de béchamel.

Observation.

Voilà encore une excellente chose que j'ai sensiblement améliorée, en supprimant le blanc d'œuf fouetté que l'on était dans l'usage d'y mettre, et en le remplaçant par la béchamel, ce qui est bien différent : car le blanc d'œuf ne pouvait donner à la farce à quenelles qu'un boursouflement à la cuisson, et qui cessait d'avoir cet effet lorsque la quenelle était égouttée, sans pour cela lui donner du moelleux; tandis que l'addition de la sauce béchamel la rend délicate, savoureuse et parfaite. Ceux de mes confrères qui avaient cette vieille manière de faire pourront bientôt s'apercevoir de la différence, ainsi que je l'ai déjà démontré dans mon *Pâtissier royal.*

FARCE A QUENELLES DE FAISANS.

Vous procédez de tous points selon l'analyse précitée, avec la seule différence que vous employez les filets de deux faisans, au lieu de ceux de deux poulets gras.

FARCE A QUENELLES DE BÉCASSES.

Pour la préparation de cette farce, vous levez les filets de cinq bécasses bien en chair, les parez selon la règle, puis vous procédez ainsi que nous l'avons indiqué pour la farce à quenelles de volaille, en employant la chair de bécasse au lieu de celle de poulet gras.

FARCE A QUENELLES DE GÉLINOTTES.

Vous levez les filets de quatre gélinottes, les parez comme de coutume, et confectionnez cette farce selon les détails décrits pour la farce à quenelles de volaille, en remplaçant la chair de poulet gras par celle de gélinotte.

FARCE A QUENELLES DE PERDREAUX ROUGES.

Après avoir levé et paré selon la règle les filets de quatre perdreaux rouges, procédez, pour faire cette farce, en suivant l'analyse que j'ai donnée pour la préparation de celle de volaille, en supprimant bien entendu les chairs de poulet.

FARCE A QUENELLES DE LAPEREAUX.

Après avoir levé et paré les filets de quatre lapereaux de garenne, vous les employez selon les procédés que nous avons décrits pour confectionner la farce de volaille indiquée en tête de ce chapitre, en remplaçant la chair des poulets gras par celle des lapereaux : voilà toute la différence.

I.   5

FARCE A QUENELLES DE LEVRAUTS.

Vous préparez cette farce en suivant de tous points les détails que j'ai donnés pour la préparation de celle de volaille, en employant, bien entendu, les filets de deux levrauts, pour remplacer la chair des poulets gras.

FARCE A QUENELLES DE MENU GIBIER.

Vous en faites de pluvier, de grives et de mauviettes, en employant l'un de ces gibiers en suffisante quantité pour avoir le même volume de chair que celui que nous donnent les filets de deux poulets en chair que nous avons indiqués pour la farce à quenelles de volaille; le procédé est le même que celui que nous avons indiqué pour la farce de volaille.

FARCE A QUENELLES DE MERLANS.

Après avoir levé les filets de quatre gros merlans, vous en ôtez la peau, les lavez, les égouttez sur une serviette, puis vous les faites parfaitement piler, après quoi vous relevez la chair sur une assiette, vous y ajoutez la moitié de son volume de bon beurre d'Isigny, et un peu plus que la moitié du volume du beurre, de panade que vous préparez ainsi : faites tremper dans du lait gros comme quatre œufs de mie de pain tendre à potage; lorsqu'elle est bien imbibée, vous l'égouttez, et la pressez ensuite dans une serviette, afin d'en exprimer tout le lait possible.

Maintenant vous commencez par faire piler la mie de pain, puis vous y mêlez le beurre, et les faites piler ensemble pendant dix minutes ; ensuite, vous y joignez la chair des merlans, et faites piler de rechef pendant quinze minutes ; après quoi vous l'assaisonnez de sel, de poivre, de muscade râpée et de quatre jaunes d'œufs ; la farce doit être encore pilée quinze minutes, puis vous y mettez deux grandes cuillerées à ragoût de bonne béchamel froide, ensuite vous pilez la farce cinq minutes, et la faites passer par le tamis à quenelles ; puis vous la déposez dans une petite terrine que vous placez dans le timbre, ou bien sur de la glace pilée et placée dans un plat de terre ; formez une petite quenelle que vous pochez de la manière accoutumée, et la goûtez pour vous assurer de son assaisonnement à point et de sa délicatesse ; vous ajoutez un peu de béchamel si elle est nécessaire. Si, au contraire, vous avez mal extrait de la mie de pain tout le lait qu'elle contenait, ce qui peut arriver, et qu'elle soit par trop délicate, vous ajoutez un jaune d'œuf en faisant broyer la farce dans le mortier, ou tout simplement dans la terrine où vous l'avez déposée.

Observation.

Quand il s'agira de pocher les quenelles, vous suivrez les procédés que nous avons décrits pour cuire les quenelles de volaille. (Voir le premier article de ce chapitre.)

Lorsque vous voulez que cette farce soit maigre, vous supprimez la béchamel grasse et la remplacez par de la béchamel maigre.

5*

FARCE A QUENELLES DE CARPES.

Après avoir habillé deux moyennes carpes de Seine, vous en levez les filets, les parez, les lavez ; et après les avoir égouttés sur une serviette, vous faites votre farce selon les procédés precités, en remplaçant la chair de merlans par celle de carpe.

FARCE A QUENELLES DE BROCHET.

Vous habillez deux moyens brochets de Seine, en levez les filets, que vous parez, les lavez, les égouttez ; puis vous procédez pour la préparation de cette farce en suivant les détails décrits pour celle de merlans ; seulement la chair du brochet y remplace la chair de ce poisson.

FARCE A QUENELLES D'ANGUILLES.

Après avoir dépouillé trois moyennes anguilles de Seine, vous en levez les filets, les parez, les lavez, les égouttez, et faites votre farce de la manière accoutumée. (Voir la farce de merlans.)

FARCE A QUENELLES D'ÉPERLANS.

Levez les filets de trente gros éperlans, les parez, les lavez, et les égouttez ; puis vous confectionnez votre farce en la marquant selon les procédés analysés pour la farce de merlans. (Voyez cet article en tête de ce chapitre.)

FARCE A QUENELLES DE SAUMON.

Prenez la chair de la queue du saumon (elle est la partie la moins grosse de ce poisson), une livre et demi suffit; puis vous faites cette farce à quenelles en suivant les procédés que nous avons décrits aux détails de la farce de merlans (voyez cet article); seulement vous supprimez la chair de ce poisson pour la remplacer par celle du saumon.

Observation.

Je pourrais encore augmenter ces simples détails sur les farces de poisson par les farces de chair de truite, d'esturgeon, de cabillaud, d'aigrefin, de turbot, de barbue, de filets de sole, de bar, de mulet, d'anguille de mer, de rouget, de plie, de lotte, et généralement de tous les poissons de mer et d'eau douce. Pour les confectionner, mes confrères devront agir, à l'égard de ces farces à quenelles, en suivant de tous points les détails analysés pour la farce à quenelles de merlans; et pour les faire en maigre, il suffira de remplacer la béchamel grasse par de la maigre.

Pour faire ces farces au beurre d'écrevisses, on supprimera la quantité de beurre ordinaire indiquée pour la farce de merlans, et on la remplacera par le même volume de beurre d'écrevisses. Je donnerai la manière de le préparer au traité des petites sauces, auquel il appartient. Pour faire également les farces à l'essence de truffes ou de champignons, on réduit l'une de ces essences dans la béchamel que nous sommes dans l'habitude d'ajouter aux farces. Ces procédés s'emploient également pour les farces de volaille, de gibier et de poisson en gras et en maigre.

Pour la farce de volaille et de gibier, on remplace également la tétine par le même volume de beurre d'écrevisses : la farce doit prendre alors le nom du beurre dont elle reçoit la couleur et le goût.

DEUXIÈME PARTIE.

TRAITÉ DES POTAGES FRANÇAIS, ANGLAIS, NAPOLITAINS, SICILIENS, ITALIENS, ESPAGNOLS, ALLEMANDS, RUSSES, POLONAIS, HOLLANDAIS, ET INDIENS.

OBSERVATIONS CULINAIRES ET GASTRONOMIQUES.

ME voilà arrivé à cette partie si intéressante de la cuisine française; et, quoi qu'en puissent dire ces vieux gastronomes chagrins et moroses, je le répète hautement, oui, les potages sont et resteront toujours les agents provocateurs d'un bon dîner. Maintenant, me voilà encore dans l'importante nécessité de réfuter le *Journal universel du goût*. J'ai donc lu dans ses numéros du 27 mai et du 24 juin 1830 deux satires erronées contre les potages, la soupe et le bouilli. En vérité , c'est chose curieuse de voir un vieux gastronome, et un médecin qui signe G., de voir, dis-je, ces deux hommes tout remplis de prétentions, et qui n'osent cependant point mettre leurs véritables noms au bas de ces articles dérisoires. Cela est prudent , et prouve incontestablement leur grand savoir ; mais je veux que la critique du praticien les frappe du ridicule inséparable de la jactance ignorante et prétentieuse : car enfin, comment se peut-il que des hommes qui prétendent au beau titre de gastronome écrivent d'une manière si déraisonnable ? Quoi, vous dites que vous êtes vieux gastronome et médecin , et vous méconnaissez la succulence des potages de la cuisine moderne. Ah ! ce n'est point ainsi que des gens du monde peuvent oublier les résultats de la science alimentaire du dix-neuvième siècle. Je ne puis croire que des hommes qui ont trente ans d'expérience gastronomique (à ce qu'ils disent) prétendent que nous devions faire disparaître le potage de nos dîners. Ah ! comment faire abnégation de soi-même au point d'ignorer l'ensemble d'un dîner confortable et bien ordonné. Mais, si vous voulez dîner sans potage, comment pourrez-vous satisfaire à la fois tous vos convives. Ceux, par exemple, dont l'âge a éteint en partie les facultés digestives, et auxquels les potages semblent un bienfait des dieux, que deviendront-ils ? Ah ! qui que vous soyez , vieux gastronome et médecin, reconnaissez votre erreur, et ne venez plus faire outrage à la vieillesse souffrante; ne venez plus dénigrer nos festins, ou craignez que Gaster ne vous envoie une mortelle indigestion : car il me semble que votre gastronomie ressemble fort à la gloutonnerie de ces hommes qui font un dieu de leur ventre, sans jamais apprécier ni la délicatesse ni la saveur de nos mets savoureux et réparateurs.

O folie des folies! ô Comus, ne vois-tu pas avec dédain ces hommes étrangers à tes délices, et qui osent prétendre à la suppression de nos potages modernes, lorsque les riches et puissants gastronomes de l'Europe les fêtent avec plaisir et envie : car la cuisine française est comme nos modes, elle fait le tour du monde.

Maintenant, vieux gastronome et vieux médecin, dites-moi donc si vous ne vous êtes pas trouvé bien des fois, dans votre longue carrière, à des banquets d'amis et de famille. Il s'y trouvait des femmes, l'ornement de nos festins, des enfants, des vieillards : eh bien! avez-vous jamais entendu dire par ces trois classes si intéressantes de la société que les potages étaient les *barbares destructeurs de nos jouissances alimentaires; que le potage* (1) *était la préface du dîner, et qu'un bon ouvrage n'en avait pas besoin.*

(1) Vieux gastronome, vous qui voulez vous servir de l'autorité du fameux auteur de l'*Almanach des gourmands*, écoutez ce que dit ce littérateur gastronome : « Le potage est au dîner ce qu'est le portique ou le « péristyle à un édifice ; c'est-à-dire que non seulement il en est la pre- « mière pièce, mais qu'il doit être combiné de manière à donner une « idée juste du festin, à peu près comme l'ouverture d'un opéra-comique

O tristes réformateurs, que ces aphorismes sont vides de sens !

Après de telles assertions, ne serait-on pas tenté de penser que ces détracteurs viennent d'arriver tout récemment du nouveau monde, après avoir vécu au milieu de quelque peuplade sauvage. Déjà le vieux gastronome m'a semblé revenir des antipodes lorsqu'il a écrit sur les dîners militaires en parlant de la république et de l'empire. Car enfin j'ai aussi trente ans d'expérience à opposer à vos systèmes anti-gastronomiques. J'ai vu de mes propres yeux, cent fois vu et revu de bien près, de splendides festins; j'ai vu des empereurs et des rois à table ; comme praticien et observateur, j'ai servi mes dîners dans de grandes maisons de Paris; les gastronomes les plus opulents et les plus illustres s'y trouvaient réunis : cependant les potages furent toujours louangés, et jamais je n'ai entendu dire à qui que ce soit un seul mot contre l'antique usage des soupes et des potages. Je dis la soupe, car elle est aussi nécessaire à la classe laborieuse que les potages le sont aux riches pour charmer leur sensualité.

Enfin, pourquoi donc tant crier contre l'humble paysan qui vit en mangeant la soupe et le bouilli? Dites-moi donc encore une fois, vous, vieux gastro-nome, et vous, docte médecin gastrolâtre, leur santé

« doit annoncer le sujet de l'ouvrage. Le potage doit donner un avant-« goût de la science et des grands talents du cuisinier. Eh bien ! vieux gastronome, voilà le jugement que portait Grymod de la Reynière sur le potage; mais il en parle en vrai gourmand gastrolâtre et en homme de lettres. Pouvez-vous en dire autant?

ne vaut - elle pas mieux cent fois que celle des hommes qui méprisent le potage , la soupe et le bouilli?

Je voudrais qu'il me fût possible de faire cette expérience : nous trouver tous trois ensemble au service de la table d'un riche Amphitryon qui, sans prévenir ses conviés, aurait tout à coup supprimé le potage de son dîner. C'est alors que votre confusion serait grande en entendant l'expression de la surprise des gens invités. Quoi! dirait la petite-maîtresse sensuelle, moi qui fais mon dîner avec un bon potage, une aile de poulet et un peu d'entremets de douceur. Ah! s'écrierait le gourmand vigoureux, comment! point de potage ; cependant c'est le premier bienfait d'un bon dîner. Puis le vieillard dirait douloureusement : Comment! pas un potage pour moi! Ah! je le répète, gastronome et médecin vieillis sans doute à manger de mauvais potages, abjurez vos erreurs, car votre science éphémère ne peut changer les antiques usages du monde civilisé.

Mais pour vous convaincre encore, si nous passons de la table de l'opulence à celle de l'artisan qui a son ménage : Quoi! dirait l'ouvrier en ne trouvant pas sa soupe à l'heure de ses repas, tu veux donc, femme, supprimer la moitié de ma nourriture ; puis, que donneras-tu à nos jeunes enfants pour remplacer la soupe? toi-même, qui nourris, tu as besoin d'une bonne soupe grasse. Enfin, vieux gastronome et vieux médecin mal inspirés, voulez-vous des preuves convaincantes de mes véridiques observations? allez tous deux en amis parcourir un beau matin nos halles, nos marchés, et vous jugerez par vous-mêmes si

la classe laborieuse de Paris ne préfère pas l'assiettée
de soupe à toute autre chose. Ensuite, parcourez les
petits restaurants que fréquentent les ouvriers forcés
d'aller travailler loin du logis : vous verrez servir
à ces tables vermoulues la soupe pour un dans la petite soupière brune.

O détracteurs de la vraie gastronomie, voilà
des faits avérés et que vous ne pouvez nier !

Maintenant je veux laisser tous ces débats culinaires et gastronomiques pour me livrer exclusivement à l'analyse de mes potages.

J'observerai donc à mes confrères qu'en décrivant
chaque article en particulier, j'abrégerai autant que
possible les détails : ainsi, lorsqu'il s'agira de poules,
par exemple, il est tout naturel qu'elles doivent être
vidées, flambées et épluchées avant de les employer
dans le consommé. Il en est de même des racines
nécessaires à l'assaisonnement : elles doivent être
épluchées et lavées, et se composer pour chaque potage de deux carottes, deux navets, deux oignons et
d'un bouquet de deux poireaux et d'un pied de céleri. Avoir soin surtout que le consommé soit doux de
sel. Mes potages seront toujours marqués pour douze
à quinze couverts au plus : c'est donc au cuisinier à
régler l'emploi des poules selon la quantité de potages qu'il devra servir. J'ai aussi supprimé la vieille
manière de marquer des empotages : j'ai préféré
mettre dans les potages susceptibles d'être colorés
des poules rôties et colorées à la broche ; elles donnent un goût excellent au consommé. Ensuite nous
avons aujourd'hui l'habitude de servir autant de potages au consommé blanc que de colorés : on en

aura bientôt la preuve certaine par les chapitres qui vont se succéder dans cette partie.

J'ai pris l'habitude de laisser mes consommés mijoter pendant cinq heures consécutives, afin d'obtenir toute la gélatine que les os contiennent, ce qui est la partie la plus animalisée, et par conséquent la plus nutritive des bouillons, consommés, fumets et essences que nous faisons journellement, sans nous apercevoir de ce grand résultat pour la nutrition. Ces résultats sont tout chimiques, et appartiennent à la cuisine du jour. Enfin, en préparant mes consommés pour potages avec des poules colorées à la broche, j'ai supprimé l'empotage, d'abord parce que les poules, étant rôties, colorent légèrement le consommé, tandis que par le procédé de l'empotage, si seulement il a été un instant pincé par le feu, il a trop de couleur et peut contracter un goût désagréable. Je le répète, par l'addition des poules rôties le potage a meilleur goût, et a toujours la même couleur dorée et appétissante. Le fameux Laguipierre ne faisait pas non plus d'empotage, il ajoutait seulement du blond de veau pour colorer ses potages. Telle était sa manière d'opérer, mais je préfère les poules rôties. Ensuite lorsqu'on pourra ajouter au consommé une carcasse de dindonneau qui aurait servi pour rôt, les potages en deviendront plus agréables au palais du connaisseur, car ce volatile a un goût qui lui est particulier. Aussi dans les grands bals je n'employais pour mes potages et consommés que des dindons rôtis. Enfin, la coction que je donne pendant cinq heures à mes consommés les rend d'autant plus nutritifs qu'ils reçoivent plus d'osma-

zome et de gélatine, procédé chimique et essentiellement culinaire.

En indiquant de mettre deux poules dans un potage de douze à quinze couverts, il est naturel de
penser que l'on peut en supprimer une, et même
toutes les deux : car la ménagère en mettant dans son
pot-au-feu un abatis de dindon obtiendra un excellent bouillon, bien confortable pour faire toutes sortes de potages de racines et de pâtes indiqués dans
cet ouvrage. Puis la modeste cuisinière pourra, dans
ses jours de dîners d'apparat, mettre une poule dans
son consommé pour potage : car il faut qu'elle ait du
bouillon pour ses sauces; par conséquent, elle doit
bonifier son potage en faisant, comme nous, un consommé de volaille. Son potage par ce moyen aura
plus d'onction et de délicatesse. Le même résultat ne
pourrait s'obtenir par le simple morceau de bœuf,
car ses sucs nutritifs ne peuvent avoir la même succulence. Voilà les causes réelles de la supériorité de
la cuisine des grandes maisons. Mais, je le répète,
l'humble cuisinière doit mettre une poule dans son
potage, et, si son maître s'y refuse, il n'est pas digne
de connaître les bienfaits du vœu du bon Henri,
qui voulait que le peuple mît la poule au pot tous
les dimanches.

Mais, me diront les cuisiniers des maisons où la
plus stricte économie exige un travail peu coûteux,
croyez-vous que nous mettions des poules dans le
consommé pour nos potages? Cela ne nous est pas
permis; nous faisons tout bonnement l'empotage
avec du mouton, du veau et du bœuf, et souvent
même le modeste pot-au-feu nous suffit pour servir

des potages dont les maîtres ne se plaignent pas. Mais, leur répondrai-je, de quoi pourraient-ils se plaindre? Ce ne serait que de leur avarice : car tout homme à qui l'aisance permet d'avoir du monde pour le servir est coupable envers lui-même et envers les autres de liarder sur les dépenses que nécessitent sa nourriture et celle des personnes attachées à son service. Je le répéte, ceux-là sont peu dignes de connaître les bienfaits de l'art alimentaire. Je dirai à leur cuisinier: Je plains votre triste position, mais vous employez au moins trois livres de viande de boucherie pour votre empotage, tandis qu'avec quelques sous de plus vous pouviez mettre une poule dans le consommé, dont la succulence deviendrait plus nutritive et plus profitable aux sensuels. Je finis mes observations en souhaitant bien ardemment que les riches français comprennent qu'il est de leur honneur et de leur dignité que notre belle patrie conserve sa supériorité culinaire et gastronomique, que nous avons acquise depuis des siècles, sur le reste de l'Europe gourmande.

CHAPITRE PREMIER.

DES POTAGES GARNIS DE RACINES, DE VOLAILLE ET DE GIBIER.

SOMMAIRE.

Potage de santé; idem de santé à la française; idem de santé à la régence; idem de santé au chasseur; idem de santé à la Sévigné; idem de santé de poulet à la reine; idem printanier; idem à la brunoise; idem à la julienne; idem à la paysanne; idem aux petits pois; idem aux gros pois à la jardinière; idem aux petites carottes nouvelles; idem de carottes nouvelles aux petits pois; idem de laitues braisées; idem aux laitues farcies; idem de laitues aux petits pois; idem de concombres farcis; idem aux choux de Bruxelles et au cerfeuil; idem aux petits oignons blancs et aux petits pois; idem à l'oignon à la Clermont; idem de petites civettes printanières; idem d'automne; idem à la pluche de cerfeuil; idem à l'oseille claire; idem à l'oseille liée; idem de petits haricots verts et blancs à la civette; idem aux pointes d'asperges; idem aux pointes de grosses asperges; potage de marrons à la lyonnaise.

POTAGE DE SANTÉ.

METTEZ dans une marmite à potage (de la capacité de vingt potages de bouillon, afin que le consommé, étant arrivé à son point de cuisson, se trouve réduit d'un cinquième) deux poules rôties, afin de donner un peu de couleur, puis un fort jarret de veau dont la crosse aura été retirée, et quelques os de rosbif, si vous en avez ; ajoutez le bouillon nécessaire, faites écumer, après quoi vous mettez des racines et quelques grains de mignonnette ; faites mijoter cinq heures, dégraissez et retirez les viandes ; alors vous mêlez au consommé un blanc d'œuf que vous avez battu avec un peu de bouillon froid, afin de clarifier le consommé; après vingt minutes d'ébullition vous le passez à la serviette, ensuite vous le faites repartir en y mêlant les racines et légumes suivants : le rouge d'une grosse carotte que vous avez coupée avec un coupe-racines, en colonnes du diamètre de quatre lignes, vous coupez ensuite chaque colonne en petits ronds d'une ligne d'épaisseur, vous préparez un gros navet de la même manière, ainsi que deux racines de pied de céleri et deux poireaux émincés en rond; ces racines doivent être blanchies; ajoutez au potage une pluche de deux petites laitues, d'un peu d'oseille et de cerfeuil ; après une heure d'ébullition vous ajoutez au potage une pointe de sucre, trois cuillerées à bouche de pointes d'asperges d'un beau vert, et vous le versez dans la soupière, contenant de petits croûtons de pain à potage (1). Ils doivent être sans apparence de mie et séchés à l'étuve; vous devez les couper avec un emporte-pièce en acier, du diamètre de huit lignes.

_____

(1) Pain mollet d'une ou deux livres, rond et chapelé, dont la croûte sert pour les potages, et la mie pour les croûtons passés au beurre.

POTAGE DE SANTÉ A LA FRANÇAISE.

Vous préparez le même potage que celui indiqué ci-dessus ; puis, au moment du service, vous mettez dans la soupière de petites quenelles de volaille et une pluche de cerfeuil. Vous supprimez seulement du potage de santé la pluche de laitue et d'oseille.

POTAGE DE SANTÉ A LA RÉGENCE.

Vous préparez le potage de santé selon la règle ; puis, au moment du service, vous mettez dans la soupière un pain de volaille que vous préparez ainsi : après avoir sauté quatre filets de poulets en chair, vous les pilez bien parfaitement ; puis vous y joignez un peu de sel, de poivre, de muscade râpée, deux cuillerées à ragoût de béchamel et huit de bon consommé ; faites chauffer cette purée légèrement, en la remuant avec la cuillère de bois ; puis vous y mêlez une liaison de huit jaunes d'œuf ; après quoi vous la passez en la foulant par l'étamine ; ensuite vous versez la purée dans un moule uni et beurré ; mettez-le dans une casserole contenant de l'eau bouillante pour servir de bain-marie ; placez-la sur un feu très doux, afin d'éviter que l'eau bouille ; mettez également un peu de feu sur le couvercle de la casserole ; donnez une heure et demie de cuisson au pain de volaille, et dès qu'il est froid, vous le coupez en petits carrés longs semblables aux petites quenelles à potages ; ajoutez des petits pois blanchis bien verts.

POTAGE DE SANTÉ AU CHASSEUR.

Faites cuire à la broche trois perdreaux rouges enveloppés de bardes de lard ; lorsqu'ils seront froids , vous les parerez en séparant chaque membre en deux et en retirant les peaux ; puis vous joignez les carcasses au consommé, et préparez du reste le potage ainsi que je l'ai indiqué au détail du premier potage de ce chapitre ; alors vous le versez dans la soupière contenant les perdreaux dépecés.

POTAGE DE SANTÉ A LA SÉVIGNÉ.

Vous préparez votre potage selon la règle , et, a moment de servir, vous le versez avec soin dans la soupière, sur de petites timbales de consommé de volaille que vous avez marquées ainsi qu'il suit : faites cuire un gros poulet à la broche; dépecez-le , mettez-le dans une casserole avec deux grandes cuillerées de consommé de volaille ; après une heure d'ébullition, vous le dégraissez et le passez à la serviette. Étant refroidi, vous le mêlez peu à peu dans une liaison de huit jaunes d'œuf en y joignant un peu de sel, de poivre, et de muscade râpée ; passez le consommé à l'étamine fine, pour le verser ensuite dans douze à quinze petits moules à madeleines que vous avez beurrés avec soin ; placez-les dans un plat à sauter qui contienne assez d'eau bouillante pour servir de bain-marie ; placez-le sur un fourneau très doux, mettez du feu sur le couvercle du plat à sauter : il faut observer que l'eau ne doit pas bouillir, afin que les pe-

6 *

tites timbales restent très lisses , point essentiel de
l'opération ; autrement , elles se décomposent en
partie par une infinité de petits globules d'air que l'é-
bullition a occasionés. Vous devez les laisser deux
heures au bain-marie , et les renverser avec soin dans
la soupière à l'instant du service.

POTAGE DE SANTÉ GARNI DE POULET A LA REINE.

Marquez votre potage de la manière accoutumée ;
puis vous le versez dans la soupière contenant deux
petits poulets à la reine , que vous avez poêlés selon
la règle , et que vous avez dépecés en coupant chaque
membre en deux parties ; les peaux doivent être re-
tirées ; on doit seulement supprimer les petits croûtons du potage de santé ordinaire.

POTAGE PRINTANIER.

Vous préparez le consommé de ce potage ainsi que
je l'ai indiqué à celui de santé (Voir le premier potage de ce chapitre.); ensuite vous préparez des racines
de la manière suivante : coupez le rouge d'une grosse
carotte en petites colonnes de six lignes de longueur
avec un coupe-racines de deux lignes de diamètre ,
un navet , une racine de céleri et deux poireaux
coupés de même ; après les avoir blanchis , ainsi
qu'une douzaine de petits oignons blancs , vous mettez le tout dans un consommé en ébullition ; puis
vous y joignez une pluche de laitue , d'oseille et de
cerfeuil , et , au moment de servir le potage , vous le
versez dans la soupière contenant trois cuillerées à

bouche de petits pois et trois de pointes d'asperges
blanchies bien vertes : ajoutez une pointe de sucre
et des petits croûtons , ainsi qu'il est indiqué au potage de santé.

Observation.

J'ai servi également le potage printanier à la parisienne , à la régence , au chasseur , et garni de petites
timbales de consommé de volaille ou de gibier. A
cet effet, j'invite mes confrères à procéder en suivant
les détails indiqués aux potages de santé décrits sous
les désignations que je viens de citer.

POTAGE A LA BRUNOISE.

Coupez en petits dés de deux lignes carrées le
rouge d'une grosse carotte , puis deux navets et deux
racines de pied de céleri ; ensuite vous faites légèrement roussir ces racines dans du beurre fin sur un feu
modéré, en les remuant avec soin, afin de leur donner
une couleur blonde et bien égale ; ensuite vous les
égouttez sur un tamis pour les mettre dans le consommé de volaille préparé selon la règle (Voir le potage de santé.); ajoutez au potage deux poireaux dont
les blancs seront blanchis et coupés en petits carrés ,
une pluche de cerfeuil, d'oseille et de laitue, un peu
de sucre. Au moment de servir , vous avez soin de
dégraisser le potage , versez-le ensuite sur des petits
croûtons placés dans la soupière et préparés selon la
règle. (Voir le potage de santé.) On peut également
ajouter à ce potage des petites quenelles, ou un pain
de volaille, ou de petites timbales de consommé , ou
bien encore le faire au chasseur.

POTAGE A LA JULIENNE.

Mettez dans une marmite à potage deux poules rôties et un fort jarret de veau dont la crosse aura été retirée, puis le bouillon nécessaire ; après l'avoir écumé, ajoutez les racines convenues pour les consommés à potage ; après cinq heures d'une légère ébullition, vous dégraissez le consommé ; retirez les viandes pour y mêler ensuite un blanc d'œuf battu avec un peu de bouillon froid afin de le clarifier, donnez un quart d'heure d'ébullition et le passez à la serviette ; puis vous versez dans le consommé la julienne que vous préparez ainsi : coupez deux carottes en ronds de six lignes de hauteur ; coupez en rubans le rouge de la carotte, pour le couper ensuite en petits filets d'une ligne carrée ; coupez de même deux navets pleins et deux racines de pied de céleri ; faites roussir les racines dans du beurre fin , en les remuant sur un feu modéré, pour les colorer d'un blond égal ; ajoutez au potage deux poireaux également coupés en filets, les feuilles d'une laitue, autant d'oseille, une pluche de cerfeuil et un peu de sucre ; après une heure d'ébullition, vous dégraissez le potage, et le versez dans la soupière contenant deux cuillerées à bouche de petits pois, deux de pointes d'asperges blanchies bien vertes, et les croûtons de pain à potage préparés de la manière accoutumée ; servez.

POTAGE A LA PAYSANNE.

Préparez votre consommé selon les procédés décrits ci-dessus, et, après l'avoir dégraissé et passé à la serviette, vous le faites repartir en y mêlant deux cuillerées de gros pois, deux de petits haricots blancs et nouveaux, deux de petits haricots verts coupés en losanges, puis le rouge d'une carotte, un navet, une racine de céleri, deux poireaux et un petit concombre, le tout également coupé en losanges. Ajoutez une douzaine d'oignons les plus petits possibles, autant de petits choux de Bruxelles, une pluche de laitue, d'oseille et de cerfeuil, une pointe de sucre et de muscade râpée. Après une petite heure d'ébullition, vous versez le potage dans la soupière avec les petits croûtons préparés de la manière accoutumée.

POTAGE DE PETITS POIS.

Votre consommé étant préparé selon la règle, vous le versez dans la soupière contenant deux litres de petits pois préparés à la française pour entremets, puis une pluche de cerfeuil et les petits croûtons à potage ; servez.

POTAGE DE GROS POIS NOUVEAUX A LA JARDINIÈRE.

Après avoir préparé votre consommé de la manière accoutumée, vous le faites bouillir pour y verser ensuite un litre de gros pois fraîchement cueillis et écossés ; ajoutez une vingtaine de très petits oignons blancs, et une pluche de laitue, d'oseille et de cerfeuil. Donnez une heure d'ébullition, ajoutez une pointe de sucre et de mignonnette, et versez le potage dans la soupière avec les petits croûtons séchés à l'étuve, selon l'usage.

POTAGE DE GROS POIS A LA CRÉCY.

Faites cuire dans votre consommé préparé selon la règle un litre et demi de gros pois fraîchement cueillis, en y joignant deux carottes blanchies et coupées en petits dés, et un peu de sucre; servez avec des petits croûtons à potage.

POTAGE AUX PETITES CAROTTES NOUVELLES.

Tournez en petites poires une botte de petites carottes printanières rouges en couleur, blanchissez-les quelques minutes à l'eau bouillante; après les avoir rafraîchies, vous les mettez dans le consommé préparé de la manière accoutumée; ajoutez une pointe de sucre, donnez une heure d'ébullition, et versez ce potage dans la soupière avec les petits croûtons préparés selon la règle. On peut également cuire les carottes à part pour les laisser tomber à glace.

POTAGE DE PETITES CAROTTES NOUVELLES AUX PETITS POIS.

Préparez ce potage comme il est décrit ci-dessus; puis, au moment du service, vous le versez dans la soupière contenant un demi-litre de pois fins blanchis à l'eau bouillante, un peu de persil haché et blanchi, et les petits croûtons séchés à l'étuve.

POTAGE DE LAITUES BRAISÉES.

Faites blanchir vingt petites laitues; après les

avoir rafraîchies, vous les pressez, afin d'en extraire
l'eau; ensuite vous les fendez en deux, sans cependant
les séparer entièrement; puis vous les assaisonnez
légèrement de sel et de poivre fin; reformez-les entières, et placez-les au fur et à mesure dans une casserole contenant une cuillerée à pot de blond de veau
et de bon consommé, un petit bouquet de persil
contenant un clou de girofle, un fragment de laurier et de thym, un oignon et une petite carotte;
couvrez-les d'un rond de papier beurré; faites-les
mijoter deux heures; après quoi vous les égouttez sur une assiette, pour les parer ensuite légèrement; coupez chacune d'elles en deux, et les placez
dans la soupière, avec les petits croûtons préparés selon la règle. Au moment de servir, versez le
consommé, dans lequel vous pouvez joindre le fond
des laitues; mais pour faire cette addition l'assaisonnement du bouquet des laitues ne doit donner aucun
goût aromatique.

Vous mettez pour faire le consommé deux poules
rôties à la broche, un jarret de veau, et les légumes
nécessaires à son assaisonnement.

POTAGE AUX LAITUES FARCIES.

Après avoir blanchi, rafraîchi et pressé vingt petites laitues, vous les coupez en deux, sans cependant
les séparer; assaisonnez-les d'un peu de sel et de poivre; puis vous placez sur chacune d'elles une petite
cuillerée de farce à quenelles de volaille à laquelle
vous aurez additionné un peu de cerfeuil haché; ensuite vous enveloppez la farce en donnant à chaque

laitue une forme allongée ; puis vous les liez par trois
tours de ficelle, afin de les maintenir en cet état. Après
cette opération, vous les placez avec soin dans une
casserole contenant une cuillerée à pot de blond de
veau et de bon consommé de volaille, puis un petit
bouquet de persil très peu assaisonné, un oignon et
une carotte. Après deux heures d'une légère ébullition, vous égouttez les laitues pour les débrider ; parez-les légèrement ; placez-les dans la soupière ; versez dessus le consommé préparé de la manière accoutumée, ajoutez une pointe de sucre et le fond des
laitues.

Nous sommes dans l'habitude de mettre des bardes
de lard dessous et dessus les laitues pour les braiser ;
mais, pour les potages, je les préfère cuites seulement au consommé, afin de n'être point dans la nécessité de les égoutter et de les presser dans une serviette. Par ce résultat, elles ont plus d'onction et de
goût.

POTAGE DE LAITUES AUX PETITS POIS.

Braisez douze laitues ainsi que je l'ai indiqué au
potage aux laitues braisées ; puis vous les égouttez et
séparez chacune d'elles en deux ; ensuite vous les
placez dans la soupière contenant un demi-litre de
pois fins cuits à l'anglaise, c'est-à-dire à l'eau bouillante, avec un peu de sel, dans un poêlon d'office, afin
de les obtenir bien verts ; ajoutez les petits croûtons
et le consommé préparés selon la règle ; servez.

POTAGE DE CONCOMBRES AUX PETITS POIS.

Votre consommé étant préparé de la manière accoutumée, vous le versez tout bouillant dans la soupière, contenant un demi-litre de pois fins préparés à la française, puis deux concombres préparés en escalopes comme pour entrée, et cuits dans une demiglace avec une pointe de sucre: servez.

POTAGE AUX CONCOMBRES FARCIS.

Après avoir tourné trois petits concombres, vous les videz avec soin; vous les jetez dans l'eau bouillante et leur laissez donner deux ou trois bouillons; puis vous les rafraîchissez et les égouttez sur une serviette; et dès qu'ils sont froids, vous les garnissez d'une farce à quenelles de volaille; faites-les cuire dans un consommé réduit, afin de leur donner de l'onction; au moment de servir, vous les égouttez sur une assiette et les coupez en travers pour en obtenir des anneaux de six lignes de hauteur, garnis de farce à quenelles; placez-les à mesure dans la soupière et le long de ses parois; ensuite vous ajoutez une pluche de cerfeuil, et le consommé que vous aurez marqué selon la règle.

On peut joindre à ce potage un peu d'oseille et de cerfeuil émincé, et passé au beurre; alors vous aurez soin de dégraisser ce potage après y avoir mis l'oseille.

POTAGE AUX CHOUX DE BRUXELLES ET AU CERFEUIL.

Après avoir épluché et lavé une livre de petits choux de Bruxelles, vous les jettez à l'eau bouillante, les rafraîchissez lorsqu'ils ont donné quelques bouillons, et les faites mijoter pendant une demi-heure dans d'excellent consommé, avec une pointe de sucre ; ensuite vous le versez dans la soupière contenant les petits croûtons et une pluche de cerfeuil.

Vous devez ajouter à l'assaisonnement du consommé le quart d'un chou ordinaire, quatre poireaux, deux pieds de céleri, une laitue et du cerfeuil, afin de donner plus de goût à ce potage.

POTAGE AUX CHOUX FREISÉS.

Préparez votre consommé selon la règle ; ajoutez-y le quart d'un chou freisé, afin de lui en donner le goût ; puis vous émincez le reste du chou en retirant les côtes ; vous le faites légèrement colorer dans du beurre clarifié ; après l'avoir égoutté, vous le faites mijoter dans d'excellent consommé pendant une heure et demie, après quoi vous le versez dans la soupière sur les croûtons à potage ; servez.

POTAGE AUX PETITS OIGNONS BLANCS, ET AUX PETITS POIS.

Épluchez et blanchissez un litre de très petits oignons blancs ; puis vous les ferez cuire dans d'excellent consommé, après quoi vous les égouttez et les

placez dans la soupière contenant de petits croûtons,
et un demi-litre de pois fins cuits à la française; puis
vous versez le consommé préparé selon la règle.

POTAGE D'OIGNONS A LA CLERMONT.

Après avoir coupé en ruelles deux oignons de Portugal, vous les faites colorer bien blonds dans du
beurre fin clarifié; puis vous les égouttez et les faites
cuire ensuite dans le consommé destiné au potage et
préparé de la manière accoutumée; ajoutez une pointe
de sucre et de mignonnette; dégraissez le potage;
versez-le dans la soupière contenant les petits croûtons.

Le consommé de ce potage demande à être un peu
corsé.

POTAGE DE PETITES CIVETTES PRINTANIÈRES.

Préparez votre consommé de la manière accoutumée (Voir le potage de santé.), ajoutez une pointe
de sucre et de muscade râpée, et le versez tout bouillant dans la soupière contenant les petits croûtons à
potage, et deux cuillerées à bouche de petites civettes coupées de trois lignes de longueur et lavées;
servez.

POTAGE D'AUTOMNE.

Coupez comme pour la julienne le blanc de quatre
poireaux, les feuilles jaunes de deux pieds de céleri,
et celles d'une laitue émincée; après les avoir lavées,

vous les jetez dans le consommé bouillant; ajoutez un demi-litre de pois fins, une pointe de sucre et de mignonnette, deux grandes cuillerées à bouche de farine délayée claire et bien lisse avec du bouillon froid; remuez le potage avec une cuillère à ragoût, afin de lier le consommé pour le rendre velouté; après une heure et demie d'ébullition, vous versez le potage dans la soupière contenant les petits croûtons préparés selon la règle.

POTAGE A LA PLUCHE DE CERFEUIL.

Préparez votre consommé coloré de la manière accoutumée, ajoutez une pointe de sucre, et le versez bouillant dans la soupière où vous avez mis des croûtons à potage et une pluche de cerfeuil bien vert; servez.

POTAGE A L'OSEILLE CLAIRE.

Emincez et lavez une bonne poignée d'oseille, une laitue et du cerfeuil; faites-les fondre ensuite avec un peu de lard râpé, fondu et passé à l'étamine, ou bien avec du beurre fin; versez ensuite dans le consommé préparé de la manière accoutumée; ajoutez une pointe de sucre et dégraissez le potage; après une demi-heure d'ébullition vous le versez sur vos petits croûtons séchés à l'étuve; servez.

L'oseille passée au lard a le goût plus savoureux : je tiens ce procédé de M. Riquette.

POTAGE A L'OSEILLE LIÉE.

Vous préparez le potage absolument comme il est démontré ci-dessus, et au moment de servir vous le versez peu à peu dans une liaison de huit jaunes d'œuf passés à l'étamine, puis vous ajoutez deux petits pains de beurre frais, et vous faites jeter quelques bouillons au potage en le remuant, afin que la liaison soit veloutée; vous le versez ensuite dans la soupière avec les petits croûtons séchés à l'étuve.

POTAGE DE PETITS HARICOTS VERTS ET BLANCS A LA CIVETTE.

Coupez en petits losanges une assiettée de très petits haricots verts; puis vous les blanchissez dans un poêlon d'office, afin de les obtenir très verts. Après les avoir égouttés sur une serviette, vous les versez dans la soupière avec un demi-litre de petits haricots blancs cuits selon la règle, pui les petits croûtons séchés à l'étuve, une pincée de civette émincée et une pointe de sucre; après quoi vous versez le consommé préparé de la manière accoutumée (Voir le potage de santé.); servez.

POTAGE AUX POINTES D'ASPERGES.

Après avoir préparé une botte de petites asperges vertes, de même que pour entremets, vous les faites blanchir d'un beau vert printanier, vous les rafraîchissez, et les égouttez dans la passoire, ensuite sur une serviette; alors vous les versez dans la soupière avec de petits croûtons séchés à l'étuve; ajoutez une pointe de sucre au consommé coloré que vous aurez préparé selon la règle (Voir le premier potage de ce chapitre.); étant bouillant, vous le versez dans la soupière.

POTAGE AUX POINTES DE GROSSES ASPERGES.

Epluchez les bourgeons d'une botte de grosses asperges, coupez-les d'un pouce de longueur, faites-les blanchir dans un poêlon d'office afin de les obtenir d'une belle fraîcheur printanière, égouttez-les sur une serviette, mettez-les dans la soupière avec de petits croûtons à potage et une pluche de cerfeuil; ajoutez une pointe de sucre, de mignonnette, et versez le consommé que vous aurez préparé de la manière accoutumée.

POTAGE DE NAVETS AUX PETITS POIS.

Coupez en petits dés six gros navets pleins, et leur donnez une couleur blonde en les passant au beurre clarifié, en les remuant sans cesse avec la cuillère de bois; puis vous les égouttez dans la passoire ou dans le tamis, ensuite vous les faites mijoter dans le consommé préparé selon la règle; ajoutez une pointe de sucre, dégraissez le potage, et dès que les navets sont cuits, vous les versez dans la soupière contenant un demi-litron de pois fins blanchis bien verts, et les croûtons à potage; servez.

POTAGE DE CÉLERI AU CERFEUIL.

Après avoir blanchi six pieds de céleri préparés comme pour entremets, vous les égouttez, et les faites cuire dans d'excellent consommé, assaisonné d'un petit bouquet, de deux oignons et de deux carottes ; ensuite vous retirez cet assaisonnement ; vous égouttez les pieds de céleri sur une assiette pour les couper en gros dés, et les placer ensuite dans la soupière avec une pluche de cerfeuil et les croûtons à potage préparés de la manière accoutumée, ainsi que le consommé ; servez.

POTAGE DE CHOUX-FLEURS ET DE BROCOLIS AU PERSIL.

Préparez votre consommé ainsi qu'il est indiqué au potage de santé ; puis blanchissez à l'eau bouillante une tête de chou-fleur bien épluchée par petits fragments, faites-lui donner quelques bouillons, puis, après l'avoir rafraîchie et égouttée, vous la ferez mijoter dans un peu d'excellent consommé avec une pluche de persil ; au moment de servir vous les versez dans la soupière contenant deux têtes de brocolis blanchis à part dans un poêlon d'office, afin de les obtenir un peu violets ; ensuite vous ajoutez le consommé et les croûtons à potage, et vous servez.

POTAGE AUX MARRONS A LA LYONNAISE.

Préparez votre consommé selon la règle, puis vous

I.   7

retirez avec le petit couteau la peau d'un demi-cent de marrons de Lyon et leur faites jeter quelques bouillons en mettant dans l'eau une pointe de sel. Sitôt que la seconde peau quitte sous la pression des doigts, vous les mondez et les faites mijoter dans un petit plat à sauter avec du consommé, un peu de beurre fin et de sucre. Après deux heures de cuisson, vous les faites tomber à glace, et les versez dans la soupière contenant des petits croûtons à potage; ajoutez le consommé dans lequel vous aurez mis un oignon coupé en petits dés et passé blond au beurre, puis une pluche de persil et une pointe de mignonnette; servez.

Observation.

Il est nécessaire d'additionner une pointe de sucre aux potages de racines et de légumes, afin d'en adoucir l'âcreté et de les rendre plus agréables. Puis mes confrères comprendront aisément que je pouvais augmenter ce chapitre de quelques potages de fantaisie, tels que ceux de poireaux, de radis, de romaine, de chicorée et de fonds d'artichaux; mais ils se servent très rarement, et lorsqu'ils seront demandés, on donnera au consommé le goût de l'un de ces légumes ou racines, puis on pourra les faire mijoter dans d'excellent consommé, et les verser ensuite dans la soupière avec des croûtons à potage, et le consommé préparé de la manière accoutumée.

CHAPITRE II.

POTAGES DE CRÈME DE RIZ ET D'ORGE PERLÉ, GARNIS DE VOLAILLE ET DE GIBIER.

SOMMAIRE.

Potage de crème de riz à la royale; idem à la Xavier; idem velouté à la française; idem au chasseur; idem de faisan à la française; idem de petites timbales de gibier; idem à la princesse; idem velouté à la d'Orléans; idem à la Buffon; idem à la Girodet.

Potage d'orge perlé à la royale; idem d'orge perlé à la française; idem d'orge perlé garni de petites timbales de consommé de volaille; idem d'orge perlé au chasseur; idem d'orge perlé de faisan à la française; idem d'orge perlé garni de petites timbales de fumet de gibier; idem de crème d'orge perlé à la Beauharnais; idem d'orge perlé à la Lesueur; idem d'orge perlé à la Joinville.

POTAGE DE CRÈME DE RIZ A LA ROYALE.

APRÈS avoir habillé deux poules, vous les mettez dans une marmite à potage, avec un fort jarret de veau; puis vous la remplissez de grand bouillon après l'avoir écumée; vous ajoutez une carotte, un navet, un oignon, un demi-pied de céleri et

7 *

deux poireaux; après cinq heures d'ébullition, vous dégraissez bien parfaitement le consommé et le passez à la
serviette ; ensuite vous en mettez la moitié dans une
moyenne casserole, avec six onces de riz Caroline lavé
à plusieurs eaux et blanchi ; faites-le mijoter deux heures, après quoi vous le broyez avec la cuillère de bois ;
vous y mettez le reste du consommé. Le potage étant
en ébullition, et au moment de servir, vous en versez une cuillerée à ragoût dans une purée de volaille
préparée de la manière accoutumée ; puis vous recommencez deux fois la même opération ; alors vous
versez la purée ainsi dilatée dans la soupière, et par-
dessus le reste de la crème de riz, peu à peu, afin de
bien mêler la composition du potage; car si vous versez précipitamment le riz, vous vous exposez à dé-
composer la purée de volaille, tandis qu'elle doit lier
le potage en le rendant velouté et moelleux.

POTAGE DE CRÈME DE RIZ A LA XAVIER.

Faites votre consommé selon les procédés indiqués
ci-dessus. Après l'avoir bien dégraissé, vous le pas-
tez à la serviette, et le versez sur six onces de rix lavé
et blanchi ; faites mijoter pendant une heure et demie,
sans le remuer, afin que le riz soit entier; ensuite
vous placez avec soin dans la soupière douze à
quinze petites timbales de consommé de volaille
préparées de la manière suivante : Faites cuire à la
broche un poulet, puis vous le dépecez et le mettez
dans une casserole avec deux petites cuillerées à pot
de bon consommé de volaille. Lorsqu'il est réduit
d'un tiers, vous le dégraissez, et passez cette essence

à la serviette; laissez-le un peu refroidir pour le verser ensuite peu à peu dans huit jaunes d'œuf frais. Après l'avoir passé à l'étamine, vous le versez dans douze à quinze petits moules à madeleine que vous avez beurrés avec soin ; puis vous les placez dans un grand plat à sauter, dans lequel vous avez mis assez d'eau bouillante pour servir de bain-marie ; vous le placez sur des cendres rouges, et vous en garnissez aussi le couvercle du plat à sauter. Il est essentiel que l'eau ne jette pas le moindre bouillon : autrement les petites timbales perdent tout leur mérite, qui consiste à se pocher en restant bien lisses.

Ce potage est délicat et stomachique.

Il m'est arrivé d'y ajouter quelquefois un demi-litre de petits pois cuits à la française ou à l'anglaise.

POTAGE DE CRÈME DE RIZ VELOUTÉ A LA FRANÇAISE.

Faites écumer une marmite à potage dans laquelle vous aurez mis deux poules et un jarret de veau ; ajoutez ensuite les racines nécessaires à l'assaisonnement, et un bouquet de cerfeuil ; après cinq heures d'une légère ébullition, vous dégraissez et passez le consommé à la serviette ; ensuite vous en versez la moitié dans une casserole contenant six onces de riz lavé et blanchi, puis le quart de la mie d'un pain à potage de huit onces coupé en dés. Faites mijoter pendant deux heures, écrasez le riz et faites-le passer en purée par l'étamine ; ajoutez à cette crème de riz le reste du consommé ; faites bouillir, et au moment de servir, vous y mêlez un verre de bonne crème double et deux pains de beurre frais; ensuite vous versez le potage dans la soupière contenant de petites quenelles de volaille formées dans des cuillères à café.

La chair d'un gros poulet suffit pour la farce de quenelles, que vous préparez selon la règle.

Ce potage est velouté et convient aux dames.

POTAGE DE CRÈME DE RIZ AU CHASSEUR.

Faites rôtir quatre perdreaux rouges, ensuite retirez-en les chairs pour en faire une purée de la manière accoutumée; mettez la moitié des carcasses dans un consommé de volaille préparé selon la règle. Après cinq heures d'ébullition, vous le dégraissez et le passez à la serviette; puis vous faites cuire à petit feu six onces de riz avec du consommé et un peu de mie de pain mollet, afin de donner du velouté au potage; après avoir passé la crème de riz en purée par l'étamine, vous la faites seulement entrer en ébullition pour la mêler peu à peu à la purée de perdreaux; vous la versez ensuite dans la soupière, et servez.

Ce potage convient aux amateurs de gibier.

POTAGE DE CRÈME DE RIZ ET DE FAISAN A LA FRANÇAISE.

Levez les filets de deux faisans bien en chair, pour en faire une farce à quenelles selon la règle; ensuite avec la moitié des carcasses vous faites un fumet avec le consommé de volaille; après l'avoir dégraissé et passé à la serviette, vous marquez une crème de

riz en suivant les procédés indiqués au potage crème
de riz velouté à la française ; dès qu'elle entre en
ébullition, vous la versez dans la soupière contenant
les quenelles de faisan que vous avez formées dans
une cuillère à café.

POTAGE DE CRÈME DE RIZ GARNI DE PETITES
TIMBALES DE FUMET DE GIBIER.

Faites rôtir trois perdreaux rouges ou un faisan,
puis vous les dépecez pour en faire ensuite un fumet que vous mouillez avec deux petites cuillerées
à pot de consommé ; après une heure d'ébullition,
vous le dégraissez et le passez à la serviette pour en
préparer de petites timbales prises au bain-marie,
ainsi que je l'ai indiqué au potage de petites timbales
de consommé de volaille ; avec les débris des osse-
ments vous marquez selon la règle votre consommé
de volaille au fumet ; puis vous faites cuire six onces
de riz blanchi pendant une heure ; après quoi vous
le versez avec précaution sur les petites timbales que
vous avez renversées soigneusement une à une dans
la soupière.

Observation.

Ces trois potages ne diffèrent des potages garnis
de volaille décrits précédemment que par le gibier
qui la remplace, et le fumet de gibier que l'on ad-
ditionne au consommé de volaille. Cependant il est
prudent que le goût relevé du gibier ne domine point,
car en potage il ne convient pas à tout le monde.
Mais, je le répète, ces sortes de potages plaisent aux
amateurs de gibier.

POTAGE DE CRÈME DE RIZ A LA PRINCESSE.

Préparez votre consommé de la manière accoutumée ; après l'avoir dégraissé et passé à la serviette, vous en mettez la moitié dans une casserole contenant six onces de riz Caroline blanchi, deux poulets à la reine, et un bouquet de laitue et de cerfeuil, puis le quart de la mie d'un pain à potage ; donnez trois quarts d'heure d'ébullition ; retirez les poulets ; dès qu'ils sont froids, vous les parez en retirant les peaux et en coupant chaque membre en deux ; lorsque le riz est bien cuit vous le broyez bien parfaitement, puis vous y joignez le reste du consommé et le passez à l'étamine ; au moment de servir vous le versez dans la soupière contenant les poulets dépecés, six petites laitues braisées et coupées en deux, une pluche de cerfeuil et deux cuillerées à ragoût de petits pois cuits à l'anglaise ; servez.

POTAGE DE CRÈME DE RIZ VELOUTÉ A LA D'ORLÉANS.

Faites votre crème de riz ainsi qu'il est indiqué ci-dessus ; lorsqu'elle est en ébullition et que vous êtes prêt à servir, vous la versez dans la soupière contenant de petites quenelles de volaille au beurre d'écrevisses, puis de belles crêtes bien blanches, de gros rognons de coq et une pluche de cerfeuil ; servez de suite.

Ce potage de crème de riz est digne d'un grand seigneur.

POTAGE DE CREME DE RIZ A LA BUFFON.

Suivez pour votre crème de riz les procédés que j'ai indiqués au potage à la princesse , et lorsque votre crème est bouillante et prête à servir , vous la versez dans la soupière contenant une assiettée de gros rognons de coq cuits selon la règle , et les bourgeons seulement d'une botte de grosses asperges coupés d'un pouce de longueur et blanchis à point.

J'ai servi ce potage pour la première fois au prince régent d'Angleterre.

POTAGE DE CRÈME DE RIZ A LA GIRODET.

Préparez votre potage ainsi qu'il est indiqué au potage de crème de riz à la princesse ; au moment du service , la crème étant en ébullition , vous y mêlez un beurre d'écrevisses, et la versez ensuite dans la soupière contenant une escalope de riz d'agneau et une centaine de petites queues d'écrevisses , dont les coquilles doivent servir à la confection du beurre d'écrevisses.

POTAGE D'ORGE PERLÉ A LA ROYALE.

Mettez dans une marmite à potage deux poules et un jarret de veau de trois livres ; ajoutez le bouillon nécessaire , et après l'avoir écumé , vous l'assaisonnerez de racines selon la règle ; faites mijoter cinq heures , après quoi vous dégraissez et passez le consommé à la serviette ; ensuite, lorsque l'ébullition a lieu ,

vous y mêlez dix onces d'orge perlé de Francfort,
en remuant le consommé, afin que l'orge ne se pelote
pas ; ajoutez deux cuillerées à bouche de farine délayée claire et bien lisse avec un peu de consommé
froid ; placez le potage sur un fourneau garni de cendres rouges, de manière à ce que l'ébullition soit
douce pendant cinq heures consécutives; ensuite vous
retirez une petite peau légère qui s'est formée à la
surface du potage ; ajoutez une petite pointe de sucre
en poudre ; au moment de servir, versez une grande
cuillerée de potage dans une purée de volaille (deux
poulets) préparée de la manière accoutumée ; ajoutez
de rechef deux ou trois cuillerées d'orge en remuant
la purée, que vous versez dans la soupière et par-dessus l'orge en le mêlant bien parfaitement à la purée
de volaille ; servez de suite. Il est essentiel de dire
ici que toujours les potages doivent se trouver d'un
bon sel.

Observation.

Je recommande l'orge perlé d'Allemagne, parce
qu'il se trouve infiniment plus fin que celui de Paris,
et cette différence est tellement sensible que ceux de
mes confrères qui servent de grands seigneurs doivent
en faire venir de Francfort. Je sais aussi que nous
commes peu dans l'usage à Paris de servir des potages
d'orge perlé, et cependant ce potage est sain et rafraîchissant ; seulement le point essentiel est de cuire
l'orge pendant cinq heures, et surtout dans de bon
consommé.

Chaque fois que j'ai servi ce potage, il fut apprécié par les conviés gourmands.

La première fois que je l'ai servi, ce fut au prince régent de la Grande-Bretagne.

POTAGE D'ORGE PERLÉ A LA FRANÇAISE.

C'est la même manière de procéder que celle indiquée au potage de crème de riz à la française ; seulement vous préparez dix onces d'orge perlé avec d'excellent consommé, et le faites mijoter pendant cinq heures, afin qu'il soit savoureux et moelleux au palais; puis vous ajoutez de petites quenelles de volaille préparées et formées de la manière accoutumée.

POTAGE D'ORGE PERLÉ GARNI DE PETITES TIMBALES DE VOLAILLE.

Vous procédez pour ce potage ainsi que je l'ai démontré au potage de crème de riz garni de petites timbales de consommé; la seule différence consiste à remplacer le riz par dix onces d'orge perlé d'Allemagne, que vous faites mijoter durant cinq heures, en y joignant deux cuillerées à bouche de farine délayée très lisse et légère, afin de lier le potage, qui, par ce procédé, devient plus velouté ; ensuite, vous le versez dans la soupière contenant les petites timbales de consommé de volaille préparées selon la règle.

POTAGE D'ORGE PERLÉ AU CHASSEUR.

Préparez ce potage d'orge perlé de la manière accoutumée, et, au moment du service, vous mêlez peu à peu l'orge dans une purée de perdreaux rouges confectionnée selon la règle ; servez.

POTAGE D'ORGE PERLÉ ET DE FAISAN A LA FRANÇAISE

Vous préparez votre orge perlé selon la règle, et, au moment de servir, vous le versez bouillant sur des quenelles de faisan contenues dans la soupière ; vous préparez selon la règle la farce à quenelles avec les filets d'un gros faisan bien en chair.

POTAGE D'ORGE PERLÉ GARNI DE PETITES TIMBALES DE FUMET DE GIBIER.

Préparez votre potage de la manière accoutumée ; il en est de même des petites timbales de fumet de gibier ; ayez soin de les renverser dans la soupière avec précaution, afin qu'elles soient bien entières ; versez peu à peu l'orge perlé dessus ; servez de suite.

POTAGE D'ORGE PERLÉ A LA PRINCESSE.

Faites cuire pendant cinq heures votre orge perlé dans d'excellent consommé ; ajoutez deux poulets à la reine, et les retirez après trois petits quarts d'heure d'ébullition ; dès qu'ils sont froids, vous les parez ainsi qu'il est indiqué au potage de riz à la princesse ; placez-les dans la soupière contenant six laitues braisées, une pluche de cerfeuil et deux cuillerées à bouche de petits pois cuits à l'anglaise.

POTAGE DE CRÈME D'ORGE PERLÉ A LA BEAUHARNAIS.

Après avoir préparé votre potage de la manière indiquée précédemment, vous le passez en purée par l'étamine après l'avoir fait bouillir; observez qu'il doit être velouté et peu lié; alors vous le versez avec soin dans la soupière contenant de petites quenelles de volaille au beurre d'écrevisses, puis de belles crêtes, de beaux rognons de coq et une pluche de cerfeuil; servez.

POTAGE D'ORGE PERLÉ A LA LESUEUR.

Préparez votre crème d'orge perlé de la manière accoutumée; étant prêt à servir, lorsqu'elle est bouillante, vous la versez dans la soupière contenant une assiettée de gros rognons de coq cuits dans d'excellent consommé, et les pointes d'une botte de grosses asperges; je veux dire rien que les bourgeons blanchis bien à point.

POTAGE DE CRÈME D'ORGE PERLÉ A LA JOINVILLE.

Après avoir préparé votre crème ainsi qu'il est indiqué à la crème d'orge perlé à la d'Orléans, vous la versez dans la soupière contenant une escalope de riz d'agneau sautés, et une centaine de queues de petites écrevisses dont les coquilles vous auront servi à faire, selon la règle, un beurre d'écrevisses que vous mêlez au potage en le servant.

Observation.

Quoique l'orge perlé ne soit pas passé en purée par l'étamine, j'ai cependant toujours marqué sur mes menus ces potages à la crème, et cela par la raison que l'orge perlé, étant cuit pendant cinq heures, devient si velouté, qu'il a plus de caractère qu'en le passant en purée; il en est de même du riz, qui, étant parfaitement cuit, puis écrasé, devient moelleux et plus convenable qu'étant passé par l'étamine. Quoi qu'il en soit, les praticiens pourront aisément passer les potages en purée.

CHAPITRE III.

SOMMAIRE.

Potage de vermicelle, de semoule, de sagou français ; idem de l'Inde, de tapioca des Iles de nouilles, de pâte d'Italie, de farine de Salep de Perse, de farine d'arrow-root de l'Inde, de farine de gruau de Bretagne ; idem de blé de Turquie, dit maïs.

POTAGE DE VERMICELLE AU CONSOMMÉ.

ETTEZ dans une marmite à potage deux poules, dont une sera rôtie, afin de colorer légèrement le consommé ; ajoutez un fort arret de veau (dont la crosse sera retirée) et le bouillon nécessaire ; après avoir écumé la marmite, vous l'assaisonnez de carottes, de navets, d'oignons, de poireaux, d'un pied de céleri et de quelques grains de mignonnette. Le consommé ayant mijoté pendant cinq heures, vous le dégraissez, et retirez les viandes pour y mêler ensuite un blanc d'œuf battu avec un peu de bouillon froid, afin de le clarifier; après un quart d'heure d'ébullition, vous le passez à la serviette et le remettez bouillir; alors vous y versez douze onces de vermicelle d'Italie (1); après l'avoir blanchi un instant et égoutté, bien entendu, laissez mijoter le potage pendant vingt à vingt-cinq minutes, et servez.

POTAGE DE VERMICELLE AUX PETITS POIS.

Préparez le potage comme il est démontré ci-dessus; puis, au moment de servir, vous y joignez un demi-litre de petits pois cuits à la française, comme pour entremets.

POTAGE DE VERMICELLE AUX POINTES D'ASPERGES.

Après avoir préparé votre vermicelle selon la règle (Voir le premier potage de ce chapitre.), au moment du service, vous y mêlez les pointes d'une demi-botte d'asperges que vous aurez blanchies d'un beau vert printanier; ajoutez une pointe de sucre, et servez.

---

(1) Je recommande l'emploi du vermicelle d'Italie, parce qu'il a l'avantage de ne point se dilater dans le consommé, qui, par ce résultat, reste clair, tandis que le vermicelle ordinaire se trouble et devient pâteux.

POTAGE DE VERMICELLE A LA PLUCHE DE CERFEUIL.

Apprêtez votre vermicelle de la manière accoutumée (Voir le premier potage de ce chapitre.), puis vous le versez dans la soupière avec une pluche de cerfeuil, et vous servez.

POTAGE DE SEMOULE AU CONSOMMÉ.

Après avoir préparé le consommé ainsi qu'il est démontré ci-dessus, vous le dégraissez, le clarifiez, et le passez à la serviette; puis vous le faites bouillir, pour y mêler ensuite légèrement douze onces de semoule d'Italie, en ayant soin de remuer le consommé avec une cuillère à ragoût, afin qu'elle soit parfaitement mêlée au consommé, et qu'elle ne se pelote pas.

POTAGE DE TAPIOCA FRANÇAIS AU CONSOMMÉ:

Préparez votre consommé en suivant les procédés décrits pour le potage de vermicelle; après cinq heures d'ébullition, vous le dégraissez, le clarifiez et le passez à la serviette; ensuite vous le faites bouillir pour y mêler dix onces de tapioca français, en remuant le consommé avec une cuillère à ragoût, afin que le potage ne soit point grumeleux; donnez trois quarts d'heure d'ébullition, et servez.

Vous préparez le tapioca des Iles de la même manière que celui-ci.

I.   8.

POTAGE DE PETIT SAGOU BLANC DES ILES AU CONSOMMÉ.

Après avoir préparé, dégraissé, clarifié et passé à la serviette le consommé, ainsi que je l'ai démontré pour le potage de vermicelle (Voir le premier de ce chapitre.), vous le faites bouillir de rechef, puis vous y mêlez dix onces de petit sagou blanc des Iles; ayez soin de remuer le consommé avec la cuillère à dégraisser, afin que le sagou soit bien délayé; après une heure d'une légère ébullition, vous servez le potage.

Le sagou français se prépare de la même manière que celui des Iles.

POTAGE DE NOUILLES AU CONSOMMÉ.

Faites selon la règle trois jaunes d'œuf de pâte à nouilles, en y mêlant autant d'eau, puis vous l'abaissez très mince et coupez les nouilles très fines; un quart d'heure avant de servir, vous les blanchissez une seconde, et les égouttez pour les verser ensuite dans le consommé en ébullition; faites-les mijoter dix minutes, ajoutez une pointe de muscade râpée, et servez.

Le consommé doit être préparé selon les procédés indiqués au potage de vermicelle, premier article de ce chapitre.

POTAGE DE PATE D'ITALIE AU CONSOMMÉ.

Après avoir préparé le consommé de la manière

accoutumée (Voir le premier potage de ce chapitre),
donnez cinq heures d'ébullition, dégraissez, clarifiez et passez à la serviette, puis vous le faites bouillir
pour y mêler dix onces de pâte d'Italie de la forme de petites amandes; vous aurez soin de les faire
blanchir une seconde avant: faites-les mijoter quarante minutes, et servez.

POTAGE DE SALEP DE PERSE AU CONSOMMÉ.

Votre consommé doit être préparé ainsi qu'il est
démontré au premier article de ce chapitre (Voir le
potage de vermicelle.); ensuite vous mettez dans une
casserole à potage huit cuillerées à bouche de farine
dite salep de Perse; vous la délayez très lisse avec du
bouillon froid, puis vous y mêlez peu à peu le consommé en remuant le potage avec la cuillère de bois;
dès que l'ébullition a lieu, vous le laissez mijoter
une demi-heure en ayant soin de le remuer de temps
en temps, afin qu'il ne gratine point; servez.

POTAGE DE FARINE D'ARROW-ROOT DE L'INDE.

Préparez votre consommé selon la règle (Voir le
premier potage de vermicelle de ce chapitre.); puis
vous délayez dans une casserole dix cuillerées à bouche d'arrow-root de l'Inde avec du consommé froid,
pour en former une pâte lisse et déliée; ensuite vous
ajoutez peu à peu le consommé, et vous faites bouillir le potage en le remuant sans cesse avec la cuillère
de bois; lorsque l'ébullition a lieu, vous le faites mijoter durant une demi-heure, en ayant soin de le re-

8 *

muer de temps en temps pour éviter qu'il gratine ;
servez.

POTAGE DE FARINE DE GRUAU DE BRETAGNE.

Vous faites votre consommé ainsi que je l'ai indiqué au potage de vermicelle (Voir le premier article
de ce chapitre.), puis vous mettez dans une casserole
à potage dix cuillerées à bouche de gruau que vous
délayez avec du consommé froid, afin d'obtenir une
bouillie claire et lisse ; après quoi vous y mêlez peu
à peu le consommé, et remuez sans cesse le potage
avec la cuillère de bois ; dès que l'ébullition a lieu, laissez-le mijoter pendant une demi-heure en le remuant
par intervalle, afin d'éviter qu'il gratine ; servez.

POTAGE DE FARINE DE MAÏS.

Le consommé étant préparé de la manière accoutumée (Voir le premier potage de ce chapitre.), vous
mettez dans une casserole huit cuillerées à bouche de
maïs que vous délayez avec du consommé froid,
pour en faire une pâte mollette et très lisse ; ensuite
vous ajoutez peu à peu le consommé, vous remuez
le potage avec la cuillère de bois, et sitôt qu'il bout
vous le faites mijoter une demi-heure ; remuez le
potage de temps en temps, afin d'éviter qu'il gratine ; servez.

PANADE POUR LES ENFANTS.

Coupez deux petites tranches de pain à potage que

vous faites mijoter dans du bouillon de poulet ou
autre, pendant cinq minutes; ayez soin qu'elle soit
légère et douce de sel; au moment de servir vous y
joignez une liaison d'un jaune d'œuf passé à l'étamine avec un peu de lait; donnez quelques minutes d'é-
bullition, et servez.

PANADE A LA CRÈME DE RIZ.

Vous préparez une petite crème de riz en délayant
une cuillerée à bouche de farine de cette céréale, avec
un peu de bouillon froid, puis vous la faites bouillir
en ayant soin qu'elle soit extrêmement claire; vous y
joignez une tranche de pain à potage que vous faites
mitonner cinq minutes, après quoi vous mettez une
liaison d'un jaune d'œuf, et vous servez.

PANADE A LA REINE.

Vous préparez une purée de volaille selon la règle
avec les blancs d'une poularde, puis vous faites mitonner la mie d'un pain à potage d'une livre, ensuite
vous y mêlez la volaille et la passez en purée par
l'étamine; pour la servir, vous la faites chauffer au
bain-marie.

Observation.

Les potages de farine de salep de Perse, d'arrow-
root, de gruau et de maïs, se servent rarement, et
cependant ce sont des potages qui conviennent dans
l'ordinaire d'une famille où quelques personnes se
trouvent indisposées; ils sont encore plus convenables

pour des potages d'enfants. J'observerai également à
mes confrères que j'aurais pu augmenter ce chapitre
de bien des sortes de potages ; il me suffira d'indiquer
aux praticiens qu'il leur sera facile d'ajouter aux potages indiqués dans ce chapitre les racines du potage
de santé, pour obtenir, par exemple, le potage de
vermicelle de santé; il en sera de même à l'égard de
la julienne, de la brunoise, de la jardinière, de la
printanière, puis de l'oseille, des laitues braisées, des
concombres, et ainsi des potages de racines et de légumes, contenus dans le premier chapitre des potages.

Je le répète, il est important que les potages soient
doux de sel, afin que le goût suave des consommés
de volaille et des racines additionnés aux potages
flatte agréablement les palais sensuels et délicats.

CHAPITRE IV.

DES POTAGES DE CROUTES GRATINÉES.

SOMMAIRE.

Potage de croûtes gratinées printanier; idem à la française; idem à la régence; idem au chasseur; idem à la princesse; idem à la d'Orléans; idem aux laitues farcies; idem aux petits pois; idem aux pointes de grosses asperges; idem aux concombres; idem aux concombres farcis; idem à la Clermont; idem aux marrons.

Observation.

ES anciens cuisiniers des maisons opulentes servaient les potages de croûtes gratinées sur des plats creux, afin d'en faciliter le gratinage; de nos jours ce potage est peu en usage, et cependant il n'est point à dédaigner. Chaque fois que je l'ai

servi, j'ai été obligé de le faire gratiner dans une casserole
d'argent destinée pour l'entremets ; mais il me fallait
deux de ces casseroles pour un potage de douze couverts. Pour remédier à cet inconvénient, il serait convenable que les Amphitryons amateurs de ce bon potage fissent faire une casserole d'argent de forme ovale
et du diamètre d'un plat de rôt ordinaire , sur lequel
on la servirait contenant le potage ; elle pourrait avoir
trois à quatre pouces de hauteur. Cette casserole, qui
manque dans l'argenterie des maisons opulentes de
Paris, aurait le double avantage de servir pour des
soufflés, et pour des potages de profitroles et garbures.

POTAGE DE CROUTES GRATINÉES PRINTANIER.

Mettez dans une marmite à potage deux poules colorées à la broche, un jarret de veau dont la crosse
aura été retirée ; ajoutez le bouillon nécessaire ; sitôt
que le consommé est parfaitement écumé, vous y joignez les racines selon la règle. Après cinq heures
d'ébullition, vous le dégraissez et le passez à la serviette ; puis vous en faites réduire la moitié dans laquelle vous aurez mis les petites racines indiquées
pour le potage printanier ; le consommé étant réduit
d'un tiers, vous le passez au tamis de soie, afin d'en
extraire les racines qui doivent être cuites pour servir dans le potage ; maintenant vous enlevez le dessous d'un pain à potage d'une livre , pour en ôter
toute la mie , de manière que la croûte de dessus ait
la forme d'un dôme ; alors vous l'arrosez avec le dégraissis du consommé, que vous avez eu soin de con-

server à cet effet ; puis vous placez dans la soupière
à potage une douzaine de moyennes croûtes de pain
à potage grillées ; après les avoir fait tremper dans
le consommé réduit, vous les faites gratiner sur un
feu modéré pour leur donner une belle couleur
blonde ; ajoutez ensuite les racines printanières auxquelles vous avez additionné des petits pois et des
pointes d'asperges blanchis bien verts et séparément;
placez-les en buisson, afin qu'ils se trouvent contenus
dans la grande croûte que vous mettez, bien entendu,
par-dessus ; arrosez-la légèrement de consommé réduit ; placez la soupière sous le four de campagne, de
manière à ce que la grande croûte se rissole et devienne croquante (quelques confrères la font avant
sécher au four). Au moment de servir, vous ajoutez
du consommé seulement ce qui est nécessaire pour
en masquer la croûte gratinée ; puis vous mettez le
reste du consommé dans une casserole d'argent que
vous servez avec le potage : alors les convives prennent de la croûte gratinée et du consommé ce qu'ils
en désirent.

POTAGE DE CROUTES GRATINÉES A LA FRANÇAISE.

Vous procédez de tous points ainsi qu'il est démontré ci-dessus ; la seule différence est que vous
ajoutez de petites quenelles de volaille préparées et
marquées de la manière accoutumée; vous les joignez
au consommé que vous versez sur la grande croûte
gratinée au moment de servir.

POTAGE DE CROUTES GRATINÉES A LA RÉGENCE.

Vous avez préparé selon la règle un petit pain de
volaille avec les blancs d'un poulet gras, puis vous
avez marqué votre croûte gratinée ainsi que je l'ai
démontré au potage ci-dessus ; étant prêt de servir,
vous coupez le pain de volaille en petits carrés longs
du même volume que les petites quenelles à potage,
placez-les au fur et à mesure autour de la croûte gratinée, ensuite vous ajoutez le consommé nécessaire
pour la masquer entièrement, et vous servez.

Pour ce potage, j'avais l'habitude de supprimer
les petits pois des légumes contenus dans la croûte
gratinée, afin de les placer ensuite sur la croûte avec
une pluche de cerfeuil : cette verdure rend ce potage
plus attrayant.

POTAGE DR CROUTES GRATINÉES AU CHASSEUR.

Faites cuire à la broche trois perdreaux rouges
bardés de lard ; dès qu'ils sont froids, vous les parez
de même que pour salmis, en séparant toutefois les
membres en deux, afin de les rendre plus convenables pour le potage ; étant prêt à servir, vous les placez autour de la croûte gratinée selon la règle (Voir
le premier potage de ce chapitre.), puis vous y joignez des pointes d'asperges, et vous servez.

Vous devez ajouter la moitié des carcasses de perdreaux dans la marmite du consommé, afin de lui
donner le goût du fumet.

POTAGE DE CROUTES GRATINÉES A LA PRINCESSE.

Après avoir préparé votre croûte gratinée selon la
règle (Voir le premier potage de ce chapitre.), vous
placez à l'entour deux petits poulets à la reine, poêlés, dépecés et parés, en retirant les peaux et en séparant chaque membre en deux parties ; ajoutez six petites laitues braisées et coupées en deux, une pluche
de cerfeuil et deux cuillerées de petits pois cuits à
l'anglaise; masquez la croûte de consommé, et servez
en versant le reste du consommé dans une casserole
d'argent que vous placez sur la table en même temps
que le potage, ainsi que nous l'avons indiqué au premier potage de ce chapitre.

POTAGE DE CROUTES GRATINÉES A LA D'ORLÉANS.

Faites votre croûte gratinée de la manière accoutumée (Voyez le premier potage de ce chapitre.);
puis, étant prêt à servir, vous placez autour des petites quenelles de volaille au beurre d'écrevisses, de
belles crêtes bien blanches, de gros rognons de coq,
et une pluche de cerfeuil; ajoutez le consommé, et
servez selon la règle, c'est-à-dire une partie du consommé à part, afin que la croûte soit seulement
masquée à sa surface de consomme.

POTAGE DE CROUTES GRATINÉES AUX LAITUES
FARCIES.

Marquez douze laitues, ainsi que nous l'avons indiqué au potage de laitues farcies (Voyez cet article, chapitre I.); puis, votre croûte étant gratinée selon la règle, vous placez à l'entour les laitues après les avoir parées avec soin; puis vous versez dessus le consommé, afin de le masquer seulement, et vous servez le reste du consommé à part dans la casserole d'argent.

POTAGE DE CROUTES GRATINÉES AUX PETITS POIS.

Vous procédez pour ce potage ainsi que je l'ai démontré précédemment dans ce chapitre; la seule différence est que vous supprimez les racines et légumes, pour les remplacer par un litre de pois fins que vous préparez à la française comme pour entremets : voilà toute la différence.

POTAGE DE CROUTES GRATINÉES AUX POINTES DE GROSSES ASPERGES.

Préparez les pointes d'une botte de grosses asperges comme pour une garniture d'entrée, faites-leur jeter quelques bouillons dans une demi-glace après les avoir blanchies, puis vous les placez sur la croûte gratinée, et vous servez votre potage de la manière accoutumée. (Voir le premier potage de ce chapitre.)

POTAGE DE CROUTES GRATINÉES AUX CONCOMBRES.

Après avoir préparé trois concombres comme pour garniture d'entrée, vous leur faites jeter quelques bouillons à l'eau bouillante, et, après les avoir égouttés, vous les faites mijoter dans un excellent consommé réduit à demi-glace, dès qu'ils sont moelleux au toucher, vous les placez autour de la croûte gratinée que vous avez confectionnée selon la règle (Voir le premier potage de ce chapitre.); puis vous ajoutez le consommé nécessaire, et vous servez le potage.

POTAGE DE CROUTES GRATINÉES AUX CONCOMBRES FARCIS.

Préparez de tous points votre croûte gratinée ainsi que je l'ai indiqué au premier potage de ce chapitre; puis vous tournez et videz avec soin trois concombres que vous garnissez de farce à quenelles après les avoir légèrement blanchis et rafraîchis; ensuite vous les faites cuire dans un consommé réduit, après quoi vous les égouttez et les coupez en anneaux pour les placer autour de la croûte gratinée; ajoutez le consommé nécessaire et servez de la manière accoutumée le consommé à part.

POTAGE DE CROUTES GRATINÉES A LA CLERMONT.

Coupez en ruelles deux oignons d'Espagne ou de Portugal, passez-les bien blonds dans du beurre fin clarifié, en les remuant avec soin; égouttez-les sur un tamis, puis faites-les cuire dans d'excellent consommé, versez-les ensuite selon la règle sur la croûte gratinée (Voyez le premier potage de ce chapitre.); ajoutez le consommé nécessaire, et servez ce potage de la manière accoutumée.

POTAGE DE CROUTES GRATINÉES AUX MARRONS.

Après avoir ôté la première peau d'un demi-cent
de marrons de Lyon, vous les mettez à l'eau bouillante
avec un peu de sel ; faites-leur jeter quelques bouillons, et dès que la seconde peau quitte sous la pression des doigts, vous les mondez ; ensuite vous les
mettez dans un petit plat à sauter avec du consommé, un peu de sucre, et un peu de beurre fin. Faites-
les mijoter deux petites heures et tomber à glace ;
alors vous les placez avec soin autour de la croûte
gratinée, que vous avez préparée de la manière accoutumée : ensuite vous ajoutez le consommé nécessaire, et vous servez. Le consommé doit être marqué
selon la règle, puis vous en servez la moitié à part
dans une casserole d'argent.

Observation.

Mes confrères pourront aisément ajouter un grand
nombre de potages à ceux contenus dans ce chapitre,
en donnant à chaque croûte gratinée le caractère
qu'il leur plaira, comme, par exemple, aux petites
carottes-printanières, aux petits oignons blancs, aux
choux de Bruxelles, aux choux-fleurs, aux brocolis,
à la pluche de cerfeuil, à l'oseille, et ainsi d'autres
racines et légumes potagers.

Il me reste encore quelques croûtes gratinées à
décrire, mais elles n'appartiennent point à ce chapitre. Ce potage est excellent lorsqu'on lui donne les
soins requis.

CHAPITRE V.

DES POTAGES DE PURÉE DE VOLAILLE ET DE GIBIER.

SOMMAIRE.

Potage de purée de volaille à la reine ; idem à la Boïeldieu ; idem à la Monglas ; idem à la française ; idem à la princesse; idem de perdreaux à la duchesse ; idem de faisans à la royale ; idem de lapereaux à la Monglas ; idem de gibier à la française ; idem de caille à la Rossini.

POTAGE DE PURÉE DE VOLAILLE A LA REINE.

METTEZ dans une marmite à potage deux poules et un jarret de veau dont la crosse aura été retirée ; ajoutez le bouillon nécessaire ; après avoir écumé la marmite, vous y mettez les racines convenues; donnez cinq heures d'ébullition; dégraissez et passez le consommé à la serviette, et faites-le bouillir de rechef; versez-le ensuite peu à peu dans la soupière contenant une purée de volaille que vous aurez préparée de la manière suivante : après avoir sauté les filets de deux poulets gras, vous les pilez bien parfaitement, puis vous y joignez une once de riz cuit avec du consommé et le quart de la mie d'un pain à potage d'une livre (L'addition de cette mie rend le potage plus velouté.); ajoutez deux cuillerées de béchamel, un peu de sel et une petite cuillerée à pot de consommé. Mettez la casserole sur un feu modéré, en la remuant avec la cuillère de bois, pour éviter qu'elle ne bouille; alors vous la passez, en la foulant, par l'étamine fine; au moment de servir, vous la faites chauffer avec soin et sans la quitter, puis vous la versez dans la soupière en y mêlant peu à peu le consommé, dont l'ébullition aura cessé une seconde. Vous servez alors le potage avec de petits croûtons en dés passés au beurre et légèrement colorés. La personne chargée de servir ne doit mettre ses petits croûtons dans le potage qu'à l'instant même de le servir sur les assiettes, afin de les obtenir croustillants; autrement, ils se dilatent en trempant dans le potage et lui donnent mauvaise mine et mauvais goût, tandis que, par ce soin, ce potage est digne des palais les plus délicats.

POTAGE DE PURÉE DE VOLAILLE A LA BOÏELDIEU.

Préparez ce potage ainsi que je l'ai décrit ci-dessus; puis au moment de servir vous le versez dans la soupière contenant une assiettée de belles crêtes, une de

gros rognons de coq, et une de petites quenelles de
volaille de la forme d'olives ; vous additionnez une
purée de champignons dans la farce de vos quenelles.
Ce potage convient aux sensuels.

POTAGE DE PURÉE DE VOLAILLE A LA MONGLAS.

Cette purée de volaille se prépare selon les procédés décrits en tête de ce chapitre, puis au moment de
servir vous la versez dans la soupière contenant une
escalope de foies gras préparée de cette manière :
Après avoir fait dégorger un foie gras de Strasbourg,
vous le faites blanchir une seconde, le rafraîchissez,
l'essuyez légèrement, et l'enveloppez de bardes de
lard pour le cuire dans une bonne mire-poix ; faites-
le mijoter une demi-heure, laissez-le refroidir dans
la cuisson, ensuite vous l'égouttez et le parez avec
soin en escalopes d'un pouce de diamètre et de trois
ligne d'épaisseur; placez-les au fur et à mesure dans
la soupière, ajoutez un peu de consommé bouillant,
et cinq minutes après vous versez la purée de volaille,
dans laquelle vous aurez mêlée le consommé de volaille; servez.

POTAGE DE PURÉE DE VOLAILLE A LA FRANÇAISE.

Préparez votre potage ainsi que je l'ai démontré
au premier potage de ce chapitre, puis au moment
de servir vous le versez dans le soupière contenant
de petites quenelles de volaille confectionnées de la
manière accoutumée.

I.

POTAGE DE PURÉE DE VOLAILLE A LA PRINCESSE.

Votre potage étant préparé de la manière accoutumée (Voir le premier de ce chapitre.), vous le versez dans la soupière contenant deux petits poulets à la reine poêlés et dépecés en retirant les peaux et en séparant chaque membre en deux parties; ajoutez une pluche de cerfeuil blanchi, et servez.

POTAGE DE PURÉE DE GIBIER AU CHASSEUR.

Faites cuire à la broche quatre perdreaux rouges enveloppés de bardes de lard; étant froids, vous retirez toutes les chairs, que vous faites piler bien parfaitement, après quoi vous y mêlez une once de riz cuit au consommé avec le quart de la mie d'un pain à potage de huit onces; le tout étant bien broyé, vous ajoutez deux cuillerées à ragoût de bonne béchamel, une d'espagnole et huit de consommé; chauffez ensuite la purée sur un feu modéré pour la passer en la foulant par l'étamine; au moment de servir vous y mêlez peu à peu le consommé, que vous avez marqué selon la règle, en y joignant les carcasses des perdreaux ; en servant le potage, vous avez soin d'ajouter sur une assiette de petits croûtons en dés passés blonds dans le beurre.

POTAGE DE PURÉE DE GIBIER A LA ROYALE.

Bardez deux faisans bien en chair, et les retirez de la broche un peu verts cuits; puis vous enlevez

toutes les chairs pour les piler bien parfaitement avec
une once de riz cuit au consommé, et le quart de la
mie d'un pain à potage de huit onces ; ensuite vous
y mêlez deux cuillerées à ragoût de béchamel ou
de bonne espagnole, et huit de bon consommé ;
faites chauffer la purée sur un feu modéré, pour la
passer ensuite à l'étamine ; au moment de servir, vous
y mêlez peu à peu le consommé préparé selon la règle
(Voir le premier potage de ce chapitre.), et vous versez le potage dans la soupière contenant de belles
crêtes et de gros rognons de coq cuits bien blancs et
sans jus de citron ; servez.

POTAGE DE PURÉE DE GIBIER A LA MONGLAS.

Préparez en escalopes un foie gras de Strasbourg,
ainsi que je l'ai démontré à la purée de volaille à la
Monglas (Voir le troisième potage de ce chapitre.),
puis vous les mettez dans la soupière avec un peu de
consommé bouillant, et vous versez dessus, au
moment de servir, la purée de lapereaux, que vous
préparez ainsi : Faites cuire à la broche deux lapereaux de garenne enveloppés de bardes de lard ; dès
qu'ils sont froids, vous en levez toutes les chairs, que
vous parez légèrement, et que vous faites piler bien
parfaitement avec une once de riz cuit au consommé
dans lequel vous avez ajouté le quart de la mie d'un
pain à potage de huit onces ; après quoi vous ajoutez
deux cuillerées de béchamel ou de bonne espagnole,
et une cuillerée à pot de consommé ; faites chauffer
un peu la purée et passez-la par l'étamine. Au moment de servir, vous y mêlez peu à peu le consommé

9 *

bouillant que vous aurez préparé selon la règle (Voir le premier potage de ce chapitre.) ; versez la purée sur les escalopes de foies gras ; servez.

POTAGE DE PURÉE DE GIBIER A LA FRANÇAISE.

Préparez votre purée de perdreaux en suivant les procédés indiqués ci-dessus ; vous y mêlez ensuite peu à peu le consommé confectionné de la manière accoutumée. (Voir le premier potage de ce chapitre.) Cependant, vous observez qu'il doit être en ébullition, et vous versez ensuite votre purée de gibier dans la soupière contenant de petites quenelles de perdreaux que vous aurez marquées selon la règle et moulées dans de petites cuillères à café ; vous aurez soin de ne les pocher qu'au moment de servir.

POTAGE DE PURÉE DE GIBIER A LA ROSSINI.

Faites cuire dans une mire-poix douze cailles de vigne ; laissez-les refroidir dans la cuisson ; ensuite levez et parez les filets ; mettez-les dans la soupière avec quelques moyennes crêtes, rognons de coq, une douzaine de moyens champignons, et autant de petites truffes tournées en olive ; puis vous y versez la purée de faisans que vous aurez marquée ainsi qu'il est démontré pour le potage de purée de gibier à la royale ; le consommé doit être également confectionné selon la règle. (Voir le premier potage de ce chapitre.)

Observation.

Mes confrères doivent remarquer que je n'ai pas

ajouté de fumet de gibier dans les consommés des potages de purée ci-dessus mentionnés, afin que le goût
de ces potages ne soit pas dominé par le gibier, et
qu'ils soient plus agréables à tout le monde ; d'ailleurs,
ces purées et leur garniture ont bien assez de fumet ;
on peut également ajouter à la purée de volaille et à
celle de gibier une pointe de sucre en poudre.

CHAPITRE VI.

DES POTAGES DE PURÉE DE POIS NOUVEAUX.

SOMMAIRE.

Potage de purée de pois nouveaux à la S.-Cloud ; idem à la française ;
idem à la régence ; idem à la Auber ; idem à la S.-Fard ; idem à la
Fabert ; idem à la Ferney ; idem à la princesse ; idem à la d'Orléans ;
idem à la Molière ; idem à la Navarin.

POTAGE DE PURÉE DE POIS NOUVEAUX A LA ST.-CLOUD.

RENEZ trois litres de pois nouveaux fraîchement écossés ; versez-les dans un poêlon d'office contenant assez d'eau bouillante
pour les blanchir aisément ; joignez-y un bouquet
de persil et un peu de sel ; faites-les bouillir à grand

feu pendant une demi-heure, après quoi vous les
égouttez; retirez le bouquet et faites-les piler; mettez-les ensuite dans une terrine, et mêlez-les avec
du consommé froid et réduit à demi-glace, afin d'a-
jouter l'eau du blanchissage des pois; passez à l'étamine et déposez la purée dans une terrine; au moment de servir, vous la faites bouillir dans un poêlon d'office très clair, afin de la conserver verte; écumez la purée; ajoutez une pointe de sucre et deux
pains de beurre frais que vous y mêlez après l'avoir
retirée du feu, ne devant plus bouillir; ensuite vous
versez la purée sur des petits croûtons en dés passés
blonds dans le beurre; servez les croûtons à part,
cela vaut mieux.

Relativement au consommé de volaille, vous le
préparez de la manière accoutumée.

POTAGE DE PURÉE DE POIS NOUVEAUX A LA FRANÇAISE.

Préparez votre purée en suivant de tous points les
procédés décrits ci-dessus; étant prêt à servir, vous
la versez dans la soupière contenant de petites quenelles de volaille moulées dans de petites cuillères à
café; vous supprimez les petits croûtons, les quenelles devant les remplacer.

POTAGE DE PURÉE DE POIS NOUVEAUX A LA RÉGENCE.

Vous confectionnez un pain de volaille en suivant
les détails donnés pour le potage de santé à la régence
(Voir le premier chapitre de cette partie.); puis

vous le coupez en petits carrés longs de la grosseur des petites quenelles à potage ; étant prêt à servir, vous versez dessus avec précaution la purée de pois que vous avez préparée selon les procédés décrits ci-dessus pour le potage de purée de pois à la S.-Cloud.

POTAGE DE PURÉE DE POIS A LA AUBER.

Préparez cette purée de la manière accoutumée (Voir le potage de purée de pois à la S.-Cloud.); puis vous la versez dans la soupière contenant qua-tre assiettées de gros rognons de coq et un litre de petits pois cuits à la française ; servez.

POTAGE DE PURÉE DE POIS NOUVEAUX A LA SAINT-FARD.

Vous devez avoir un petit coupe-racines en acier propre à former en petites olives le rouge d'une ca-rotte, pour en remplir deux cuillerées à ragoût; faites-les blanchir, pour les cuire ensuite dans du consommé avec un peu de sucre seulement ; puis, vous émincez une poignée d'oseille et de cerfeuil que vous passez quel quessecondes dans le beurre, pour l'ajouter en-suite dans la purée de pois (avant de l'avoir passée) que vous avez préparée selon la règle. (Voir le po-tage de pois à la S.-Cloud.) Au moment de servir, vous la versez dans la soupière contenant les petites carottes en olives et une vingtaine de très petits oi-gnons blancs cuits au consommé.

POTAGE DE PURÉE DE POIS NOUVEAUX A LA FABERT.

Faites cuire dans une mire-poix douze cailles de vigne ; dès qu'elles sont froides, vous les égouttez de la cuisson ; séparez chacune d'elles en deux, en ayant le soin d'extraire toutes les parties saignantes de l'intérieur et de les parer convenablement; puis vous les mettez dans la soupière avec un peu de consommé auquel vous avez joint le fond de la mire-poix; ajoutez ensuite les racines préparées comme pour la julienne et cuites dans du consommé. Au moment de servir vous versez dessus la purée de pois, que vous aurez préparée de la manière accoutumée. (Voir le potage à la purée de pois à la S.-Cloud.)

POTAGE DE PURÉE DE POIS NOUVEAUX A LA FERNEY.

Vous préparez douze à quinze petites timbales au consommé de volaille selon les procédés décrits au potage de santé à la Sévigné (Voir le premier chapitre de cette partie.), puis vous les renversez avec précaution dans la soupière, afin de ne point les déformer; étant prêt à servir, vous y versez légèrement la purée de pois que vous avez préparée selon les détails décrits pour le potage de purée de pois nouveaux à la S.-Cloud. Seulement vous devez y mêler deux gros navets coupés en dés et passés blonds dans le beurre, puis deux concombres également coupés en dés et blanchis.

POTAGE DE PURÉE DE POIS NOUVEAUX A LA PRINCESSE.

Faites cuire dans une poêle deux petits poulets à la reine et les y laissez refroidir ; puis vous les parez en retirant les peaux et en séparant chaque membre en deux parties; placez-les au fur et à mesure dans la soupière; ajoutez une pluche de cerfeuil; étant prêt à servir, versez dessus la purée de pois toute bouillante, et servez. La purée doit être préparée de la manière accoutumée. (Voir le potage de purée de pois à la Saint-Cloud.)

POTAGE DE PURÉE DE POIS NOUVEAUX A LA D'ORLÉANS.

Préparez la purée selon les procédés décrits pour le potage de pois nouveaux à la Saint-Cloud; puis vous mettez dans la soupière de petites quenelles de volaille au beurre d'écrevisses, de grosses crêtes, de gros rognons de coq et une pluche de cerfeuil; la purée étant en ébullition, vous la versez sur cette garniture, et vous servez.

POTAGE DE PURÉE DE POIS NOUVEAUX A LA MOLIÈRE.

Après avoir préparé la purée ainsi que je l'ai indiqué au potage de pois à la Saint-Cloud, vous la versez toute bouillante dans la soupière contenant un beau riz de veau cuit dans une mire-poix et coupé en petits dés, des crêtes coupées de même, et les bourgeons d'une botte de grosses asperges blanchies bien vertes ; servez.

POTAGE DE PURÉE DE POIS NOUVEAUX A LA NAVARIN.

Préparez votre purée de la manière accoutumée (Voir le potage de purée de pois à la Saint-Cloud.); lorsqu'elle est en ébullition vous la versez dans la soupière contenant des petites quenelles de faisan, les filets d'une anguille coupés en escalopes et sautés au beurre, une assiettée de queues d'écrevisses, un demi-litre de petits pois cuits d'un beau vert ; puis une cuillerée de persil haché et blanchi ; servez.

Observation.

La purée de pois nouveaux plaît généralement à tout le monde, tant par sa couleur printanière que par sa saveur exquise : aussi l'ai-je enrichie d'excellentes choses qui la rendent plus digne encore de paraître sur la table des riches, comme sur celle des amateurs qui veulent goûter parfois à ces potages succulents.

POTAGE DE PURÉE DE POIS SECS.

Après avoir épluché un litre et demi de pois verts concassés, vous les mettez dans une marmite à potage avec un peu de sel, un morceau de beurre fin et l'eau froide nécessaire ; ajoutez un peu de maigre de jambon, faites mijoter deux petites heures, retirez

le jambon, passez la purez par l'étamine en y joignant un peu de consommé, mêlez-y ensuite le reste
du consommé préparé selon la règle; clarifiez cette
purée une heure seulement, joignez-y un peu de sucre et de beurre en la retirant du feu; versez-la ensuite peu à peu dans la soupière dans laquelle vous
aurez mis un vert d'épinards passé au tamis de soie,
afin de lui rendre en partie sa couleur printanière;
servez sur une assiette de petits croûtons en déspas-
sés au beurre.

Observation.

Comme ce potage de purée de pois secs se sert en
hiver, en le confectionnant avec soin, on peut également le servir en y joignant les racines de la brunoise ou celles de la julienne, ou de l'oseille, ou
bien une pluche de cerfeuil; mais il n'est point assez
savoureux pour y mêler les garnitures que je viens
de décrire dans la série des purées de pois nouveaux.
Cependant mes confrères pourront en faire l'expérience; mais nous avons, pour varier les potages
d'hiver, les crèmes de riz et d'orge perlé, les purées
de volaille et de gibier, les purées de marrons, de
lentilles, de haricots blancs et rouges, d'oseille et de
pommes de terre, et un nombre infini de potages
contenus dans ce traité général des potages français
et étrangers.

CHAPITRE VII.

SOMMAIRE.

Potage de purée de lentilles à la Conty; idem à la Soubise ; idem à la brunoise ; idem à l'oseille ; idem à la pluche de cerfeuil : idem de haricots rouges à la Condé; idem de haricots blancs; idem de haricots blancs nouveaux à la pluche de cerfeuil ; idem de haricots blancs nouveaux à la Maria; idem à la Clermont; idem à la Soubise ; idem aux petits haricots verts ; idem à la purée de racines à la Crécy; idem de riz à la Grécy ; idem de purée de carottes de Flandres ; idem de purée de racines ; idem de purée de navets ; idem de sagou des îles à la purée de navets; idem de purée de pommes-de-terre à la pluche de cerfeuil ; idem à la purée d'oseille et de cerfeuil; idem de purée de potiron.

POTAGE DE PURÉE DE LENTILLES A LA CONTI.

EPLUCHEZ et lavez un litre et demi de lentilles à la reine que vous mettez dans une marmite à potage avec une tranche de jambon maigre blanchi, une perdrix, une carotte, un navet, un oignon et un bouquet de deux poi-

reaux et un pied de céleri ; ajoutez le bouillon nécessaire ; après avoir écumé la marmite, vous la laissez
mijoter trois heures ; alors vous retirez les racines,
la perdrix et le jambon ; puis vous passez les lentilles
par l'étamine ; ajoutez à la purée le consommé, que
vous préparez de la manière accoutumée. La purée
étant en ébullition, vous la placez sur l'angle du
fourneau, afin de la clarifieren retirant l'écume et
la graisse qui viennent se jeter de côté ; au moment
de servir, vous la versez dans la soupière avec des
petits croûtons en dés passés au beurre.

POTAGE DE PURÉE DE LENTILLES A LA SOUBISE.

Après avoir confectionné votre purée ainsi qu'il
est démontré ci-dessus, vous y joignez une soubise
préparée de la manière suivante : Coupez en deux
quatre gros oignons ; retirez-en les deux extrémités,
puis vous les émincez et les faites blanchir quelques
minutes ; égouttez-les et passez-les légèrement dans
un morceau de beurre fin ; ajoutez quatre cuillerées
à ragoût de consommé ; faites mijoter, et dès que
l'oignon se met en purée, vous ajoutez une cuillerée
de béchamel pour la passer ensuite par l'étamine ;
joignez-la à la purée de lentilles avant de l'avoir clarifiée. Au moment de servir, versez le potage dans
la soupière, contenant des petits croûtons préparés
comme pour le potage de santé et passés blonds dans
le beurre ; et servez.

POTAGE DE PURÉE DE LENTILLES A LA BRUNOISE.

Après avoir épluché et lavé un litre et demi de
lentilles à la reine, vous les versez dans une marmite à potage, avec un peu de sel, un morceau de
beurre fin et l'eau nécessaire; puis vous ajoutez
deux carottes, un navet, deux oignons et un bouquet de poireaux et de branches de céleri; écumez
la marmite; faites-la mijoter pendant trois heures;
retirez-en les racines; égouttez les lentilles dans la
passoire; versez-les sur l'étamine pour les passer en
purée, en y joignant peu à peu du consommé; mettez-les dans une casserole avec le consommé de volaille que vous avez préparé selon la règle. Lorsque
la purée est en ébullition, vous la placez sur l'angle
du fourneau, en y mêlant les racines préparées
comme pour la brunoise ordinaire; ajoutez une
pointe de sucre; dégraissez bien parfaitement la
purée, puis, au moment du service, vous la versez
dans la soupière; servez sur une assiette de petits
croûtons en dés passés au beurre, ou tout simplement des croûtons à potage séchés à l'étuve.

POTAGE DE PURÉE DE LENTILLES A L'OSEILLE.

Préparez la purée selon les procédés décrits ci-
dessus; puis vous passez au beurre une poignée d'o-
seille émincée, et la joignez au potage, que vous clarifiez avec soin; après quoi vous le versez dans la
soupière, avec des croûtons de pain séchés à l'étuve.

POTAGE DE LENTILLES A LA PLUCHE DE CERFEUIL.

Faites votre purée en suivant les détails donnés ci-dessus, puis vous y joignez une forte pluche de cerfeuil très fine et lavée, versez le potage dans la soupière avec les croûtons ; servez.

POTAGE DE PURÉE DE HARICOTS ROUGES A LA CONDÉ.

Épluchez et lavez un litre et demi de haricots rouges ; vous les mettez dans une marmite avec une perdrix et un morceau de maigre de jambon de Bayonne, deux carottes, deux oignons, et le bouillon nécessaire ; faites écumer la marmite, et dès que la perdrix est cuite, vous la retirez ainsi que le jambon et les racines ; passez ensuite la purée par l'étamine ; versez-la dans une casserole avec le consommé de volaille, que vous avez marqué de la manière accoutumée ; ajoutez une pointe de mignonnette ; clarifiez le potage en le laissant mijoter sur l'angle du fourneau pendant deux heures, après quoi vous le versez dans la soupière, et vous servez sur une assiette de petits croûtons en dés passés au beurre.

POTAGE DE PURÉE DE HARICOTS BLANCS.

Faites cuire dans du bouillon un litre et demi de haricots blancs de Soissons, en y joignant une carotte, un oignon ; retirez ensuite ces racines, et passez la purée par l'étamine, en y mêlant par intervalle un peu de consommé ; versez-la dans une casserole avec

le reste du consommé que vous avez préparé selon
la règle ; lorsque l'ébullition a lieu, placez la purée
sur l'angle du fourneau, afin de la clarifier; une petite
heure suffit ; ensuite vous la versez dans la soupière
en ajoutant sur une assiette de petits croûtons en dés
passés au beurre ; servez.

POTAGE DE PURÉE DE HARICOTS BLANCS A LA PLUCHE DE CERFEUIL.

Faites cuire dans du consommé deux litres de haricots nouveaux, puis vous les passez en purée par
l'étamine ; versez-la ensuite dans une casserole avec
le reste du consommé que vous avez préparé de la
manière accoutumée ; faites clarifier cette purée seulement une demi-heure, afin de la conserver aussi
blanche que possible ; ajoutez une pointe de sucre,
et, au moment de servir, vous la versez sur de petits
croûtons à potage séchés à l'étuve ; ajoutez une pluche
de cerfeuil.

Le bon goût de la primeur des haricots blancs
donne à cette purée une tout autre saveur que celle
des haricots d'hiver ; aussi j'ai souvent servi cette
purée en automne, et elle reçut toujours des louanges.

POTAGE DE PURÉE DE HARICOTS BLANCS NOUVEAUX A LA MARIA.

Préparez cette purée selon les détails donnés ci-
dessus ; puis vous la clarifiez une demi-heure seulement ; et, au moment de servir, vous arrêtez l'ébullition en la retirant un instant du feu pour y mêler

I.   10

un verre de bonne crème double et deux petits pains de beurre ; versez dans la soupière contenant de petits croûtons à potage glacés sous le four de campagne, puis un demi-litre de petits pois cuits à l'anglaise ; servez.

POTAGE DE PURÉE DE HARICOTS NOUVEAUX A LA CLERMONT.

Coupez en ruelles un gros oignon d'Espagne ; ayez soin que ces fragments soient d'égale épaisseur, afin de les passer également de couleur dans du beurre fin clarifié ; après les avoir colorés blonds, vous les égouttez sur le tamis de crin, puis vous les faites cuire dans du bouillon, ensuite vous les égouttez et les mettez dans la purée de haricots que vous avez préparée selon les procédés indiqués pour le potage de haricots nouveaux à la pluche de cerfeuil ; après quelques secondes d'ébullition vous versez le potage dans la soupière contenant de petits croûtons séchés à l'étuve ; servez.

Le bouillon dans lequel a cuit l'oignon ne doit pas être ajouté dans la purée, afin de n'en point altérer la blancheur.

POTAGE DE PURÉE DE HARICOTS NOUVEAUX A LA SOUBISE.

Vous préparez une purée d'oignon blanche à la Soubise, puis vous l'additionnez à la purée de haricots confectionnée de la manière accoutumée (Voir le potage de haricots nouveaux à la pluche de cerfeuil.); après quelques bouillons, vous ajoutez au potage deux petits pains de beurre fin, et vous servez ; mettez sur une assiette de petits croûtons en dés passés au beurre.

POTAGE DE PURÉE DE HARICOTS NOUVEAUX AUX PETITS HARICOTS VERTS.

Coupez en petits losanges une assiettée de petits haricots verts, faites-les blanchir dans un poêlon d'office, puis vous les rafraîchissez, et les égouttez dans la passoire, et ensuite sur une serviette ; au moment de servir vous les mettez dans la soupière avec une cuillerée à bouche de persil haché et blanchi; après quoi, vous versez dessus la purée de haricots blancs que vous avez préparée selon la règle (Voir le potage de haricots nouveaux à la pluche de cerfeuil.), en y joignant deux petits pains de beurre frais ; servez avec le potage et sur une assiette de petits croûtons en dés passés au beurre.

POTAGE DE PURÉE DE RACINES A LA CRÉCI.

Ratissez et lavez deux bottes de carottes nouvelles de Créci, puis vous zestez le rouge seulement, afin de ne point attaquer le cœur ; vos carottes ainsi préparées, vous les mettez dans une casserole avec de bon beurre fin, un peu de maigre de jambon, un oignon, un navet et un bouquet de poireaux et de branches de céleri ; faites roussir légèrement vos racines sur un feu modéré en les remuant de temps en temps avec

10 *

la cuillère de bois, afin qu'elles se colorent également, après quoi vous y versez du consommé et les laissez mijoter pendant deux heures; retirez alors le jambon et les racines, en ne laissant que les carottes; égouttez la Créci dans la passoire, broyez-la dans un mortier; puis vous la relevez dans le fond de sa cuisson pour la passer en purée par l'étamine; joignez-y le reste du consommé à potage que vous avez préparé selon la règle; mettez la Créci sur un feu ardent; dès que l'ébullition a lieu, placez la casserole sur l'angle du fourneau, afin de dégraisser bien parfaitement le potage; ajoutez une pointe de sucre pour corriger l'âcreté des racines; lorsque la Créci est bien clarifiée vous la versez dans la soupière, et vous servez sur une assiette des petits croûtons en dés passés au beurre.

POTAGE DE RIZ A LA CRÉCI.

Vous préparez votre Créci en suivant de tous points les procédés décrits ci-dessus, et lorsqu'elle est clarifiée vous y mêlez quatre onces de riz Caroline lavé, blanchi et cuit dans du consommé; donnez un quart d'heure d'ébullition, remuez le potage et le versez dans la soupière; servez. Vous aurez préparé le consommé selon la règle.

POTAGE DE PURÉE DE CAROTTES DE FLANDRE.

Après avoir zesté huit grosses carottes de Flandre, excepté les cœurs, vous y mêlez deux oignons, deux navets émincés et un bouquet de poireaux et de céle-

ri ; passez ces racines au beurre sur un feu modéré
en les remuant avec la cuillère de bois, afin qu'elles
se colorent également ; dès qu'elles sont légèrement
roussies, vous y mêlez du consommé et les faites mijoter deux heures, puis vous finissez cette purée ainsi
qu'il est indiqué au potage de purée de racines à
la Créci. Dès qu'elle est clarifiée, vous la versez dans
la soupière contenant de petits croûtons séchés à l'é-
tuve.

POTAGE DE PURÉE DE RACINES.

Emincez six carottes, six navets, quatre oignons,
dix poireaux et deux pieds de céleri ; faites roussir
légèrement ces racines dans du beurre fin, puis vous
terminez cette purée de la manière accoutumée
(Voir le potage de purée de racines à la Créci.) ; au
moment de servir vous la versez dans la soupière contenant de petits croûtons séchés à l'étuve.

POTAGE DE PURÉE DE NAVETS.

Après avoir émincé un quart de navets de Suède,
vous les faites roussir dans du beurre fin en les remuant avec la cuillère de bois, afin de les colorer d'un
blond égal ; après quoi vous y joignez du consommé ;
faites-les mijoter deux petites heures, puis vous les
passez en purée par l'étamine fine ; ajoutez le reste du
consommé de volaille que vous avez préparé de la
manière accoutumée ; dégraissez doucement la purée,
afin de la clarifier, ajoutez une pointe de sucre, puis
vous la versez dans la soupière, et vous servez sur

une assiette de petits croûtons en dés passés au
beurre.

POTAGE DE SAGOU DES ILES A LA PURÉE DE NAVETS.

Préparez votre purée de navets en suivant les procédés analysés ci-dessus, puis vous y versez six onces
de sagou des Iles (que vous avez eu soin d'éplucher
et de laver) en remuant le potage avec la cuillère à
dégraisser, afin que le sagou ne se pelote point ; après
une petite heure d'ébullition, et lorsque la purée est
parfaitement dégraissée, vous servez le potage.

Observation.

On peut également ajouter du petit sagou blanc des
Iles, du tapioca et des pâtes d'Italie, dans les purées
de lentilles, de haricots rouges ou blancs, de racines, de navets et de pois secs, en donnant à ces potages le nom de *tapioca,* de *sagou* et de *pâtes d'Italie* ; exemple : le potage de tapioca à la Créci.

J'observerai également à mes confrères qu'en additionnant aux purées mentionnées ci-dessus (avant
de les passer) le quart de la mie d'un pain à potage
d'une livre, la purée en acquerra un velouté remarquable ; ou bien encore deux cuillerées à bouche de
farine délayée en pâte légère avec du consommé
froid, afin de la mêler aisément à la purée au moment
de la clarifier ; cette addition de farine donne également du velouté aux potages.

POTAGE DE PURÉE DE POMMES DE TERRE A LA PLUCHE
DE CERFEUIL.

Emincez dix grosses pommes de terre, dites de
Hollande; faites-les blanchir, afin d'en extraire
l'âcreté; puis vous les faites cuire dans du consommé,
avec un bouquet de deux poireaux et d'un pied de
céleri, et une mie de pain; dès qu'elles se broient aisément sous la pression des doigts, vous en retirez le
bouquet et passez la purée par l'étamine; puis vous
y mêlez le reste du consommé que vous avez préparé
selon la règle; faites clarifier la purée en y joignant
une pointe de sucre et de muscade râpée; au moment
de servir, vous y mêlez un verre de bonne crème
double et deux petits pains de beurre frais : observez
que l'ébullition doit avoir cessé. Versez la purée dans
la soupière contenant une pluche de cerfeuil; servez
sur une assiette de petits croûtons en dés passés au
beurre.

POTAGE DE PURÉE D'OSEILLE ET DE CERFEUIL

Après avoir émincé et lavé un demi-paquet d'o-
seille, vous y joignez deux paquets de cerfeuil épluché et lavé, et la faites fondre avec un peu de beurre;
ensuite vous avez préparé une crème de riz (quatre
onces) de la manière accoutumée; mêlez-la avec
l'oseille, et passez la purée par l'étamine; ajoutez le
consommé préparé selon les procédés ordinaires;
mettez-la dans une terrine, et, un quart d'heure
avant de servir, vous la faites bouillir; puis vous la

retirez du feu pour y mêler deux petits pains de beurre, et vous la versez dans la soupière contenant une pluche de cerfeuil et un vert d'épinards, afin de donner au potage une teinte printanière; servez sur une assiette des petits croûtons en dés passés au beurre.

POTAGE DE PURÉE DE POTIRON.

Prenez le quart d'un potiron de grosseur ordinaire; retirez-en l'écorce et la partie adhérente aux graines; après l'avoir émincé, vous le faites blanchir à l'eau bouillante; égouttez-le ensuite dans la passoire; puis vous le passez sur un feu modéré avec un morceau de beurre fin; ajoutez le consommé nécessaire et le quart de la mie d'un pain à potage d'une livre; laissez mijoter pendant une heure; passez la purée à l'étamine; joignez-y le reste du consommé que vous aurez préparé selon la règle, et réduit d'un tiers, attendu que le potiron n'a point de corps, et qu'il donne par conséquent une purée liquide. Après avoir clarifié le potage avec soin, vous y mêlez un peu de sucre, un verre de bonne crème double et deux petits pains de beurre frais; versez dans la soupière contenant de petits croûtons séchés à l'étuve; servez.

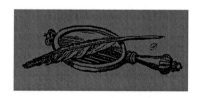

CHAPITRE VIII.

DES POTAGES TORTUE.

SOMMAIRE.

Potage tortue à la française ; idem à la parisienne ; idem à la financière, idem à l'amiral Duperré ; idem à la rouennaise ; idem à la Toulouse.

POTAGE TORTUE A LA FRANÇAISE.

PRENEZ une tête de veau grasse (la choisir le cuir épais), et bien dégorgée, afin qu'elle soit blanche ; après l'avoir désossée, vous la coupez en quatre parties, et vous retirez les oreilles et les parties charnues ; puis vous les faites cuire selon la règle ; vous égouttez ensuite sur un plafond que vous couvrez d'un grand couvercle de casserole sur lequel vous placez un poids de dix kilos. Dès que la tête de veau est froide, vous la coupez avec un emporte pièce rond en acier, du diamètre d'un pouce ; retirez à chacune de ces parties la chair et le gras qui seraient susceptibles de s'y trouver.

Mettez la tête de veau ainsi préparée dans un plat à sauter, avec un douzaine de belles crêtes, vingt-quatre petits rognons de coq et autant de petits champignons bien blancs ; ajoutez un verre de vin de Madère sec ; faites mijoter à très petit feu pendant dix minutes ; ensuite vous versez la tête de veau dans une sauce espagnole légèrement liée et bien clarifiée (cette sauce doit, bien entendu, constituer le corps du potage et remplacer le consommé ordinaire), dans laquelle vous avez ajouté une essence préparée ainsi : mettez dans une casserole à ragoût deux carottes, deux oignons et deux maniveaux émincés, un peu de persil en branche, une demi-feuille de laurier, un peu de thym, de basilic, de romarin, de marjolaine, un peu de maigre de jambon coupé en dés, trois anchois parés et lavés, une pincée de poivre de Caïenne, une de piment, deux clous de girofle et un peu de macis ; ajoutez une petite cuillerée à pot de consommé, et un verre de vin de Madère ; faites mijoter cet assaisonnement durant une heure, sur un feu doux, après quoi vous en exprimez l'essence par l'étamine. Lorsque vous avez additionné cette essence au potage, vous lui donnez un quart d'heure d'ébullition ; retirez de dessus une mousse légère que le vin a occasionnée ; puis vous le versez dans la soupière contenant une assiettée de petites quenelles de volaille, dont la moitié sera au persil par l'addition que vous aurez faite à la farce d'un peu de persil haché et blanchi, tandis que vous aurez ajouté à la farce des autres quenelles un peu de champignons hachés très fin et pressés dans le coin d'une serviette, afin de ne point relâcher la farce. Ces petites quenelles doivent être moulées dans des cuillères à café.

Observation.

Il est important de remarquer que le goût d'aucun des aromates et épices ne doit dominer, afin que cet assaisonnement se trouve d'une harmonie parfaite ; à peine seulement le poivre de Caïenne doit-il se faire sentir. Je sais que parmi les praticiens il en est qui rendent ce potage fort relevé par le caïenne et le piment. Cela est un tort, puisque ces épices ne conviennent que dans les pays chauds, où les indigènes ont besoin de tonique pour donner du ressort aux fibres de l'estomac, qui, relâché par l'extrême chaleur, fait mal les fonctions de l'hygiène.

Quelques praticiens ajoutent le quart d'un verre de Madère, une seconde avant de retirer le potage de l'ébullition ; d'autres y mêlent quelques tranches de chair de citron : cela dépend du goût. Cependant, je n'en mettais jamais, et l'assaisonnement de ce potage fut toujours du goût des Amphitryons auxquels je l'ai servi.

POTAGE TORTUE A LA PARISIENNE.

Faites cuire dans une mire-poix huit palais de

bœuf gras et blancs, puis vous les égouttez sur un plafond; dès qu'ils sont froids, vous les parez en retirant la partie sanguine qui se trouve au milieu et la partie adhérente à la gorge; vous les rendez d'égale épaisseur et vous les coupez ensuite avec un emporte pièce en acier de forme ovale et de la grandeur d'une cuillère à café. Placez-les dans un plat à sauter contenant un verre de vin de Champagne et deux assiettées de gros rognons de coq qui ne soient pas cuits; donnez dix minutes d'une légère ébullition, versez-les ensuite dans le consommé préparé selon la règle, et dans lequel vous aurez mêlé quatre cuillerées de farine délayée en pâte légère avec du consommé, afin de lier un peu le potage. Maintenant, préparez une essence composée de deux oignons, un maniveau émincé, un bouquet de cerfeuil, deux clous de girofle, un peu de muscade râpée, une pincée de poivre de Caïenne, un fragment de feuille de laurier, de thym, de basilic et de marjolaine, un peu de jambon émincé, les parures de quatre grosses truffes, la moitié d'une gousse d'ail, un verre de champagne et deux grandes cuillerées à ragoût de consommé; donnez une petite heure d'ébullition à feu très doux; passez ensuite cette essence avec pression par l'étamine, puis vous faites cuire dedans les quatre truffes que vous avez parées en grosses olives; ajoutez-les dans le potage; donnez quelques bouillons; retirez-le du feu pour y mêler, en le remuant avec la cuillère une liaison de dix jaunes d'œuf passés à l'étamine; replacez le potage sur le fourneau, et sitôt qu'il est prêt à bouillir vous le versez dans la soupière contenant une assiettée de petites que-

nelles de volaille. Vous devez joindre à la farce des
quenelles les parures des truffes que vous avez hachées. Ce potage ne le cède en rien au potage tortue au
madère et à la tête de veau. Le moelleux du palais
de bœuf m'a donné l'idée de ce potage , et chaque fois
que je l'ai servi, j'ai reçu des louanges.

POTAGE TORTUE A LA FINANCIÈRE.

Préparez l'essence que nous avons indiquée pour le
premier potage de ce chapitre ; cependant vous y
joindrez la carcasse d'un faisan dont la chair vous
sert pour une farce à quenelles ; puis vous mêlez
l'essence avec une sauce espagnole légèrement liée ;
clarifiez-la avec soin ; puis, au moment de servir,
vous arrêtez l'ébullition pour y mêler un beurre d'é-
crevisses en la remuant avec la cuillère à ragoût ; versez la de suite dans la soupière contenant une assiettée
de petites quenelles de faisan, une de petites escalopes
de foie gras de Strasbourg, et une de queues d'écrevisses, dont les coquilles doivent servir à faire le
beurre d'écrevisses additionné au potage ; servez.

POTAGE TORTUE A L'AMIRAL DUPERRÉ.

Après avoir levé les filets d'une moyenne sole ,
vous en marquez une escalope que vous sautez au
beurre avec sel et mignonnette ; puis vous mettez les
fragments de la sole avec le fond de l'escalope dans
une casserole à ragoût, ainsi que les parures d'une
petite darne de saumon dont la chair doit vous servir à marquer une farce à quenelles au beurre ; ajou-

tez dans cette casserole deux maniveaux, deux oignons et deux carottes émincés, un peu de persil en branches, deux anchois bien lavés, un peu de maigre jambon émincé, une gousse d'ail, une pincée de mignonnette, une de piment, une de caïenne, une de macis, deux clous de girofle, un verre de vin du Rhin, deux grandes cuillerées à ragoût de consommé et les parures de quatre grosses truffes; après une heure d'une légère ébullition, vous passez avec pression cette essence par l'étamine, et la joignez à une sauce espagnole légèrement liée, que vous clarifiez; étant prêt à servir, vous la versez dans la soupière contenant les escalopes de filets de soles, les quenelles de saumon moulées dans des cuillères à café, puis les quatre truffes coupées en escalopes, deux petits riz de veau cuits dans une mire-poix et parés ensuite en petites escalopes, trente petits champignons et autant de petits rognons de coq cuits selon la règle; servez.

POTAGE TORTUE A LA ROUENNAISE.

Marquez en escalopes les filets d'un très petit turbot; mettez les parures et les arrêtes dans une casserole à ragoût avec deux oignons, deux maniveaux émincés, un peu de maigre de jambon, du persil en branches, une gousse d'ail, une pointe de muscade, de piment, de poivre de Caïenne, un fragment de laurier, de thym, de basilic et de marjolaine; ajoutez une demi-bouteille de bon champagne; faites mijoter cet assaisonnement pendant une heure, après quoi vous le passez avec pression par l'étamine; ajoutez-le ensuite dans une sauce espagnole légèrement liée, et, après l'avoir clarifiée, vous la versez dans la soupière contenant les escalopes de turbot cuites à l'eau de sel bouillante, une assiettée de quenelles de perdreaux rouges dont le fumet doit entrer dans le potage, une assiettée de gros rognons de coq, une de queues de crevettes, la noix de quatre douzaines d'huîtres blanchies dans leur eau, puis une trentaine de petits champignons; servez.

POTAGE TORTUE A LA TOULOUSE.

Faites cuire dans une mire-poix douze ailerons de coq d'Inde désossés, dégorgés, blanchis et parés; au moment de servir, vous les égouttez et les placez dans la soupière avec une assiettée de petites crêtes doubles, une de rognons de coq et une trentaine de petits champignons; ensuite vous ajoutez dans la soupière le corps du potage indiqué pour celui tortue à la parisienne: ainsi donc vous marquerez également l'essence indiquée à cet article, et vous lierez de même le consommé avec une liaison de dix jaunes d'œuf; et servez.

CHAPITRE IX.

DES POTAGES DE POISSON.

SOMMAIRE.

Potage de poisson de Seine à la française ; idem à la parisienne ; idem
à la Lucullus ; idem de poisson à la printanière ; idem à la mariniè-
re ; idem au pêcheur.

POTAGE DE POISSON DE SEINE A LA FRANÇAISE.

Préparez d'abord le consommé à potage de
la manière accoutumée ; ensuite vous levez les
filets d'un moyen brochet, ceux d'une carpe et ceux
d'une belle anguille ; parez ces filets en petites escalopes, sautez-les ensuite avec un peu de sel fin ,

puis une heure après vous les lavez et les égouttez
sur une serviette; placez-les dans un plat à sauter,
légèrement beurré, en mettant la carpe à part dans
un coin du plat. Maintenant vous aurez marqué une
essence de cette manière : mettez dans une casserole
à ragoût une demi-bouteille de vin de Champagne,
deux grandes cuillerées à ragoût de consommé, les
parures, les têtes et les arêtes du poisson, deux oignons, deux carottes et deux maniveaux, le tout
émincé; un peu de racine de persil, un fragment de
laurier, de thym, de basilic, une pointe de mignonnette, une de muscade râpée et deux clous de girofle;
faites mijoter cette essence durant une heure, puis
vous l'exprimez par l'étamine dessus les escalopes ;
couvrez le plat à sauter, donnez dix minutes d'ébullition, retirez la carpe lorsqu'elle est cuite à point,
laissez mijoter encore un quart d'heure le brochet et
l'anguille, puis vous les égouttez dans la soupière
avec la carpe; ajoutez une vingtaine de petits champignons, autant de très petits oignons blancs cuits au
consommé et tombés à glace; passez la cuisson des
escalopes au tamis de soie, joignez-la au consommé
que vous aurez clarifié selon la règle; dès qu'il est
en ébullition, vous le versez dans la soupière avec
quatre laitances de carpe dégorgées (vous aurez retiré les parties sanguines) et cuites à l'eau de sel,
afin de les obtenir blanches; séparez chacune d'elles
en quatre parties, et servez.

POTAGE DE POISSON A LA PARISIENNE.

Faites, avec la chair d'un gros merlan, une farce

à quenelles maigre ; levez les filets de deux moyennes soles et d'une moyenne anguille de Seine ; parez-les en petites escalopes et sautez-les avec une pointe de sel. Maintenant vous marquez une essence avec les racines, aromates et épiceries indiqués ci-dessus ; puis vous y joignez les parures et les fragments des escalopes, une demi-bouteille de bon vin blanc de Bordeaux et deux grandes cuillerées à ragoût de consommé ; faites mijoter pendant une petite heure, après quoi vous exprimez l'essence par l'étamine, et la versez dans un plat à sauter, légèrement beurré, dans lequel vous aurez mis les escalopes de poisson , après les avoir lavées et égouttées sur une serviette ; donnez dix minutes d'ébullition ; retirez les escalopes de filets de soles et placez-les dans la soupière ; laissez encore mijoter cinq minutes les filets d'anguilles, après quoi vous les égouttez et les mettez avec les escalopes de soles, auxquelles vous ajoutez les petites quenelles de merlan formées dans des cuillères à café ; ajoutez encore trente queues de moyennes écrevisses et le même nombre de petits champignons; passez au tamis de soie la cuisson des escalopes ; joignez-la au consommé que vous aurez préparé de la manière accoutumée ; clarifiez-le et donnez quelques minutes d'ébullition ; retirez une légère écume blanche occasionée par le vin dans lequel aura cuit le poisson ; ajoutez une pluche de cerfeuil au consommé, et versez-le dans la soupière ; servez.

POTAGE DE POISSON A LA LUCULLUS.

Après avoir levé les filets d'un truite saumonée de

quinze pouces de longueur, vous en marquez une escalope, que vous sautez avec un peu de sel ; une heure après, vous les lavez et les égouttez sur une serviette ; faites une farce à quenelles d'anguilles au beurre d'écrevisses ; mettez ensuite dans une casserole une sole parée et coupée en quatre ; ajoutez les parures de la truite et de l'anguille, deux oignons, deux carottes et deux maniveaux émincés, quelques racines de persil, un peu de laurier, de thym et de basilic, une petite gousse d'ail, une pincée de mignonnette et de muscade râpée, deux clous de girofle, quatre anchois lavés et parés, les parures de quatre grosses truffes, un bouquet de cerfeuil et de céleri, une demi-bouteille de vin de Grave et deux grandes cuillerées à ragoût de consommé ; après une heure d'une légère ébullition, vous passez avec pression l'essence à l'étamine dans le plat à sauter beurré, contenant les escalopes de truites ; faites-les mijoter un quart d'heure et les égouttez dans la soupière, en y joignant les quenelles d'anguilles formées dans la cuillère à café, et pochées au consommé ; ajoutez les chairs d'un gros homard bien frais et coupé en escalopes, ainsi que les quatre truffes cuites avec la truite, quatre laitances de carpe cuites à l'eau de sel seulement, et la noix de quatre douzaines d'huîtres ; ajoutez les pointes d'une botte de grosses asperges ; vous aurez préparé le consommé coloré de la manière accoutumée, puis vous y joignez l'essence de poisson, et, après l'avoir clarifié, vous le versez bouillant dans la soupière ; servez.

POTAGE DE POISSON AUX RACINES PRINTANIÈRES.

Après avoir levé les filets de deux maquereaux laités, vous les parez en escalopes et les sautez dans un peu de sel ; une heure après, vous les lavez, les égouttez sur une assiette et les sautez au beurre avec sel et mignonnette; puis vous y joignez du consommé tiède seulement, afin de les débarrasser d'un peu d'écume blanche qu'ils ont rendu à la cuisson ; après les avoir égouttés sur une serviette, vous les placez dans la soupière contenant les laitances de maquereaux cuites à l'eau de sel ; ajoutez la cuisson du poisson dans le consommé coloré, préparé selon la règle ; clarifiez-le, et versez-le en ébullition dans la soupière, en y mêlant un demi-litre de pois fins cuits à l'anglaise, une assiettée de petites carottes nouvelles, tournées en poires et tombées à glace, une pluche de cerfeuil, une pointe de sucre et de mignonnette, les petits croûtons à potage séchés à l'étuve ; servez.

POTAGE DE POISSON A LA MARINIÈRE.

Habillez un petit brochet, une tanche, une carpe, une moyenne anguille ; coupez-les par petits tronçons et sautez-les dans un peu de sel marin pour les limoner et les saler en même temps; une heure après, vous les lavez et les égouttez sur une serviette ; puis vous placez chaque poisson par compartiment dans un plat à sauter contenant deux oignons, deux carottes et un maniveau émincés, quelques racines de persil, un peu de laurier, de basilic, de thym, deux clous de girofle, une gousse d'ail, une pointe de mignonnette et de muscade râpée, un verre de bon vin de Chablis et une cuillerée à pot de consommé ; faites mijoter dix minutes ; retirez la carpe, et, dix minutes après, vous égouttez le poisson sur un plafond ; ayez soin d'observer si chaque tronçon est bien net de tout fragment d'assaisonnement ; placez-les à mesure dans la soupière, que vous couvrez et mettez dans l'étuve ; passez la cuisson par l'étamine ; ajoutez le consommé coloré que vous aurez préparé selon la règle ; clarifiez-le, et versez-le bouillant dans la soupière, en y mêlant les racines (cuites au consommé) que nous sommes convenus d'ajouter dans le potage de santé ; seulement vous supprimez la laitue et l'oseille.

POTAGE D'ANGUILLES DE SEINE AU PÊCHEUR.

Après avoir habillé trois moyennes anguilles, vous les coupez par tronçons, et les sautez dans un peu de sel marin ; une heure après, vous les lavez et les égouttez, puis vous les versez dans le consommé (préparé de la manière accoutumée), auquel vous ajoutez une pluche de cerfeuil et une pointe de mignonnette ; après avoir donné une demi-heure d'ébullition, vous écumez le potage, et le versez dans la soupière contenant les petites croûtes de pain séchées à l'étuve ; servez.

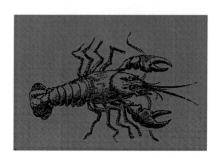

CHAPITRE X.

DES POTAGES DE BISQUE D'ÉCREVISSES.

SOMMAIRE.

Potage de bisque d'écrevisses; idem à la française; idem à la Corneille ;
idem à l'amiral de Rigny ; idem à la Périgord ; idem à la princesse ;
idem au chasseur; idem à la régence : idem à la royale.

POTAGE DE BISQUE D'ÉCREVISSES.

Pour un potage de douze à quinze couverts,
prenez cinquante moyennes écrevisses de Seine;
après les avoir lavées, vous les cuirez dans deux
cuillerées à ragoût de consommé, avec un peu de
beurre fin, une pointe de mignonnette, quelques ra-

cines de persil, un oignon émincé et un petit bouquet légèrement aromatisé ; sautez-les à plusieurs reprises, afin de les obtenir d'un rouge parfait ; après les avoir égouttées, vous retirez les chairs des queues, que vous parez et mettez de côté; puis vous retirez tout le reste de la chair des écrevisses, que vous pilez bien parfaitement ; ensuite vous mêlez ces chairs avec six onces de riz cuit en purée dans le consommé, auquel vous avez ajouté la cuisson des écrevisses que vous avez passée au tamis de soie ; passez cette purée par l'étamine, puis vous y joignez le reste du consommé blanc à potage, confectionné de la manière accoutumée. Au moment de servir, vous versez la purée en ébullition dans la soupière contenant les queues d'écrevisses et un beurre d'écrevisses préparé selon la règle ; remuez avec la cuillère à ragoût, afin de bien l'amalgamer au potage ; servez sur une assiette de petits croûtons en dés passés au beurre, que l'on ajoute à l'instant même de servir à table.

Observation.

A l'égard du beurre d'écrevisses, vous procédez ainsi : vous faites sécher les coquilles d'écrevisses une heure dans une étuve douce, puis vous les faites bien piler et vous y mêlez deux petits pains de beurre fin ; pilez de nouveau ; ensuite vous mêlez le beurre d'écrevisses dans une petite casserole contenant deux cuillerées à ragoût d'eau chaude, afin de le dissoudre, après quoi vous le passez avec pression dans une serviette unie placée au-dessus d'une terrine remplie d'eau froide ; dès que le beurre est figé, vous l'égouttez sur un tamis de soie, et vous vous en servez.

POTAGE DE BISQUE D'ÉCREVISSES A LA FRANÇAISE.

Faites selon la règle une farce à quenelles avec les chairs d'un poulet gras, puis vous en formez de petites quenelles dans des cuillères à café ; pochez-les, au moment de servir dans du consommé, sans qu'elles bouillent : puis vous les versez dans la soupière en y joignant la bisque ainsi qu'elle est décrite ci-dessus.

On doit ici supprimer les petits croûtons de pain passés au beurre.

POTAGE DE BISQUE D'ÉCREVISSES A LA CORNEILLE.

Faites cuire ainsi qu'il est démontré précédemment cinquante écrevisses ; parez la chair des queues et mettez-la de côté ;.pilez le reste des chairs bien parfaitement, et les mêlez dans six onces de riz cuit en purée dans du consommé, avec le quart de la mie d'un pain à potage d'une livre ; ajoutez le reste du consommé blanc préparé comme de coutume ; avec les coquilles, vous aurez fait un beurre d'écrevisses selon les procédés décrits ci-dessus ; au moment de servir, faites entrer la purée en ébullition, puis vous la versez dans la soupière contenant une assiettée de crêtes, une de rognons de coq et une de petites quenelles de merlan ; ajoutez les queues et le beurre d'écrevisses ; servez.

POTAGE DE BISQUE D'ÉCREVISSES A L'AMIRAL DE RIGNY.

Faites cuire selon la règle (Voir le premier potage

de bisques.) un cent de moyennes écrevisses de Seine ;
prenez les chairs des queues de cinquante des plus
belles, et parez-les maintenant avec le reste de toutes
les chairs des écrevisses ; vous préparez votre bisque
ainsi qu'il est démontré ci-dessus ; au moment du
service, vous la versez bouillante dans la soupière
contenant une assiettée de petites quenelles de filets
de soles faites avec la moitié du beurre d'écrevisses ;
l'autre moitié doit être mise dans la bisque ; ajoutez
les escalopes des filets d'une moyenne anguille sautée
au beurre, une assiettée de laitances de carpe cuites
à l'eau de sel, les queues d'écrevisses conservées, et
la noix de six douzaines d'huîtres parées avec soin ;
servez.

POTAGE DE BISQUE D'ÉCREVISSES A LA PÉRIGORD.

Préparez votre bisque en suivant les détails donnés
au premier potage de ce chapitre, puis vous la versez bouillante dans la soupière contenant les queues
d'écrevisses conservées à cet effet, puis une assiettée
de petites quenelles de gibier, une d'escalopes de
foies gras, une de gros rognons de coq et le beurre
d'écrevisses ; servez.

POTAGE DE BISQUE D'ÉCREVISSES A LA PRINCESSE.

Après voir préparé votre bisque ainsi qu'il est démontré au premier article de ce chapitre, vous la
versez bouillante dans la soupière contenant deux petits poulets à la reine cuits dans une mire-poix, et dépecés pour potage, puis les queues et le beurre d'écrevisses ; servez.

POTAGE DE BISQUE D'ÉCREVISSES AU CHASSEUR.

Faites cuire dans une mire-poix trois perdreaux rouges ; dès qu'ils sont froids , vous les dépecez et les parez selon la règle ; puis vous les mettez dans la soupière avec les queues d'écrevisses ; terminez le potage en préparant la bisque ainsi qu'il est démontré au premier article de ce chapitre, en y joignant le beurre d'écrevisses.

POTAGE DE BISQUE D'ÉCREVISSES A LA RÉGENCE.

Préparez votre bisque ainsi qu'il est démontré au premier potage de ce chapitre ; versez-la bouillante dans la soupière , contenant un pain de volaille (préparé pour potage) coupé en petits carrés longs de la grosseur des petites quenelles à potage, puis les queues et le beurre d'écrevisses ; servez. On peut remplacer le pain de volaille par un pain de gibier : alors on obtiendra un potage à la Colbert.

POTAGE DE BISQUE D'ÉCREVISSES A LA ROYALE.

Faites cuire à la broche un poulet gras , enveloppé de bardes de lard ; faites en piler les blancs ; ajoutez un peu de sel , de poivre et de muscade râpée , une grande cuillerée à ragoût de bonne béchamel et deux de consommé ; faites chauffer un peu la purée pour la passer à l'étamine ; versez-la dans la soupière, et, au moment de servir, vous y mêlez la bisque bouillante, et préparée selon la règle. (Voir le premier potage de ce chapitre.)

CHAPITRE XI.

DES POTAGES DE GARBURE.

SOMMAIRE.

Potage de garbure à la Créci ; idem aux laitues braisées ; idem aux laitues farcies ; idem de choux à la jardinière ; idem à la Clermont ; idem aux poireaux , céleri et cerfeuil.

POTAGE DE GARBURE A LA CRÉCY.

METTEZ dans une marmite à potage un jarret de veau, dont la crosse sera retirée, deux poules colorées à la broche et le bouillon nécessaire ; après l'avoir écumé, vous additionnez les racines ; telles que carottes , navets , oignons, et un bouquet de poireaux et de céleri ; après cinq heures d'une légère ébullition, vous dégraissez le consommé ; puis vous en retirez les viandes, pour y mêler ensuite un blanc d'œuf battu, avec du bouillon froid, afin de le clarifier ; donnez dix minutes d'ébullition, et passez-le à la serviette ; faites-en réduire la moitié pour le rendre un peu corsé ; faites quinze ou dix-huit croûtons en cœur, comme pour salmis. Il faut en retirer toute la mie ; puis vous les faites sécher au four ; après quoi vous les laissez mijoter quelques minutes dans un plat à sauter, avec une partie du consommé réduit et une pointe de mignonnette. Vous aurez préparé une purée de carottes nouvelles, en suivant les procédés indiqués au chapitre *Potage de purée de racines à la Créci ;* seulement vous avez soin qu'elle soit réduite au point de vous servir pour entrée ; ensuite vous avez une soupière à fond plat, ainsi que nous l'avons indiqué pour les potages de croûtes gratinées ; vous y mettez un lit de vos croûtes de pain mitonnées au consommé ; puis vous les masquez de Créci ; ensuite vous ajoutez un lit de croûtons mitonnés, un lit de Créci ; puis des croûtes, que vous masquez encore de Créci ; placez la soupière sur un feu doux, afin de faire gratiner le potage, après quoi vous mettez le reste du consommé dans une casserole d'argent, que vous servez avec le potage, afin que les convives puissent en prendre eux-mêmes selon leur goût, ainsi que du fromage de Parmesan râpé, que vous servez sur une assiette.

Observation.

Mes confrères suivront les procédés indiqués ci-

dessus pour les garbures à la purée de navets, de
marrons, de racines, de pois nouveaux, de pois secs,
de lentilles, de haricots blancs et rouges, et de potiron ; il faudra avoir soin de tenir ces différentes purées assez liées et d'y joindre un peu de glace de
volaille, afin qu'elles soient un peu corsées; puis on
servira toujours du consommé à part. J'ai pris ces
potages du fameux Laguipierre, et ne les ai vu servir
que par lui; cependant il est bien d'en marquer
quelquefois sur son menu , afin d'avoir plus de variété ; d'ailleurs chaque fois que j'ai servi ces sortes
de potages, ils ont toujours fait plaisir.

La garbure est le potage par excellence des Lan-
guedociens. Les cuisiniers de cette province sont dans
l'habitude d'ajouter du fromage de Gruyère ou de
Parmesan râpé entre chaque lit de pain et de racines,
ce qui caractérise réellement ce potage. Mais ayant
reçu un jour l'invitation d'un gourmand de supprimer le fromage de l'intérieur du potage et de le servir sur une assiette, j'ai adopté cette manière, en réfléchissant qu'elle convenait mieux, car il est toujours parmi les convives des personnes qui aiment
plus ou moins le fromage, il en est même qui ne
l'aiment pas du tout. Par ce procédé, chacun peut
satisfaire son goût.

POTAGE DE GARBURE AUX LAITUES BRAISÉES.

Faites cuire vingt laitues en suivant les procédés
indiqués au potage de laitues braisées (Voir le premier chapitre de cette partie.); puis vous faites mijot-
ter vos croûtes selon la règle , avec du consommé

réduit et une pointe de gros poivre (Voyez le potage décrit ci-dessus.); après quoi vous mettez dans le fond de la soupière un lit de croûtes gratinées, puis un lit de laitues; vous placez ainsi de suite vos laitues et vos croûtes; observez que les laitues doivent masquer le potage; ajoutez le fond des laitues; faites doucement gratiner le potage; puis vous le servez, en donnant à part, dans une casserole d'argent, le reste du consommé coloré que vous aurez préparé de la manière accoutumée.

POTAGE DE GARBURE AUX LAITUES FARCIES.

Préparez vos laitues farcies selon la règle (Voir le potage de laitues farcies, premier chapitre de cette partie.); puis vous faites mijoter quelques minutes vos croûtes dans d'excellent consommé avec un peu de mignonnette, et terminez le potage ainsi qu'il est démontré ci-dessus.

POTAGE DE GARBURE AUX CHOUX A LA JARDINIÈRE.

Après avoir blanchi et rafraîchi deux petits choux coupés et parés par quartiers, vous les faites cuire dans du consommé réduit avec quatre onces de petit lard de poitrine coupé en dés, blanchi et paré; les choux étant presque cuits, vous y joignez dix petites saucisses chipolata, que vous avez eu soin de piquer afin de les conserver entières. Une demi-heure avant le moment du service, vous égouttez les choux pour les couper en lames; puis vous masquez le fond de la soupière d'un lit de croûtes mitonnées selon la règle. (Voir le premier potage de ce chapitre.) Ainsi vous mettez alternativement des choux, du pain, en des choux pour finir, sur lesquels vous placez en couronne, les petites saucisses et le petit lard ; après quoi vous faites gratiner votre potage et le servez avec le reste du consommé que vous versez dans une casserole d'argent. Vous préparez selon la règle le consommé coloré.

POTAGE DE GARBURE A LA CLERMONT.

Après avoir coupé en ruelles deux gros oignons d'Espagne, vous les passez blonds dans du beurre fin clarifié, sur un feu modéré, en les remuant avec la cuillère de bois, afin de les colorer également ; dès qu'ils le sont, vous les égouttez sur le tamis, puis vous les faites cuire dans d'excellent consommé avec une pointe de mignonnette ; maintenant vous faites mijoter vos croûtes dans du consommé réduit, puis vous en masquez le fond de la soupière ; ajoutez un lit de vos oignons, et ainsi de suite, pour finir le potage de la manière accoutumée ; vous devez ajouter le fond des oignons Il n'est pas nécessaire de mettre de sucre, les oignons d'Espagne étant assez sucrés. Le consommé doit être coloré et marqué selon la règle.

Observation.

Les praticiens s'apercevront aisément qu'ils peuvent faire des garbures à la brunoise, à la julienne, à la jardinière, à la paysanne, et généralement selon les racines et légumes potagers indiqués dans le premier chapitre du traité des potages. Il s'agira seulement de faire cuire les racines dans du consommé réduit et presque tombé à glace, pour en marquer les croûtes mitonnées, car ces sortes de potage de garbure doivent se couper à la cuillère en les servant : cela se conçoit, puisque nous servons à part la moitié du consommé destiné pour le potage.

POTAGE DE GARBURE AUX POIREAUX, CÉLERI ET CERFEUIL.

Coupez en petits filets, comme pour la julienne, dix gros poireaux, les branches jaunes de quatre pieds de céleri ; après les avoir lavés, blanchis et rafraîchis, faites-les cuire dans d'excellent consommé avec une pointe de sucre et de mignonnette ; ensuite vous y joignez une poignée de cerfeuil en pluche lavé ; après quelques bouillons, vous placez dans le fond de la soupière vos croûtes mitonnées selon la règle, et terminez le potage de la manière accoutumée. (Voyez le premier article de ce chapitre.)

CHAPITRE XII.

DES POTAGES DE PROFITEROLES.

SOMMAIRE.

Potage de profiteroles à la Wagram ; idem à la régence ; idem au chasseur royal ; idem à la Monglas; idem à la Condé ; idem à la Montgoffier; idem à la Périgord ; idem à la macédoine.

POTAGE DE PETITES PROFITEROLES A LA WAGRAM.

L A veille de servir ce potage, il faut commander au boulanger quinze petits pains ronds à potage de deux pouces de diamètre, que nous sommes dans l'usage de nommer profiteroles : ces petits pains doivent avoir une belle

I.   12

couleur et ne pas être chapelés. Trois quarts d'heure avant de servir vous les cernez à la surface, ainsi que nous faisons pour les petits choux garnis à la crème. Après les avoir découverts et vidés, en ôtant avec soin toute la mie, vous les remplissez avec un peu de farce à quenelles de volaille faite au beurre d'écrevisses; puis vous la recouvrez avec le petit rond de la croûte, que vous retirez et conservez à cet effet; ensuite vous imbibez ces petits pains ainsi garnis de consommé réduit, en les y laissant tremper quelques secondes; puis vous les égouttez et les mettez à mesure dans un plat à sauter beurré que vous placez sur des cendres chaudes, afin que la farce à quenelles ait le temps de se cuire, sans que les profiteroles prennent couleur en gratinant; puis vous mettez un peu de feu sur le couvercle du plat à sauter. Dès que la farce est cuite, ce que vous voyez aisément en découvrant un petit pain et en regardant si elle est un peu ferme au toucher, vous retirez vos profiteroles avec soin pour les placer dans la soupière, en y joignant les queues de cinquante moyennes écrevisses, dont les coquilles vous auront servi pour faire le beurre additionné à la farce à quenelles; ajoutez une cinquantaine de petits champignons tournés bien blancs; le fond de leur cuisson doit être, bien entendu, supprimé du potage, et pour obtenir ce résultat vous égouttez les champignons sur une serviette; ajoutez encore une pluche de cerfeuil et les pointes d'une botte de grosses asperges blanchies avec soin. Au moment de servir vous versez dessus le consommé coloré, préparé de la manière accoutumée, en y joignant une pointe de sucre et de muscade râpée. Ce potage réclame des soins assidus, afin que les profiteroles ne prennent couleur ni dessus ni dessous.

POTAGE DE PROFITEROLES A LA RÉGENCE.

Vous avez quinze petits pains profiteroles que vous cernez et videz avec soin ; puis vous les garnissez de purée de volaille préparée selon la règle pour en former un pain de volaille ; après les avoir recouverts avec les petites croûtes que vous avez conservées, vous les imbibez de consommé réduit, et les placez avec soin dans un plat à sauter légèrement beurré ; puis vous le placez sur des cendres chaudes, et vous en mettez aussi sur le couvercle, afin que les profiteroles cuisent également : une demi-heure suffit pour faire prendre la purée de volaille ; cependant il est prudent de s'en assurer en découvrant un petit pain, et dès que la purée est prise, vous placez avec précaution les profiteroles dans la soupière ; puis vous y joignez un litre de petits pois cuits à l'anglaise, et le consommé coloré, confectionné selon la règle et auquel vous devez additionner une pointe de sucre et de mignonnette ; servez.

POTAGE DE PROFITEROLES AU CHASSEUR ROYAL.

Faites cuire à la broche trois perdreaux rouges enveloppés de bardes de lard ; puis vous faites piler les chairs pour en faire un appareil de pain de gibier que vous préparez ainsi : ajoutez deux cuillerées à ragoût de béchamel ou de bonne espagnole réduite, puis une petite cuillerée à pot de consommé, six jaunes d'œuf et une pointe de sel et de muscade râpée ; passez la purée de gibier par l'étamine ; ensuite vous en garnissez les profiteroles; vous les couvrez de leurs petits couvercles et les imbibez de consommé (que vous préparez selon la règle en y joignant les carcasses de perdreaux), et les faites cuire dans le plat à sauter, ainsi qu'il est démontré dans l'analyse du potage décrit ci-dessus ; après les avoir placées avec soin dans la soupière, vous y joignez les racines préparées de même que pour le potage printanier, et cuites au consommé avec une pointe de sucre et de mignonnette ; ajoutez le reste du consommé au potage, et servez.

POTAGE DE PROFITEROLES A LA MONGLAS.

Faites cuire selon la règle un foie gras de Strasbourg dans une bonne mire-poix ; dès qu'il est froid, vous le parez légèrement et le coupez en petits dés ; coupez de même le quart d'une langue à l'écarlate et quelques champignons ; versez-les ensuite dans cinq cuillerées à ragoût de bonne béchamel en ébullition, dans laquelle vous aurez joint un peu de glace de volaille, de poivre et de muscade râpée ; maintenant vous en garnissez quinze petits pains profiteroles préparés selon la règle; puis vous les imbibez de consommé et les faites mitonner vingt minutes, après quoi vous les placez avec soin dans la soupière ; versez dessus le consommé que vous aurez confectionné de la manière accoutumée ; servez.

POTAGE DE PROFITEROLES A LA CONDÉ.

Ayez quinze petits pains destinés pour ce potage, puis vous les videz avec soin en conservant la petite croûte qui forme le couvercle ; ensuite vous les garnissez de petits rognons de coq, de riz d'agneau et de champignons coupés en dés et mêlés dans cinq cuillerées à ragoût de purée de volaille dans laquelle vous aurez joint un peu de glace, de poivre et de muscade râpée. Après avoir imbibé vos petits pains de consommé, vous les faites mitonner dans un plat à sauter beurré, avec un peu de feu dessus et dessous ; vingt minutes après, vous mettez avec précaution les profiteroles dans la soupière ; ajoutez une nivernaise de petites carottes tournées en olives et tombées à glace, puis une vingtaine de petits oignons bien blancs cuits dans une demi-glace ; versez dans la soupière le reste du consommé, et servez.

POTAGE DE PROFITEROLES A LA MONTGOFFIER.

Après avoir pilé les chairs de deux perdreaux rouges cuits à la broche, ou les blancs d'une poularde, vous y mêlez quatre cuillerées à ragoût de béchamel, deux de consommé en ébullition ; ajoutez une pointe de sel, de poivre, de muscade râpée, deux cuillerées à bouche de beurre fin, tiède seulement, puis quatre jaunes d'œuf ; passez la purée par l'étamine, après quoi vous y mêlez deux blancs d'œuf fouettés, ensuite vous en garnissez quinze petits pains profiteroles ; vous les imbibez de consommé et les mettez dans un plat à sauter beurré; placez-le ensuite sur des cendres chaudes, mettez-en également sur le couvercle; après vingt à vingt-cinq minutes de cuisson, regardez si le soufflé de gibier a fait son effet, car il doit avoir dépassé les petits pains de quelques lignes et être devenu un peu consistant (Il est convenable de peu imbiber les petits pains, afin qu'ils ne se déforment point par l'effet du soufflé.); alors vous les placez dans la soupière, et versez dessus le consommé que vous avez préparé selon la règle, en y joignant les os des perdreaux et une pointe de mignonnette.

A l'égard des blancs de poularde indiqués ci-dessus, on procédera pour confectionner ce soufflé de volaille en suivant les détails analysés dans ce potage.

POTAGE DE PROFITEROLES A LA PÉRIGORD.

Faites cuire à la broche un faisan enveloppé de bardes de lard; lorsqu'il est froid, vous en émincez les chairs; puis dix gros champignons et deux grosses truffes cuites dans le consommé, que vous avez marqué selon la règle en y joignant les os du faisan; mêlez l'émincé avec cinq cuillerées à ragoût d'espagnole réduite; garnissez ensuite quinze petits pains en profiteroles; recouvrez-les et imbibez-les de consommé, placez-les dans le plat à sauter, et terminez le potage de la manière accoutumée.

POTAGE DE PROFITEROLES A LA MACÉDOINE.

Préparez une macédoine de petites racines, telles

que carottes, navets, haricots verts, racine de céleri, petits pois et concombres ; les racines et les légumes doivent être blanchis, cuits séparément et
tombés à glace ; ensuite vous les réunissez pour les
sauter, afin de les mêler; puis vous en garnissez quinze petits pains profiteroles ; vous les faites mitonner
selon la règle dans le plat à sauter, et vous terminez
le potage en additionnant une pluche de cerfeuil au
consommé de volaille que vous aurez marqué de la
manière accoutumée en y joignant une pointe de mignonnette ; servez.

Observation.

Ces sortes de potages sont préparés à l'instar de
ceux de la vieille cuisine décrite par Vincent-la-Chapelle ; cependant je les perfectionne en suivant les
progrès de la cuisine moderne ; d'ailleurs la garniture de mes profiteroles ne ressemble en rien aux an-
ciennes. J'ai servi quelquefois ces potages, et toujours
avec satisfaction. Il est donc bien d'en servir quelquefois, afin d'avoir plus de variété dans son travail;
cela est de toute nécessité pour les chefs de cuisine qui
appartiennent aux grandes maisons, et aux Amphitryons, aux Lucullus qui aiment et paient pour avoir
des nouveautés. J'ai également fait gratiner ces profiteroles en employant les procédés indiqués pour le
potage de croûtes gratinées : ces petits pains ainsi
préparés et garnis sont plus agréables à servir, pouvant en placer un entier sur l'assiette de chaque
convive.

Observation.

Je finis ici la série des potages français en gras à

servir pendant les quatre saisons de l'année. Mes
confrères peuvent s'apercevoir du grand nombre
qui appartient à mon travail. Cependant je pouvais
encore l'augmenter ; mais je préfère cette réserve,
afin d'agrandir les chapitres contenant l'analyse des
potages étrangers que je vais décrire. Ensuite je reviendrai sur nos potages de la cuisine en maigre.
D'ailleurs, il est parmi les praticiens des hommes de
goût qui profiteront de ma manière de faire pour
imaginer de nouveaux potages : l'art culinaire est et
restera sans fin tant que le monde gourmand
existera.

Je préviens mes confrères que j'ai changé les
noms de plusieurs potages désignés dans mon Traité
des menus, cela m'a paru convenable par le temps
qui court ; tandis que j'en ai désigné d'autres par les
noms de grands personnages dont les travaux ont
illustré la France, de même que les noms de grandes
époques consacrées dans nos fastes historiques ; cependant je me suis attaché spécialement à donner à
mes potages des noms analogues à leur composition,
afin d'en rendre les détails plus faciles à la mémoire
des jeunes praticiens.

CHAPITRE XIII.

DES POTAGES ANGLAIS.

SOMMAIRE.

Potage de tortue à l'anglaise ; idem de levrauts à l'anglaise ; idem de levrauts à la Saint-Georges ; idem de mouton à l'anglaise ; idem d'orge perlé à l'irlandaise ; idem de perdrix à la Stewart ; idem de faisan à la Londonderry ; idem à lady Morgan ; idem anglais à la Rothschild.

POTAGE DE TORTUE A L'ANGLAISE.

Remarques et observations.

E potage est sans contredit le plus détaillé que je connaisse ; la composition de son assaisonnement réclame une main habile et une mémoire récente ; le palais du cuisinier qui l'exécute doit être fin appréciateur ; aucun des ingrédients qui le composent ne doit dominer, pas même le piment et le poivre de Caïenne ; que les cuisiniers anglais emploient inconsidérément : ils prétendent que leurs seigneurs aiment ce potage extrêmement relevé. Il suffit de leur faire observer, pour les convaincre de leur erreur, que les gourmands anglais aiment la bonne chère, et savourent, en vrais gastronomes, un bon dîner du commencement à la fin. Ainsi donc, ce potage tortue est trouvé agréable sans produire au palais un picotement irritant. A coup sûr, le premier service de cuisine qui suit le potage sera mieux apprécié ; les sauces conserveront l'onctuosité de leur saveur, et le second service sera également savouré avec délices ; le palais du gourmand, étant resté intact, dégustera avec joie le premier et le second service de cuisine ; ensuite il appréciera mieux les glaces et les aimables friandises d'un dessert bien servi.

Voilà des résultats incontestables pour la science, et pour la santé des Amphitryons.

Je fis ces observations et ces remarques étant à la bouche du prince régent d'Angleterre. Le cuisinier (M. Badois), que je remplaçais à cause de son âge avancé, me montra à faire ce potage. Lorsque je le fis seul quelque temps après, je suivis de tous points les procédés qu'il m'avait indiqués pour sa confection ; cependant je me gardai bien de faire dominer le caïenne et le piment, et mon potage, quoique doux d'assaisonnement, avait conservé le goût aromatique qui le caractérise. Cependant le prince m'en fit faire des compliments. De cette manière, mon dîner se trouvait en parfaite harmonie : car rien n'y dominait, ni les épiceries, ni les aromates; point essentiel pour flatter toute la sensualité des vrais gastronomes.

Maintenant, nous allons procéder à la confection de ce riche potage.

Première partie de l'opération.

La veille de servir ce potage, vous attachez la tortue par les nageoires de derrière avec une grosse corde, puis vous la suspendez en l'air pour lui couper la tête, afin de la laisser saigner pendant la nuit (1); le lendemain matin, de bonne heure, vous commencez par ouvrir les deux coquilles en appuyant la lame du couteau sur la coquille de dessous, et tout autour, afin de ne point attaquer les intestins; puis vous jetez toute l'eau qu'elle contient. Il y a des personnes qui retirent avec soin le cœur, le foie, et les parties génitales: mais cette opération anatomique est inutile, tous les intestins doivent être jetés; seulement, vous avez soin d'en extraire la graisse qui pourrait s'y trouver. Ensuite vous enlevez un de ses membres avec toute la chair qui tient à la grande coquille; vous opérez de la même manière pour les trois autres parties de la tortue; vous coupez les chairs tout près des joints des gros os; dans ces chairs vous trouvez des espèces de noix de veau toutes parées

(1) Si elle est grosse, vous devez avoir le soin de faire tenir les nageoires de devant par deux hommes; autrement elle est capable de renverser la personne qui lui donne la mort. J'ai vu chez le prince régent un jeune homme qui tenait les nageoires d'une tortue et qui fut renversé par un de ses moutemeuts convulsifs. Celle-ci pesait plus de trois cents livres.

dont on fait des entrées de différentes manières. La
sous-noix ressemble assez à la première par sa forme
ovale et arrondie ; elle sert également pour faire des
entrées. (Nous reviendrons sur ces différents articles.)

Seconde partie de l'opération.

Pour une tortue de cent cinquante à deux cents
livres, vous dépecez deux forts cuissots de veau, puis
vous coupez en lames une demi-noix de jambon que
vous mettez dans le fond d'une grande casserole beurrée; ensuite vous y placez les parties dépecées des deux
cuissots, huit poules, quatre carottes, quatre gros oignons, et le bouillon nécessaire pour mouiller seulement la surface des viandes ; posez la casserole sur
un feu ardent, en ayant soin d'observer que la réduction s'opère doucement, afin que la glace se colore
d'un blond rougeâtre ; alors vous remplissez la casserole de grand bouillon et laissez cuire les viandes ;
après quoi vous passez le blond de veau à la serviette
et le liez de suite avec un roux légèrement coloré,
pour en obtenir une sauce espagnole peu liée. Tandis
que cette sauce se cuit, vous placez dans le fond d'une
grande casserole beurrée les chairs de la tortue qui
ne doivent pas servir pour entrée (excepté les tendons
et les parties nerveuses), et les faites suer avec un peu
de bouillon sur un feu très doux, pour qu'elles ne
fassent que mijoter pendant trois à quatre heures,
afin d'obtenir une essence ; ensuite vous avez le plus
grand ustensile de batterie de cuisine possible, comme
turbotière, braisière, casserole ronde ; vous remplissez ce vase aux trois quarts d'eau bouillante ; vous y

jetez les chairs nerveuses et les tendons conservés, les quatre nageoires, puis les deux grandes coquilles; si elles ne peuvent y tremper entièrement, vous aurez soin de les retourner, afin d'obtenir les écailles qui couvrent les coquilles de dessus. Il est des cuisiniers qui tiennent à avoir ces écailles, et, en bonne conscience, cela n'en vaut pas la peine. Chez le prince régent, nous coupions chaque coquille en quatre parties, et alors elles baignent dans l'eau bouillante; ensuite j'avais soin, lorsque les écailles se détachaient, de les retirer, ainsi que les petites qui se trouvaient après les nageoires et la tête. Cette opération terminée, vous remettez la tortue dans l'eau bouillante pendant trois ou quatre heures, en ayant soin d'écumer bien parfaitement, et d'observer de temps en temps si la chair des nageoires est cuite à point pour les retirer; lorsque la chair des coquilles se sépare des os, vous les mettez refroidir sur un grand plafond.

Troisième partie de l'opération.

Pendant le temps que la cuisson des chairs s'est opérée, vous avez mis au feu un assaisonnement ainsi préparé : mettez dans une casserole la moitié de la sous-noix d'un jambon coupé en gros dés, ainsi que quatre carottes, quatre oignons, quatre maniveaux émincés, une livre de beurre, vingt anchois bien lavés, une petite poignée de persil en branches, deux petits paquets de thym, deux de basilic, deux de marjolaine, deux de romarin, deux de sarriette, dix feuilles de laurier, puis une forte pincée de girofle, autant de caïenne et de piment, une pincée de fleur de muscade, une de poivre-long, une de poivre en grains, une pincée des quatre épices et deux grandes cuillerées à pot de consommé; ensuite vous faites mijoter le tout sur un feu très doux pendant trois heures; après quoi, vous passez cet assaisonnement en purée, en le foulant par l'étamine fine; puis vous le déposez dans une grande casserole à bain-marie.

Quatrième partie de l'opération.

Maintenant vous passez à la serviette l'essence de tortue, marquée à part, et la faites réduire à dernière glace; ensuite, lorsque les chairs, les nageoires, la tête et les coquilles sont froides, vous en retirez toute la chair, que vous coupez par petits carrés de dix lignes de diamètre, en ayant soin de les parer légèrement, en retirant cependant les fragments de chair maigre; versez la tortue ainsi préparée dans huit bouteilles de bon vin de Madère sec; donnez une demi-heure d'ébullition, et versez-la ensuite dans une grande casserole contenant l'espagnole parfaitement clarifiée et passée à l'étamine; ajoutez les trois quarts de l'assaisonnement passé en purée; donnez dix minutes d'ébullition; goûtez le potage, afin de vous assurer de l'assaisonnement. Si vous jugez nécessaire d'ajouter le reste de la purée d'aromates, agissez, mais bien sobrement, car aucune chose particulière de l'assaisonnement ne doit se faire sentir au palais. Après cela, vous ajoutez au potage une cinquantaine de petits œufs, que vous préparez ainsi : après avoir pilé six jaunes d'œuf durs, vous y mêlez du sel et du poivre fin, puis une pointe de muscade râpée, trois jaunes d'œuf crus et un peu de bécha-

mel ; de cette farce vous formez de petits œufs de
la grosseur d'une noix muscade ; faites-les pocher
dans du consommé bouillant et les versez ensuite
dans le potage ; après une minute d'ébullition vous
divisez le potage dans des vases de la capacité de
douze à quinze couverts.

Observez de mettre dans chacun de ces potages la
même quantité de chair, de petits œufs et de graisse
de tortue.

J'ai ajouté à ce potage, chaque fois que je l'ai servi,
des petites quenelles de farce de volaille, puis des
champignons bien blancs.

En commençant ce potage, on doit faire marcher
en même temps la sauce espagnole, la cuisson de la
tortue, celle de l'assaisonnement, de manière que ces
trois grandes opérations doivent arriver ensemble,
afin de pouvoir terminer ce travail plus promptement : car tous ces détails réclament beaucoup de
soin et de temps ; c'est une triste chose à faire que ce
potage tortue le jour d'un grand dîner.

Observation.

J'ai rencontré un seul cuisinier français, qui, cependant, était venu en Angleterre, et qui servait ce
potage tortue clair. Ainsi il tirait un blond de
veau excellent ; puis il tirait l'essence de l'assaisonnement ainsi que le bouillon de la tortue après l'a-
voir réduit ; ensuite il passait les chairs au vin de
Madère, et après une demi-heure d'ébullition, il
joignait le madère au blond de veau mêlé à l'essence
et au bouillon de tortue ; il ajoutait la chair d'un citron coupé en tranches, et quatre blancs d'œuf,

afin de clarifier le potage, qu'il passait ensuite à la
serviette. Je donne ce procédé ; mais je préfère le
potage lié, ayant plus d'onction.

POTAGE DE LEVRAUTS A L'ANGLAISE.

Dépecez deux jeunes levrauts, comme pour civet,
que vous passez ensuite sur un feu modéré dans une
casserole contenant une demi-livre de petit lard
coupé en dés, avec quatre onces de beurre fin clarifié ; lorsque les chairs se refroidissent, vous y mêlez
deux cuillerées à ragoût de farine, puis une bouteille
de bon vin de Bordeaux et quatre cuillerées à pot de
consommé, ensuite un gros bouquet de persil assaisonné d'un peu de thym, de basilic, de romarin, de
marjolaine et de laurier, un maniveau de champignons entiers, deux gros oignons, une pincée de
caïenne, deux clous de girofle, un peu de macis et
de mignonnette ; lorsque l'ébullition a lieu, vous
posez la casserole sur l'angle du fourneau, afin que
le potage ne fasse que mijoter ; ayez soin de dégraisser bien parfaitement ; lorsque les chairs sont
cuites, vous les égouttez sur un plafond afin de parer les petits os qui dépassent les chairs ; placez-les à
mesure, ainsi que le petit lard, dans une casserole
au-dessus de laquelle vous aurez passé par l'étamine
la sauce du potage ; vous pouvez alors le servir. Il
doit être doux de sel et de bon goût. L'assaisonnement de ce potage a quelque analogie avec celui de
tortue, sans cependant être aussi relevé par les aromates et les épiceries.

POTAGE DE LEVRAUTS A LA SAINT-GEORGES.

Après avoir levé les filets de deux levrauts, vous coupez les carcasses par morceaux, et les passez ensuite dans une moyenne casserole avec un peu de beurre fin sur un feu modéré, ensuite vous y mêlez une petite cuillerée à ragoût de farine et vous passez encore le tout quelques minutes; puis vous y mêlez une demi-bouteille de vin de Champagne, une de bon bordeaux et quatre grandes cuillerées à pot de bon consommé, un maniveau de champignons, une truffe coupée en quatre, deux oignons et un bouquet assaisonné d'une demi-feuille de laurier, d'un peu de thym, de basilic, de marjolaine et de sarriette, puis du gros poivre, deux clous de girofle, du macis, du caïenne, et une pointe d'ail. Lorsque l'ébullition a lieu, vous placez la casserole sur le coin du fourneau, afin de bien dégraisser cette sauce, puis vous la passez et la réduisez d'un quart à grand feu; au moment de servir, vous la versez dans la soupière à potage, dans laquelle vous aurez mis les filets de levrauts sautés en escalopes, et une trentaine de petites quenelles dont la farce aura été faite selon la règle avec la chair de perdreaux rouges; ajoutez ensuite trois maniveaux de petits champignons tournés et quatre truffes émincées et sautées au beurre. Les ingrédients qui composent l'assaisonnement de ce potage réclament des soins, afin qu'ils soient parfaitement fondus et d'un goût savoureux. On doit observer que la garniture du potage ne doit pas bouillir : autrement les escalopes durciraient.

I.   13

La première fois que j'ai servi ce potage, ce fut à Vienne à l'ambassadeur d'Angleterre.

POTAGE DE MOUTON A L'ANGLAISE.

Mettez dans une marmite à potage un jarret de veau, deux poules et deux petits carrés de bon mouton, coupés très courts des côtes; ajoutez le bouillon nécessaire, un bouquet de céleri et de poireaux, deux navets, deux carottes et deux oignons; après avoir écumé le consommé, vous le faites mijoter doucement en ayant soin de retirer les carrés lorsqu'ils seront cuits à point, et dès que les membres des poules se détachent aisément, vous passez le consommé à la serviette, et le faites bouillir de suite pour y verser six onces de petit orge perlé d'Allemagne (Francfort), en remuant le consommé, afin qu'il ne se pelote pas; puis vous placez le potage sur un fourneau très doux, et le faites mijoter pendant cinq heures; au bout de deux heures d'ébullition, vous ajoutez au potage le rouge de deux carottes coupé en petits dés semblables à la brunoise; après cette addition, faites repartir le potage pour le placer ensuite sur le fourneau; une heure et demie après cette opération, vous ajoutez deux gros navets coupés également en dés et une pointe de sucre et de poivre fin. Lorsque le potage est prêt à servir, les racines doivent être cuites à point; alors vous y mêlez les deux carrés de mouton que vous avez coupés en petites côtelettes parfaitement parées; après quelques minutes d'ébullition, vous servez le potage.

POTAGE D'ORGE PERLÉ A L'IRLANDAISE.

Mettez dans une marmite à potage une épaule de mouton rôtie, un jarret de veau et deux poules; ajoutez le bouillon nécessaire, et, après avoir écumé ce consommé, mettez-y deux carottes, deux oignons, deux navets, un bouquet de céleri et de poireaux assaisonné de fragments de basilic, de laurier et de thym, deux clous de girofle, une pointe de poivre de Caïenne et de fleur de muscade; faites mijoter le consommé cinq heures, dégraissez-le parfaitement, et après l'avoir passé à la serviette et qu'il est en ébullition, vous y versez six onces d'orge perlé de Francfort; après trois heures d'une légère ébullition, vous ajoutez le rouge de deux carottes coupé en petits dés selon la règle des potages; une heure après, vous ajoutez encore deux gros navets également coupés en petits dés : au moment du service, vous versez l'orge dans la soupière contenant deux petits poulets poêlés et découpés, les ailes et les cuisses séparées en deux parties (vous avez eu soin de retirer les peaux), ensuite six petites saucisses chipolota parées et coupées dans leur longueur; vous ajoutez au potage une pluche de cerfeuil, et vous servez.

POTAGE DE PERDRIX A LA STEWART.

Après avoir épluché et lavé un litre de lentilles mondées à la reine, vous le mettez dans une marmite à potage avec une tranche de jambon, une poule et deux perdrix; mouillez le tout de bon consommé;

ajoutez deux carottes, deux oignons, un pied de céleri et un bouquet de cerfeuil assaisonné d'un fragment de laurier, de thym, de basilic et de marjolaine, une pincée de mignonnette, une pointe de muscade râpée et deux clous de girofle. Lorsque l'ébullition s'opère, vous écumez la marmite et la placez sur un fourneau très doux, afin qu'elle ne fasse que mijoter pendant quatre heures ; après l'avoir dégraissée avec soin, vous retirez la poule et les perdrix, dont vous levez les chairs, que vous faites piler bien parfaitement pour les passer ensuite avec les lentilles dont vous aurez ôté le jambon et le cerfeuil, en les foulant par l'étamine ; ensuite, vous déposez cette purée dans une petite marmite à potage que vous placez au bain-marie, afin d'éviter qu'elle bouille ; au moment du service, vous la versez dans la soupière sur des petites quenelles de farce de perdreaux préparées de la manière accoutumée.

Ce potage est savoureux et du goût des seigneurs anglais ; je l'ai servi pour la première fois à lord Stewart, dans le voyage que je fis, avec sa seigneurie, dans ses terres de Winiard, sur les frontières d'Irlande.

POTAGE DE FAISAN A LA LONDONDERRY.

Faites cuire dans une excellente mire-poix deux beaux faisans ; dès qu'ils sont froids, vous en levez les filets que vous parez en escalopes ; ensuite vous faites piler le reste des chairs pour en faire une purée selon la règle ; puis vous y joignez une demi-cuillerée à pot de consommé et six jaunes d'œuf pas-

sés à l'étamine; versez-la dans un moule uni, légèrement beurré, et faites prendre ce pain de gibier au
bain-marie, selon l'usage; passez le fond de la mire-
poix au tamis de soie et le joignez dans le consommé à
potage auquel vous avez ajouté un bouquet de poireaux
et de céleri assaisonné d'un peu de laurier, de thym,
et de basilic, puis une pincée de caïenne, de macis,
et deux clous de girofle. Au moment de servir vous
mettez dans la soupière une pluche de cerfeuil, les
filets de faisan que vous avez parés en petites escalopes, puis le pain de gibier, qui doit être froid;
alors vous le coupez en petits carrés longs, semblables aux petites quenelles pour potages; ensuite vous
ajoutez une vingtaine de très petits oignons blancs
cuits au consommé, deux grandes cuillerées de pois
moyens dans la saison et des pointes d'asperges dans
l'hiver; versez le consommé dans la soupière avec la
cuillère à pot, afin de ne point dilater le pain de purée de faisan; servez aussitôt.

POTAGE ANGLAIS DE POISSON A LADY MORGAN.

Après avoir levé les filets d'une moyenne barbue,
d'une sole et d'une petite anguille, vous coupez par fragments les arêtes et les parures des filets, que vous mettez dans une moyenne casserole, en y joignant une
bouteille de vin de Champagne, la chair d'un citron, les
parures d'une livre de truffes, un maniveau, deux
oignons, une carotte, un pied de céleri et deux poireaux, le tout émincé, puis une demi-feuille de laurier, une petite parcelle de thym, de basilic, de
romarin, de marjolaine, une petite pincée de muscade râpée et de poivre de Caïenne, deux clous de gi-

rofle, deux anchois bien lavés et un peu de sel ; faites mijoter cet assaisonnement durant une heure, et le passez au tamis de soie, pour le verser ensuite dans un bon consommé au blond de veau.

Maintenant vous sautez les filets de barbue, de sole et d'anguille, puis vous les parez en petites escalopes ; puis vous faites avec un gros merlan une farce à quenelles selon la règle ; vous y mêlez un beurre d'écrevisses pour remplacer le beurre fin que vous y mettez ordinairement ; vous faites avec cette farce de petites quenelles, que vous formez dans des cuillères à café et les pochez dans du consommé ; ensuite vous coupez les truffes parées (cuites au consommé) avec un coupe-racines d'un pouce de diamètre, pour les couper ensuite en escalopes de deux lignes d'épaisseur ; étant prêt à servir, vous égouttez les quenelles et les déposez dans la soupière avec les escalopes de poisson, que vous égouttez sur une serviette, ainsi que les truffes et une vingtaine de champignons tournés bien blancs, deux douzaines d'huîtres préparées selon la règle, autant de queues de crevettes et celles des écrevisses qui vous ont servi à faire le beurre pour la farce.

Vous devez clarifier le consommé du potage en y mêlant les parures des filets de poisson et leur cuisson, ainsi que le consommé des quenelles, des truffes, le fond des champignons et une cuillerée à ragoût de l'eau des huîtres ; au moment de servir, vous le versez tout bouillant dans la soupière garnie ainsi que nous l'avons démontré ci-dessus.

Ce potage splendide et savoureux est du goût des appréciateurs de la science culinaire. Je l'ai servi

pour la première fois à Boulogne, près Paris, chez
M. le baron de Rothschild, le jour même où j'eus
l'honneur d'être présenté à la célèbre lady Morgan.

POTAGE ANGLAIS A LA ROTHSCHILD.

Mettez dans une marmite à potage deux tranches
de jambon, un dindon aux trois quarts cuit à la
broche et un peu coloré, ainsi qu'une perdrix, puis
un jarret de veau et le bouillon nécessaire. Après
avoir écumé le consommé, vous y joignez deux oignons, deux carottes, deux navets, deux pieds de
céleri, quatre poireaux, et un bouquet de cerfeuil
assaisonné d'un fragment de laurier, de thym, de
basilic et de marjolaine ; ajoutez une pointe de fleur
de muscade (macis), de caïenne, de piment, et
deux clous de girofle ; lorsque le consommé a mijoté
cinq heures, vous y mêlez deux blancs d'œuf battus
avec un verre de vin du Rhin, et un quart d'heure
après vous le passez à la serviette ; après quoi vous
le faites bouillir; pour le verser ensuite dans la soupière contenant des quenelles de volaille à l'essence
de champignons, puis de grosses crêtes, des rognons
de coq, et une vingtaine de petits champignons
tournés bien blancs ; servez.

Je finis ici la série des potages anglais, en observant à mes confrères qu'il sera facile de caractériser
nos potages en potages anglais en ajoutant au
consommé un bouquet de cerfeuil assaisonné des
herbes aromatiques que j'ai mentionnées ci-dessus.
Ensuite, ceux d'entre nous qui ont servi des seigneurs anglais savent, comme moi, combien ces nobles gourmands aiment nos potages à la française.

CHAPITRE XIV.

DES POTAGES A LA NAPOLITAINE.

SOMMAIRE.

Potage de macaroni à la napolitaine; idem de quenelles à la Juvénal;
idem de macaroni à la Virgile; idem de lazagnes à la Portici; idem
de riz à l'italienne.

POTAGE DE MACARONI A LA NAPOLITAINE.

METTEZ dans une casserole légèrement beurrée quelques tranches de maigre de jambon, deux livres de tranche de bœuf, un jarret de veau, deux poules, deux oignons, deux carottes, un bouquet de poireaux et de céleri, et deux cuillerées à pot de consommé ; placez l'empotage sur un fourneau ardent, ensuite laissez-le se refroidir doucement, afin que la glace se colore légèrement; puis vous y joignez huit grandes cuillerées à pot de bouillon ; l'empotage étant en ébullition, vous le faites mijoter pendant cinq heures; après quoi vous en retirez les viandes et les racines, pour y mêler ensuite un blanc d'œuf battu avec un peu de consommé froid afin de le clarifier ; faites donner quelques bouillons, dégraissez l'empotage et passez-le à la serviette. Maintenant, faites blanchir à l'eau bouillante (avec un peu de sel et de beurre) douze onces de macaroni de Naples, égouttez-le dans une passoire, puis vous le couperez par petits morceaux d'un pouce de longueur; faites-le mijoter dans le consommé pendant une demi-heure, afin qu'il soit un peu ferme de cuisson; au moment de servir, vous préparez dans une casserole à ragoût une liaison de douze jaunes d'œuf frais (passée à l'étamine) mêlée avec un peu de crème double et deux petits pains de beurre fin, six onces de fromage de Parmesan bien frais et râpé, et une pointe de mignonnette; mêlez à cette liaison, et peu à peu, le consommé d'empotage, en la remuant avec la cuillère à ragoût, afin qu'elle se cuise en liant le potage d'un velouté parfait; l'ébullition doit être peu sensible, pour éviter que la liaison ne se décompose à la cuisson.

On peut servir à part sur une assiette du fromage de Parmesan.

POTAGE DE QUENELLES A LA JUVÉNAL.

Mettez dans une moyenne casserole deux onces de beurre fin ; dès qu'il est fondu, vous y mêlez assez de belle farine pour en faire un roux léger, que vous cuisez quelques minutes sur un feu doux ; puis vous y mêlez assez de crème pour en former une pâte mollette que vous desséchez sur un feu modéré, pendant dix minutes ; ensuite vous y mêlez deux onces de Parmesan râpé, six jaunes d'œuf, un peu de glace de volaille, une pointe de sel, de mignonnette, et de muscade râpée, et un vert d'épinards (passé au tamis de soie), afin de colorer l'appareil d'un vert printanier ; maintenant vous en pochez une petite quenelle pour vous assurer de son assaisonnement et de son moelleux ; si vous trouvez à l'essai la quenelle trop ferme, vous ajoutez à l'appareil un peu de consommé ; si elle est trop délicate, ajoutez un jaune d'œuf ; après quoi vous formez avec l'appareil des quenelles dans des cuillères à café et les placez à mesure dans un plat à sauter légèrement beurré ; douze à quinze minutes avant le moment de servir, vous les pochez en versant dessus du bouillon en ébullition, puis vous les égouttez sur une serviette, et les placez dans la soupière, en y versant ensuite l'empotage, lié ainsi qu'il est démontré ci-dessus ; seulement vous supprimez le macaroni.

Observation.

On peut également servir ce potage au consommé

clair; alors on servira à part du Parmesan râpé sur
une assiette.

POTAGE DE MACARONI A LA VIRGILE.

Préparez votre consommé empotage ainsi qu'il est
démontré au premier article de ce chapitre; après
l'avoir clarifié et passé, vous le faites réduire de moitié; puis vous faites blanchir selon la règle douze onces de petit macaroni de Naples; puis vous l'égouttez
et le faites mijoter vingt-cinq minutes dans la moitié
du consommé réduit, avec un peu de beurre et de mignonnette; étant prêt à servir, vous en masquez légèrement la soupière. Semez dessus un peu de Parmesan
râpé; ajoutez ensuite un lit de petites quenelles de volaille préparées de la manière accoutumée, un peu de
Parmesan, un lit de macaroni, un peu de Parmesan,
puis des quenelles, du Parmesan, du macaroni, du
Parmesan, des quenelles, du fromage et du macaroni
que vous masquez de Parmesan; arrosez-le avec la
moitié du consommé réduit; puis servez le potage, et
le reste du consommé à part dans une casserole d'argent.

POTAGE DE LAZAGNES A LA PORTICI.

Faites selon la règle une farce à quenelles avec
deux perdreaux rouges, en y mêlant une pointe de
Parmesan râpé; puis vous détrempez deux jaunes de
pâte à nouilles, en additionnant autant d'eau, la
pâte en est plus délicate; puis un peu de beurre et
de Parmesan râpé; après l'avoir abaissée très mince
et carrément, vous placez à un pouce près du bord

une petite bande de farce de la grosseur du petit
doigt ; mouillez légèrement l'abaisse le long de la
farce, que vous roulez un peu , afin qu'elle se trouve
entourée de pâte ; vous séparez cette bande ronde de
l'abaisse avec le couteau ; recommencez encore quatre
à cinq fois la même opération, afin d'employer toute
la farce de perdreaux ; ensuite vous coupez chacune
de ces bandes en petits losanges et les placez sur des
couvercles de casserole saupoudrés de farine ; vingt
minutes avant de servir, vous les versez dans un
plat à sauter contenant du bouillon en ébullition :
ces espèces de petites quenelles ne doivent pas bouillir. Maintenant vous avez fait blanchir selon la règle huit onces de lazagnes (pâte de Naples en rubans),
puis vous les égouttez et les faites mijoter vingt-cinq minutes dans la moitié du consommé empotage (réduit)
que vous avez marqué en suivant les détails donnés
dans l'analyse du premier potage de ce chapitre ;
après quoi vous égouttez les petites quenelles ; puis
vous masquez le fond de la soupière d'un peu de lazagnes, sur lesquelles vous semez un peu de Parmesan râpé et bien frais ; ajoutez un lit de petites quenelles ; terminez ainsi, en additionnant à chaque lit
de lazagnes et de fromage une pointe de mignonnette
et un peu de beurre fin, tiède seulement ; masquez
la surface du potage de Parmesan, arrosez-le d'un
peu de consommé réduit ; servez le reste du consommé à part dans une casserole d'argent.

POTAGE DE RIZ A L'ITALIENNE

Après avoir lavé et blanchi trois onces de riz Caroline, vous le faites cuire un peu ferme dans du consommé, avec deux onces de beurre fin et une pointe de mignonnette; ensuite vous y mêlez deux onces de Parmesan nouveau et râpé, puis trois jaunes d'œuf. Cet appareil étant froid, vous en formez de petites boules de la grosseur des avelines; dix minutes avant le moment du service, vous les roulez dans un plat à sauter contenant deux œufs bien battus; après les avoir égouttées, vous les mettez une à une dans une poêle de friture neuve et un peu chaude, afin de leur donner une belle couleur blonde; puis vous les égouttez quelques minutes sur une serviette; ensuite vous les versez dans la soupière contenant le consommé empotage, préparé et lié au Parmesan, ainsi que nous l'avons démontré aux détails du potage de macaroni à la napolitaine. (Voyez le premier article de ce chapitre.)

CHAPITRE XV.

DES POTAGES SICILIENS.

SOMMAIRE.

Potage de macaroni à la sicilienne; idem à la Palerme ; idem de taillarines ; idem à la Cénan ; idem à la Cicérono; idem de semoule à la
Messine.

POTAGE DE MACARONI A LA SICILIENNE.

RÉPAREZ votre consommé empotage ainsi
qu'il est décrit pour le potage de macaroni
à la napolitaine; faites-le réduire de moitié ; ensuite faites blanchir selon la règle douze onces
de gros macaroni de Naples; puis vous le faites mi-

joter vingt-cinq minutes dans la moitié du consommé
empotage, avec deux onces de beurre fin et une
pointe de mignonnette. Maintenant vous avez haché
le quart d'un filet de bœuf braisé ou rôti, en ayant
soin de retirer toutes les parties grasses; ayez aussi
quatre onces de fromage de Parmesan frais et râpé.

Au moment de servir, vous mettez un lit de macaroni dans le fond de la soupière, et semez dessus
un peu de Parmesan que vous masquez entièrement
avec le bœuf haché; ajoutez du Parmesan, du macaroni, du bœuf, et terminez le potage en le garnissant d'un lit de chacune de ces trois choses; masquez-
le de Parmesan, et arrosez-le du fond de macaroni et
d'un peu de consommé réduit; servez en mettant le
reste de l'empotage dans une casserole d'argent : il est
essentiel d'ajouter peu de consommé, le potage devant rester par lits, ainsi qu'il est marqué.

POTAGE DE MACARONI A LA PALERME.

Préparez et terminez votre consommé empotage
selon la règle (Voir le potage de macaroni à la napolitaine.), et faites-le réduire de moitié; puis vous
avez coupé en petits dés un jarret de jambe de
bœuf blanchi et dégorgé; mettez-le dans une casserole à ragoût dans laquelle vous aurez fait roussir
huit onces de petit lard maigre dessalé, blanchi,
coupé en petits dés et paré; vous y aurez joint quatre
onces de beurre fin, une gousse d'ail et une pointe
de mignonnette; vous passez le jarret de bœuf avec
le petit lard, pendant dix minutes, sur un feu modéré, afin de le roussir un peu; après quoi vous y

mêlez la moitié du consommé réduit, un bouquet
assaisonné d'un peu de laurier, de thym, de macis,
puis deux clous de girofle et une cuillerée à ragoût
de sauce tomate; faites mijoter à très petit feu, durant trois heures; alors, le bœuf doit être cuit et de
haut goût; retirez la gousse d'ail et le bouquet; étant
prêt à servir, vous semez dans le fond de la soupière
un peu de Parmesan râpé, sur lequel vous mettez un
lit de macaroni (préparé ainsi qu'il est démontré ci-
dessus); puis vous le masquez de Parmesan râpé
(quatre onces); vous ajoutez dessus un lit de jarret
de bœuf, un de Parmesan, un de macaroni, un de
Parmesan et ainsi de suite, en terminant le potage par
du Parmesan, sur lequel vous versez le fond du jarret et un peu de consommé réduit; observez d'en
mettre peu, afin que le macaroni reste par lits; servez
le potage et le reste du consommé empotage à part,
dans une casserole d'argent, et un peu de Parmesan
râpé sur une assiette.

POTAGE DE TAILLARINES A LA CÉNANO.

Après avoir préparé selon la règle le consommé
empotage (Voir les détails donnés au potage de macaroni à la napolitaine.), vous détrempez trois jaunes d'œuf de pâte à nouilles, en y mêlant le même
volume d'eau, un peu de sel et de Parmesan râpé, et
de beurre frais, afin de les rendre plus délicates; ensuite vous abaissez et découpez les nouilles de la manière accoutumée (qu'elles aient peu de longueur);
un quart d'heure avant le moment de servir, vous
les faites blanchir une seconde à l'eau bouillante; puis

vous les égouttez et les faites mijoter pendant cinq
minutes dans un peu de consommé réduit avec une
pointe de mignonnette ; puis vous les versez dans le
consommé bouillant, que vous aurez lié en y mêlant
douze jaunes d'œuf frais passés à l'étamine avec un
peu de crème ; ajoutez deux petits pains de beurre et
quatre onces de Parmesan râpé et bien frais, afin
qu'il n'ait point d'âcreté ; autrement, il serait nécessaire d'ajouter une pointe de sucre ; versez les taillarines dans la soupière, et servez.

POTAGE DE TAILLARINES A LA CICÉRON.

Préparez de tous points votre potage comme le
précédent ; puis, au moment de servir, vous le versez dans la soupière contenant une assiettée de petites quenelles de faisan, et une de petits champignons
tournés et sautés au consommé seulement ; servez.

POTAGE DE SEMOULE A LA MESSINE.

Après avoir préparé votre consommé à potage
selon la règle (Voir les détails donnés au potage de
macaroni à la napolitaine.), vous détrempez six onces de farine de froment, six de maïs, avec six jaunes
d'œuf, trois onces de Parmesan râpé, deux onces de
beurre fin, et la crème nécessaire pour en obtenir
une pâte ferme et très lisse ; ensuite vous hachez
très fin, en y mêlant de la farine pour en obtenir une
semoule que vous faites passer par la passoire, et sécher ensuite à l'étuve sur trois couvercles de casserole ; cinq minutes avant le moment de servir, vous la

I.   14

versez dans le consommé empotage en ébullition , en
ayant soin de le remuer avec la cuillère percée, afin
que la semoule ne se pelote point ; puis vous la retirez du feu, afin que l'ébullition cesse, pour y mêler un peu de crème double, deux petits pains de
beurre et une pointe de mignonnette ; versez ce potage dans la soupière contenant deux assiettées de rognons de coq ; servez à part sur une assiette du Parmesan râpé.

CHAPITRE XVI.

DES POTAGES ITALIENS.

SOMMAIRE.

Potage de macaroni à la Médicis ; idem à la Rossini ; idem à la Numa ; idem à la Mécène ; idem à la Corinne ; idem à la Romulus ; idem à la Saint-Pierre ; idem à la Reggio ; idem à la Bénévent ; idem de laza-gues à l'Apicius ; idem de ravioles à la Tivoli ; idem de riz et de ravio-les à l'Arioste; idem de semoule à la Raphaël ; idem de petites que-nelles et d'anguilles à la vénitienne ; idem de quenelles à la florentine; idem de riz à la piémontaise; idem de croûtes gratinées à la milanaise.

POTAGE DE MACARONI A LA MÉDICIS.

ous préparez votre consommé empotage de la manière accoutumée (Voir les dé-tails du potage de macaroni à la napoli-taine.), et le faites réduire de moitié; puis vous faites blanchir douze onces de macaroni de Naples,

14*

égouttez-le, et faites-le mijoter vingt-cinq minutes dans la moitié du consommé, avec deux petits pains de beurre frais et une pointe de mignonnette. Au moment de servir vous avez toutes prêtes de petites quenelles de volaille au beurre d'écrevisses, préparées selon la règle ; les queues d'un demi-cent de moyennes écrevisses, dont les coquilles doivent servir à confectionner le beurre d'écrevisses des quenelles, puis les chairs d'un poulet gras poêlé et haché très fin ; ajoutez quatre onces de Parmesan bien frais et râpé ; maintenant vous mettez un lit de macaroni dans la soupière et semez dessus un peu de Parmesan râpé, ensuite vous ajoutez un lit de queues d'écrevisses et de volaille hachée, puis un lit de Parmesan, un lit de macaroni, puis du Parmesan, un lit de quenelles, du Parmesan, et continuez ainsi le potage en le masquant de fromage, après quoi vous l'arrosez avec le fond du macaroni et un peu de consommé réduit, dont vous servez le restant dans une casserole d'argent ; servez de suite.

POTAGE DE MACARONI A LA ROSSINI.

Faites selon la règle une farce à quenelles de deux perdreaux rouges, en y mêlant un peu de Parmesan râpé ; puis vous faites rôtir deux autres perdreaux rouges pour en confectionner une purée de gibier de la manière accoutumée (Voir le premier chapitre des potages.) ; ensuite vous faites réduire de moitié le consommé empotage ainsi que nous l'avons démontré pour le potage de macaroni à la napolitaine,

en y joignant toutefois les carcasses des perdreaux
et une pointe de mignonnette ; maintenant vous faites blanchir à l'eau bouillante douze onces de petit
macaroni de Naples, égouttez-le, et faites-le mijoter
vingt-cinq minutes dans la moitié du consommé réduit, avec un peu de mignonnette et quatre onces de
beurre ; au moment de servir, vous pochez les petites
quenelles de perdreaux dans du consommé, et les
égouttez, ainsi que le macaroni, que vous sautez
deux ou trois fois dans un plat à sauter, en y mêlant
la purée de perdreaux préparée à cet effet, et chauffée
au bain-marie ; masquez le fond de la soupière de
macaroni, semez dessus un peu de Parmesan râpé
(quatre onces); ajoutez un lit de petites quenelles,
un peu de Parmesan, du macaroni, du Parmesan et
des quenelles ; donnez les mêmes soins pour achever
de garnir le potage en le masquant de Parmesan et
en l'arrosant du fond de macaroni et d'un peu de
consommé, dont vous servez le reste dans une casserole d'argent.

Ce potage est digne de l'illustre musicien gastronome.

POTAGE DE MACARONI A LA NUMA.

Préparez selon la règle le consommé empotage
(Voir le potage de macaroni à la napolitaine.) ; puis
vous marquez une farce à quenelles avec les filets de
quinze cailles de vigne ; ensuite vous préparez un litre de petits pois à la française et une assiettée de
gros rognons de coq ; puis vous faites blanchir douze
onces de gros macaroni de Naples, vous l'égouttez,

et le faites mijoter une demi-heure dans la moitié
du consommé réduit comme de coutume. Etant près
de servir, vous pochez et égouttez les quenelles
ainsi que les rognons, pour les sauter ensuite avec les
pois, en y joignant un peu de beurre, un peu de
glace faite avec le fumet des cailles, et une pointe de
mignonnette et de muscade râpée. Maintenant vous
masquez le fond de la soupière de macaroni et semez dessus un peu de Parmesan râpé (quatre onces); mettez pardessus un lit de quenelles, de rognons et de petits pois; ajoutez un peu de Parmesan,
puis du macaroni, du fromage, des quenelles; procédez ainsi pour achever le potage, que vous masquez de Parmesan, et l'arrosez du fond de macaroni
et d'un peu de consommé, dont vous servez le reste
à part dans une casserole d'argent.

POTAGE DE MACARONI A LA MÉCÈNE.

Vous marquez et faites réduire de moitié le consommé empotage de la manière accoutumée (Voir le
potage de macaroni à la napolitaine.); puis vous avez
une noix de jambon cuit, paré et haché; ensuite vous
faites blanchir douze onces de petit macaroni de Naples, vous l'égouttez après quelques bouillons, et le
faites mijoter vingt-cinq minutes avec le tiers du consommé réduit, quatre onces de beurre fin, une pointe
de mignonnette et deux cuillerées à ragoût de sauce à
la Soubise; après quoi vous masquez le fond de la
soupière de macaroni; ajoutez un lit de Parmesan
râpé (quatre onces), un de jambon et de grosses crêtes, puis du Parmesan dessus, et continuez de la

même manière et avec les mêmes soins à garnir le
potage, sur lequel vous ajoutez un peu de Parmesan
et de consommé réduit; servez le reste à part dans
une casserole d'argent.

POTAGE DE MACARONI A LA CORINNE.

Après avoir marqué de la manière accoutumée
votre consommé empotage (Voir le potage de macaroni à la napolitaine.), vous préparez une macédoine selon la règle, et ne la composez que de petites
carottes, de navets et de petits pois; ensuite vous
préparez douze onces de gros macaroni de Naples,
en le blanchissant, et le faisant mijoter une demi-
heure avec la moitié du consommé réduit, deux petits pains de beurre frais et une pointe de mignonnette; après quoi vous en masquez le fond de la
soupière; semez dessus du Parmesan râpé (quatre
onces); puis vous y mettez un lit de macédoine, du
Parmesan, de la macédoine, et suivez les procédés
ordinaires pour garnir le potage, que vous terminez
selon la coutume.

POTAGE DE MACARONI A LA ROMULUS.

Ayez une langue de bœuf à l'écarlate, peu salée;
après l'avoir parfaitement parée, vous coupez le
gros rond de la langue en petites escalopes de quinze lignes de diamètre avec un emporte-pièce, et
les placez dans un plat à sauter avec deux petits
pains de beurre frais et un peu de consommé; coupez également en escalopes deux petits riz de veau

cuits dans une mire-poix ; puis vous avez quatre onces de Parmesan frais et râpé, et une assiettée de petites quenelles, de filets de soles au beurre d'écrevisses préparées selon la règle ; vous avez blanchi
douze onces de macaroni de Naples une seconde à
l'eau bouillante, et le faites mijoter une demi-heure
dans quatre onces de beurre fin, une pointe de mignonnette et la moitié du consommé empotage préparé de la manière accoutumée (Voir le potage de
macaroni à la napolitaine.) et réduit de moitié ; étant
prêt à servir, vous masquez le fond de la soupière
de macaroni, et semez dessus un peu de Parmesan,
ensuite un lit de riz de veau, un peu de Parmesan,
un lit de quenelles et un peu de Parmesan, puis du
macaroni, du fromage, un lit de langue à l'écarlate,
un peu de Parmesan, et terminez ce potage en suivant
les procédés indiqués ci-dessus. Le Parmesan doit le
couvrir ; puis vous l'arrosez avec le fond du macaroni et un peu de consommé, dont vous servez le
le reste dans une casserole d'argent ; servez.

POTAGE DE MACARONI A LA SAINT-PIERRE.

Après avoir préparé le consommé empotage selon
les procédés indiqués au détail du potage de macaroni
à la napolitaine, vous le réduisez de moitié ; puis
vous faites blanchir une seconde à l'eau bouillante
douze onces de gros macaroni de Naples, et le faites
mijoter une bonne demi-heure avec quatre onces de
beurre d'écrevisses, la moitié du consommé réduit et
une pointe de mignonnette ; maintenant vous masquez le fond de la soupière de macaroni, et semez

dessus uu peu de Parmesan râpé (quatre onces), ensuite un lit de laitances de carpes et de queues d'é-
crevisses (les coquilles servent pour le beurre d'écrevisses), un peu de Parmesan, un lit de quenelles de
merlan et de gros rognons, un peu de Parmesan
dessus, puis un lit de macaroni, un peu de Parmesan, un lit d'escalopes de saumon, du Parmesan, et
terminez le potage selon la règle, en servant à part le
reste du consommé dans une casserole d'argent;
servez.

POTAGE DE MACARONI A LA REGGIO.

Préparez votre consommé empotage selon la règle
(Voir le potage de macaroni à la napolitaine.), et
le faites réduire d'un tiers; ensuite vous avez fait
cuire deux heures dans un blanc six pieds de veau
gras, blancs, dégorgés, blanchis et flambés; vous
les égouttez, et dès qu'ils sont froids vous en retirez
les nerfs et les parties grasses qui y sont adhérentes;
vous coupez en gros dés ces parties nerveuses et les
faites mijoter trois heures dans du consommé empotage avec une livre de jambon maigre dessalé, blanchi
et haché fin. Maintenant vous faites blanchir une seconde douze onces de petit macaroni de Naples;
égouttez-le, et faites-le mijoter ensuite avec la moitié
du consommé restant, quatre onces de beurre fin et
une pointe de mignonnette; étant prêt à servir, vous
masquez de macaroni le fond de la soupière; semez
dessus un peu de Parmesan râpé (quatre onces), puis
un lit de jambon et de veau, puis du Parmesan, du
macaroni et terminez le potage en suivant les procé-

dés indiqués ci-dessus; servez le reste du consommé à part dans une casserole d'argent, et du fromage sur une assiette.

POTAGE DE MACARONI A LA BÉNÉVENT.

Après avoir préparé de la manière accoutumée le consommé empotage (Voir le potage de macaroni à la napolitaine.), vous le réduisez d'un tiers; puis vous avez coupé en gros dés les parties grasses et blanches de huit palais de bœuf à moitié cuits dans un blanc, et les faites mijoter deux heures dans du consommé avec la moitié d'une langue de bœuf à l'écarlate (la partie la plus rouge), coupée en gros dés, deux petits pains de beurre frais, une pointe de mignonnette et une gousse d'ail; ensuite vous faites blanchir douze onces de gros macaroni de Naples; vous l'égouttez, et le faites mijoter une demi-heure dans la moitié du consommé avec une pointe de mignonnette; puis vous y joignez deux cuillerées de bonne sauce tomate. Au moment de servir, vous en mettez un peu dans le fond de la soupière; recouvrez-le d'un peu de Parmesan râpé (quatre onces), puis un lit de palais de bœuf et de langue à l'écarlate, dessus un peu de Parmesan, et terminez en suivant les mêmes procédés; servez le reste du consommé empotage dans une casserole d'argent.

POTAGE DE LAZAGNES A L'APICIUS.

Vous confectionnez votre consommé empotage selon les procédés décrits au potage de macaroni à

la napolitaine ; après l'avoir fait réduire de moitié,
vous faites blanchir douze onces de lazagnes à l'eau
bouillante avec un peu de sel et de beurre ; après
quelques bouillons vous les égouttez pour les faire
mijoter vingt minutes dans la moitié du consommé
réduit, avec quatre onces de beurre fin, une pointe
de mignonnette et de muscade râpée ; puis vous avez
préparé selon la règle une purée de volaille avec les
blancs d'une poularde ; vous la joignez aux lazagnes (que vous avez égouttées) en les sautant, afin
de bien les mêler à la purée ; après quoi vous en
mettez un lit dans la soupière, en semant dessus du
Parmesan râpé (quatre onces), ensuite un lit de
grosses crêtes et de gros rognons de coq cuits au consommé, puis une assiettée de petites truffes tournées
en olives, sautées au beurre avec un peu de glace de
volaille et mêlées aux crêtes ; semez dessus du Parmesan, puis des lazagnes, du Parmesan, des crêtes,
des rognons, des truffes et du Parmesan. Suivez les
procédés ordinaires pour finir le potage, sur lequel
vous versez le fond des lazagnes et un peu de consommé, dont vous mettez le reste dans une casserole d'argent ; servez.

POTAGE DE RAVIOLES A LA TIVOLI.

Le consommé empotage étant marqué selon la
règle (Voir le potage de macaroni à la napolitaine.),
vous le faites réduire de moitié ; ensuite vous détrempez huit onces de farine avec un peu de Parmesan râpé, de beurre, quatre jaunes d'œuf et un peu
de crème double ; abaissez cette pâte extrêmement

fine et carrément ; placez dessus, près du bord de l'abaisse, à un pouce de distance, gros comme une noix muscade de farce de volaille (1), et ainsi de suite, en garnissant la longueur de l'abaisse, que vous mouillez légèrement en passant le pinceau tout autour des petites parties de farce ; alors vous les masquez en pliant le bord de l'abaisse dessus ; puis vous appuyez la pâte, afin que la farce se trouve contenue; ensuite vous détaillez vos ravioles avec un petit coupe-pâte demi-circulaire de vingt lignes de diamètre, et les placez sur un couvercle de casserole légèrement saupoudré de farine. Après avoir employé toute la farce à faire des ravioles, vous les faites blanchir une seconde, les égouttez, et les faites mijoter un quart d'heure dans un plat à sauter avec deux petits pains de beurre et le tiers du consommé réduit ; ajoutez une pointe de mignonnette.

Maintenant vous avez fait cuire quatre onces de semoule de Naples dans le tiers du consommé, avec un peu de beurre fin et de mignonnette; observez qu'elle doit être veloutée, un peu liée et consistante ; ensuite vous en masquez légèrement le fond de la soupière ; semez dessus un peu de fromage (quatre onces) de Parmesan râpé ; puis vous y joignez un lit de ravioles, du Parmesan, un lit de semoule, du Parmesan, un lit de ravioles, du Parmesan, et tou-

---

(1) Que vous marquez ainsi : hachez très fin la chair d'un poulet gras poêlé que vous mêlez avec quatre jaunes d'œuf, deux onces de Parmesan râpé, deux cuillerées à bouche de fromage à la crème bien égoutté, et deux cuillerées d'épinards peu mouillés, préparés de même que pour entremets; ajoutez une pointe de mignonnette et de muscade râpée.

jours de même, en terminant le potage par du Parmesan, sur lequel vous ajoutez le fond des ravioles, un peu de consommé, et versez le reste dans une casserole d'argent ; servez.

POTAGE DE RIZ ET DE RAVIOLES A L'ARIOSTE.

Vous procéderez ainsi qu'il est indiqué ci-dessus pour confectionner vos ravioles ; seulement vous supprimerez de la farce le peu d'épinards qu'on y joint, pour les remplacer par deux truffes hachées fin ; puis vous avez préparé selon la règle le consommé empotage ainsi qu'il est démontré pour le potage de macaroni à la napolitaine ; après l'avoir fait réduire de moitié, vous en prenez le tiers, dans lequel vous mettez quatre onces de riz Caroline (lavé et blanchi) avec deux petits pains de beurre et une pointe de muscade râpée ; ayez soin de faire mijoter ce riz à très petit feu pendant une heure, et de ne point le remuer, afin de le conserver bien en grains.

Maintenant vous avez fait blanchir les ravioles quelques minutes à l'eau bouillante ; puis vous les égouttez et les faites mijoter pendant un quart d'heure dans un plat à sauter contenant le tiers du consommé réduit et une pointe de mignonnette ; étant prêt à servir, vous masquez le fond de la soupière de riz (auquel vous devez ajouter un peu de consommé afin de le rendre léger) sur lequel vous semez du Parmesan râpé (quatre onces) ; ajoutez ensuite un lit de ravioles, un de Parmesan, un de riz, puis du Parmesan, des ravioles ; terminez l'opération de la manière décrite ci-dessus ; masquez le potage de Parmesan ;

arrosez-le avec un peu de consommé; servez, en ajoutant le reste du consommé dans une casserole d'argent.

POTAGE DE SEMOULE A LA RAPHAEL.

Préparez le consommé empotage ainsi que nous l'avons démontré pour le potage de macaroni à la napolitaine; une demi-heure avant de servir, vous le faites bouillir et réduire d'un quart, pour y mêler huit onces de grosse semoule de Naples; remuez-la avec la cuillère à ragoût, afin qu'elle ne se pelote pas; vingt minutes après, vous la versez peu à peu dans la soupière contenant une purée de volaille (préparée de la manière accoutumée); vous la mêlez avec la cuillère à ragoût, en y joignant deux petits pains de beurre frais, une pointe de mignonnette et une assiettée de grosses crêtes; servez le potage et du Parmesan râpé sur une assiette.

POTAGE DE PETITES QUENELLES ET D'ANGUILLES A LA VÉNITIENNE.

Mettez dans une casserole à ragoût deux onces de beurre fin; dès qu'il est fondu, vous y mêlez deux cuillerées à ragoût de farine pour en former un roux que vous cuisez quelques secondes; puis vous y mêlez du consommé un peu réduit, pour en obtenir une espèce de pâte à choux que vous desséchez cinq minutes; après quoi vous y mêlez deux onces de Parmesan râpé, une pointe de muscade et de mignonnette, cinq ou six jaunes d'œuf frais; travaillez bien

la pâte, afin de la rendre très lisse ; ensuite vous essayez une petite quenelle dans un peu de consommé,
afin de vous assurer du moelleux de l'appareil, qui
doit être délicat ; s'il se trouvait trop ferme, ajoutez
un peu de consommé ; dans le cas contraire, ajoutez
un peu de jaune d'œuf. Maintenant vous formez vos
petites quenelles en les roulant sur la table saupoudrée de farine, et les placez dans un plat à sauter légèrement beurré ; étant prêt à servir, vous versez
dessus du consommé en ébullition, et laissez pocher
vos quenelles sur un feu doux, sans qu'elles bouillent ; puis vous les versez dans la soupière contenant
une escalope de filets d'anguille sautés au beurre ; ajoutez le consommé empotage préparé selon la règle
(Voir le potage de macaroni à la napolitaine.), et servez à part sur une assiette quatre onces de Parmesan
râpé.

POTAGE DE QUENELLES A LA FLORENTINE.

Vous préparez votre consommé empotage selon les
détails indiqués pour le potage de macaroni à la napolitaine ; puis vous faites pour les quenelles le même
appareil que ci-dessus, et vous ajoutez deux cuillerées à bouche de cerfeuil haché et blanchi ; ensuite
vous formez les quenelles dans des cuillères à café,
et les pochez au consommé, au moment de servir et
sans ébullition ; après quoi vous les versez dans la
soupière contenant deux petits poulets à la reine poêlés et dépecés pour potage, et un litre de petits pois
cuits à la française ; ajoutez le consommé tout bouillant, et servez à part sur une assiette quatre onces
de Parmesan râpé.

POTAGE DE RIZ A LA PIÉMONTAISE.

Coupez quatre gros navets en petits dés ; puis vous les faites roussir bien blonds dans du beurre clarifié, en les remuant avec la cuillère de bois sur un feu modéré ; égouttez-les dans la passoire et faites-les cuire dans du consommé ; ensuite vous versez dix onces de riz Caroline lavé et blanchi dans trois cuillerées à pot de consommé empotage (préparé selon la règle) avec une pointe de mignonnette et deux onces de beurre fin ; après une heure d'une légère ébultion, vous le versez bien en grains dans la soupière ; ajoutez les navets, et servez en mettant sur une assiette quatre onces de fromage de Parmesan râpé.

Observation.

Il m'eût été facile d'augmenter le nombre des potages à l'italienne en ajoutant à ce chapitre des croûtes gratinées, des profiteroles, des garbures et des potages clairs aux racines ; en additionnant à la composition de ces potages du fromage de Parmesan et du macaroni en petits fragments au lieu de pain, ainsi qu'il est démontré pour les potages napolitains, siciliens et italiens.

Je vais en donner un exemple.

POTAGE DE CROUTES GRATINÉES A LA MILANAISE.

Après avoir préparé le consommé empotage de la manière accoutumée (Voir le potage de macaroni à

la napolitaine), faites cuire à la broche trois perdreaux rouges; dès qu'ils sont froids, vous en levez
les chairs, que vous parez et hachez fin; puis vous
mettez ce hachis dans une casserole à ragoût, en y
mêlant un peu de beurre fondu, une pointe de mignonnette, deux cuillerées de bonne espagnole et
deux de Parmesan râpé; ensuite vous garnissez de
ce hachis la croûte d'un pain à potage d'une livre
dont vous avez entièrement retiré la mie; alors vous
la renversez dans la soupière contenant des croûtes
de pain masquées de Parmesan, de consommé réduit,
et gratinées selon la règle; puis vous masquez la
croûte du hachis avec le dégraissis du consommé
marqué comme de coutume (Voir le potage de macaroni à la napolitaine.), en y joignant les carcasses
des perdreaux; semez un peu de Parmesan sur la
croûte, et la mettez sous le four de campagne, afin
de la rendre bien croustillante; après quoi vous versez dessus la moitié du consommé; servez sur une
assiette du Parmesan râpé, puis le reste du consommé à part dans une casserole d'argent.

Observation.

Ce potage de croûtes gratinées est réellement à
l'italienne, et doit servir d'exemple, ainsi que je l'ai
annoncé, pour confectionner les potages de profiteroles, de racines, et autres croûtes gratinées et garbures
dont nous avons donné les détails aux Ier, IVe et
XIIe chapitres contenus dans cette partie.

CHAPITRE XVII.

DES POTAGES ESPAGNOLS.

SOMMAIRE.

Potage de chapon à l'espagnole; idem de perdreaux rouges à l'espagnole;
idem de faisans à la Toloza; idem de poisson à la Salvator; idem de
garvances et de tendrons de veau à la Castille; idem de riz garni d'a-
gneau à la Barcelone; idem de riz et de quenelles à la Séville; idem
à la paysanne espagnole.

OBSERVATION.

'AI consulté plusieurs de nos cuisiniers
distingués qui ont été à Madrid, afin
d'avoir quelques renseignements sur les
potages espagnols, et tous m'ont répété que chaque jour, dans les grandes maisons de Madrid,

les indigènes préparaient l'oille, qui se compose
d'un grand nombre de viandes, de racines et de
légumes; que les maîtres étaient dans l'habitude de
prendre le bouillon de ces sortes de potages et les
meilleurs morceaux, et que le reste de la maison se
nourrissait avec les viandes et les racines de l'oille.
Ces renseignements étaient peu satisfaisants pour moi;
mais ici, comme dans d'autres circonstances, je me
servirai du beau talent de Laguipierre : c'est par lui
seulement que j'ai vu faire une oille; cependant il la
servit pour grosse pièce, et non pas pour potage, ce
qui est fort différent. Ensuite j'ai trouvé dans l'ouvrage du fameux Vincent-la-Chapelle quelques détails sur l'oille, qui vont me servir pour composer
quelques potages à l'instar de l'oille à l'espagnole.
Ces nouvelles combinaisons de potage pourront servir à nos cuisiniers susceptibles de servir de grands
personnages espagnols, soit à Paris, soit à l'étranger,
je le répète ici, en prenant pour guide les ingrédients
qui composent l'assaisonnement caractéristique des
oilles à l'espagnole. Rien ne paraît donc plus facile
que de donner de nouveaux potages espagnols. J'ai
agi de même à l'égard des potages étrangers que j'ai décrits, et je suivrai la même manière de procéder pour
composer de nouveaux potages allemands, russes, polonais, hollandais, américains et indiens. Je me réserve de donner les détails de l'oille d'après Laguipierre au Traité des grosses pièces, ce chapitre ne devant comprendre que des potages, comme par exemple l'oille de chapon à l'espagnole. Je vais donc décrire ces sortes de potages en les simplifiant le plus
qu'il me sera possible pour en faciliter l'exécution.

15 *

POTAGE DE CHAPON A L'ESPAGNOLE.

Mettez dans une marmite deux livres de tran-che de bœuf, un collet de mouton, un jarret de veau, une poule, une perdrix, et un combien de jambon blanchi et flambé; ajoutez deux grandes cuillerées de bouillon, faites écumer la marmite, et la laissez tomber à réduction, en observant que la glace soit peu colorée; après quoi vous y versez huit grandes cuillerées de bouillon; ajoutez trois carottes, trois oignons, trois navets, un bouquet de six poireaux et de deux pieds de céleri, et le quart d'un chou blanchi et ficelé; mettez encore une gousse d'ail, quatre clous de girofle, un peu de macis et deux pin-cées de gros poivre; faites mijoter pendant cinq heures en plaçant la marmite sur un feu très doux : durant ce laps de temps, vous faites une vingtaine de petites carottes coupées en petites colonnes de trois lignes de diamètre sur quinze de hauteur; faites autant de petits navets préparés de la même ma-nière; ajoutez douze petits poireaux et les petites branches de trois pieds de céleri; faites blanchir ces racines et faites-les cuire séparément avec du consom-mé de l'empotage; maintenant vous faites cuire dans une mire-poix un chapon blanc bien en chair, et enveloppé de bardes de lard; faites cuire dans la marmite six petites saucisses chipolata, puis vous les égouttez ainsi que le chapon, et ajoutez le fond de la cuisson dans le consommé empotage, que vous clari-fiez selon la règle en le réduisant d'un cinquième; le chapon étant froid, vous le dépecez en coupant cha-

que blanc en quatre filets , laissez l'aileron entier, et coupez chaque cuisse en quatre parties égales ;
placez le tout dans la soupière en y joignant les petites saucisses que vous aurez parées en retirant les
peaux , et coupez chacune d'elles en deux dans la longueur ; puis vous ajoutez les racines citées ci-dessus,
vingt-quatre petits croûtons à potage, séchés à l'étuve,
et le consommé empotage, qui doit être de bon
goût.

Observation.

Voilà, me dira-t-on, un potage qui ressemble
beaucoup à nos potages français. Sans doute , car
j'en fais ici un vrai potage , tandis que les Espagnols
serviraient le chapon sur un plat avec les racines et
les saucisses autour. D'abord je répondrai que le
consommé empotage n'est point marqué comme les
nôtres , ayant dans sa composition une perdrix , un
combien de jambon , puis de l'ail , du macis ; ensuite
mes racines en colonnes cuites avec le consommé
empotage sont plus succulentes et de meilleure mine :
voilà des résultats incontestables. Cependant mon potage a la saveur et le goût des oilles à l'espagnole. Je
secoue encore ici la vieille routine ; c'est ainsi que
l'on rajeunit et perfectionne les arts et métiers. Je
sais que les hommes qui restent stationnaires sont
toujours surpris que l'imagination du praticien ose
secouer les vieilles habitudes.

POTAGE DE PERDREAUX ROUGES A L'ESPAGNOLE.

Vous préparez de tous points le consommé empo-

tage ainsi que nous l'avons démontré ci-dessus ; puis
vous marquez également les mêmes racines en les
faisant cuire et tomber à glace ; faites cuire dans
une mire-poix trois perdreaux rouges et six petites
saucisses chipolata ; vous additionnez leur cuisson
au consommé empotage, que vous clarifiez selon la
règle ; vous dépecez les perdreaux en séparant chaque
membre en deux parties, ainsi que les petites saucisses, que vous coupez dans leur longueur ; vous les
placez dans la soupière en y joignant les racines préparées à cet effet, ainsi qu'une assiettée de petits croûtons séchés à l'étuve et le consommé empotage bouillant ; servez.

POTAGE DE FAISAN A LA TOLOSA.

Vous procéderez ainsi qu'il est démontré ci-dessus
en remplaçant les perdreaux par deux petits faisans
cuits dans une mire-poix, et en ajoutant au potage
un litre de pois fins cuits à l'anglaise ; servez.

POTAGE DE POISSON A LA SALVATOR.

Préparez votre consommé empotage selon la règle
(Voir le premier potage de ce chapitre.); puis vous
lavez un demi-litre de gros pois chiches (1), vous
les faites blanchir à l'eau tiède, et dès que la peau
des pois quitte sous la pression des doigts, vous les

(1) Espèce de gros pois jaunes que nous nommons à Paris pois chiches,
ou pois d'Espagne, et que les Espagnols désignent par le nom de garvances.

mondez, de même que nous faisons pour les amandes flots; après quoi vous les lavez à l'eau tiède, les
égouttez et les versez dans une casserole contenant
deux grandes cuillerées de consommé peu chaud;
faites-les cuire en ajoutant un saucisson et une grosse
gousse d'ail; faites-les mijoter doucement pendant
deux heures, afin de les obtenir bien entiers; maintenant vous marquez une escalope avec une petite
darne de saumon que vous sautez au beurre; puis
une moyenne anguille que vous coupez en biais en
petits tronçons d'un pouce de largeur, vous la faites
cuire dans un verre de Madère et dans du consommé
empotage, avec un petit bouquet légèrement assaisonné; versez le fond de la cuisson dans le consommé, que vous clarifiez selon la règle; au moment de
servir, vous parez le saucisson et le coupez en biais
de trois lignes d'épaisseur; placez-le dans la soupière
ainsi que le saumon et l'anguille, puis les racines
convenues pour les potages décrits précédemment;
retirez l'ail des pois chiches ou garvances et les mettez dans la soupière; versez dessus le consommé empotage avec une pluche de cerfeuil; servez.

POTAGE DE GARVANCES ET TENDRONS DE VEAU
A LA CASTILLE.

Après avoir préparé votre consommé empotage
de la manière accoutumée (Voir le potage de chapon
à l'espagnole.), vous marquez un demi-litre de gros
pois chiches ou garvances ainsi que nous l'avons démontré ci-dessus; avec un saucisson de huit onces;
puis vous marquez également les racines indiquées

pour le premier potage de ce chapitre. Ensuite vous faites cuire dans une mire-poix les tendrons d'une demi-poitrine de veau, après les avoir bien dégraissés et laissés entiers ; après quatre heures d'une légère ébullition, vous les égouttez, et dès qu'ils sont froids, vous séparez les tendrons en les coupant en escalopes de cinq lignes d'épaisseur, vous les parez et les placez à mesure dans un plat à sauter légèrement beurré ; dégraissez et passez dessus le fond de la mire-poix au tamis de soie, puis vous le faites mijoter et tomber à glace. Maintenant vous retirez la gousse d'ail des pois chiches, puis vous coupez en petits ronds le saucisson qui a cuit dans la préparation des pois, ainsi que six petites saucisses à la Chipolata que vous coupez en deux dans leur longueur ; étant prêt à servir vous aurez placé dans la soupière les petites racines, les petites saucisses, le saucisson, les pois chiches, les tendrons et le consommé empotage tout bouillant ; servez.

POTAGE DE RIZ D'AGNEAU A LA BARCELONE.

Le consommé empotage doit être préparé selon les procédés décrits pour le premier potage de ce chapitre ; puis vous faites cuire dans une mire-poix une épaule d'agneau, un petit saucisson et six saucisses à la Chipolata, que vous faites mijoter dix minutes seulement ; égouttez-les ainsi que le saucisson et l'épaule d'agneau ; ensuite vous lavez et blanchissez quatre onces de riz Caroline, et le faites mijoter pendant une heure avec deux grandes cuillerées de consommé empotage et une petite infusion de sa-

fran en feuilles, afin de le colorer d'un jaune léger.
Maintenant vous parez les chairs de l'épaule d'agneau
en petites escalopes, puis le saucisson et les petites
saucisses, que vous placez dans la soupière; versez
dessus le riz, que vous conservez bien en grains;
ajoutez dessus une petite macédoine de petites carottes, de navets et de petits pois cuits au consommé
et tombés à glace; ensuite vous y versez le consommé à potage en ébullition et clarifié selon la réglé;
servez.

POTAGE DE RIZ ET DE QUENELLES A LA SÉVILLE.

Vous faites votre consommé empotage selon la règle (Voir le premier potage de ce chapitre.); puis
vous préparez selon la règle une farce à quenelles de
volaille, vous les moulez dans une cuillère à café et
les placez à mesure dans un plat à sauter légèrement
beurré; ensuite vous faites cuire six onces de riz Caroline (lavé et blanchi) avec trois grandes cuillerées
de consommé empotage et une petite infusion de safran pour colorer le riz légèrement; après une heure
d'ébullition, vous pochez les quenelles; puis vous
versez le riz dans la soupière, en ayant soin de le
conserver en grains; ajoutez les petites quenelles, un
demi-litre de gros pois nouveaux cuits à la française, une pluche de cerfeuil et le consommé tout
bouillant; servez.

POTAGE A LA PAYSANNE ESPAGNOLE.

Faites votre consommé empotage selon la règle

(Voir le potage de chapon à l'espagnole.); puis vous faites cuire dans du consommé un pied de cochon bien blanc et flambé, avec un colet de mouton dégorgé, blanchi et coupé en petits fragments ; après trois heures d'une légère ébullition, vous y joignez un petit saucisson et six petites saucisses chipolata que vous retirez dix minutes après; ensuite vous faites cuire avec du consommé un demi-litre de pois chiches ou gravances que vous avez mondés et auxquels vous avez joint une gousse d'ail; vous avez également préparé les racines que nous sommes dans l'usage de marquer pour le potage à la julienne; vous y mêlez deux laitues, une poignée d'oseille et le quart d'un chou émincés; après avoir passé ces légumes et racines au beurre, vous les faites cuire dans du consommé empotage. Maintenant vous désossez le pied de cochon et le coupez par petites parties ainsi que le saucisson et les saucisses; puis vous les mettez dans la soupière avec le colet de mouton, dont les petits morceaux seront parés; ajoutez dessus les pois chiches ou garvances, puis les racines à la julienne et le consommé en ébullition; servez.

POTAGE NATIONAL ESPAGNOL.

Faites mijoter des croûtes de pain parées pour potage avec le bouillon d'oille; pendant ce temps vous avez préparé quelques escalopes de foies gras de volaille cuits dans une mire-poix et une assiettée de crêtes et rognons cuits dans le fond de la mire-poix, ainsi qu'une douzaine de petits œufs. Étant prêt à servir, vous égouttez cette garniture en la saupoudrant de farine ; puis vous la trempez dans de l'œuf battu, l'égouttez et la faites frire de belle couleur ; le potage étant gratiné, vous le servez en semant dessus la garniture frite et le reste du bouillon à part.

POTAGE SOUFFLÉ A L'ESPAGNOLE.

Ajoutez dans le bouillon de l'oille, préparé selon la règle, une petite infusion de safran, afin d'en colorer légèrement le potage ; vous en versez un peu sur un lit de lames de pain posées dans le fond de la soupière, et placez dessus un second lit de pain, que vous masquez avec une cuillerée d'œufs battus et assaisonnés comme pour omelette ; ensuite vous ajoutez un lit de pain et le masquez de bouillon ; puis vous continuez à garnir la soupière avec un lit de pain recouvert d'œufs battus, un lit de pain masqué de bouillon, et ainsi de suite ; le potage étant entièrement garni, vous le mettez dans un four doux pendant une petite demi-heure, afin que l'œuf se cuise en donnant au potage une apparence de soufflé.

Observation.

Ces deux potages sont servis par les cuisiniers espagnols dans toutes les grandes maisons de Madrid : ils m'ont été donnés par M. A., maître d'hôtel de la princesse ***. Il eut la bonté de me communiquer ensuite de nouveaux détails sur la manière de marquer véritablement l'oille à l'espagnole. D'abord les cuisiniers espagnols ne mettent jamais cuire de racines avec les viandes qui composent l'oille, ainsi que je l'ai indiqué précédemment et que je l'ai vu faire à Paris ; ils ont l'habitude de faire cuire à part dans une petite marmite des choux verts, par exemple (qu'ils ont fait blanchir une seconde), avec un morceau de petit lard de poitrine et un saucisson ; ces choux sont mouillés avec du bouillon de l'oille, qu'ils marquent ainsi : ils mettent dans la marmite un morceau de tranche de bœuf, de·mouton, de jambon, une poule, une perdrix, une oreille ou un pied de cochon ; ajoutent l'eau nécessaire, font écumer la marmite, et y joignent ensuite une infusion de safran, afin d'en colorer légèrement le bouillon ; ajoutez un peu des quatre épices, de poivre, de muscade et peu de sel ; faites mijoter doucement l'oille sans y joindre de racines.

Je finis ici la nomenclature des potages espagnols, en indiquant à mes confrères que l'on peut également faire des potages de semoule, de vermicelle et de nouilles, en marquant ces pâtes au consommé avec une infusion de safran en feuilles, afin de les colorer d'un jaune clair ; composez du reste ces potages ainsi que nous l'avons démontré pour les potages décrits dans ce chapitre. Maintenant je veux rappeler ici la composition des potages espagnols, tels que Vincent-la-Chapelle nous en donne l'analyse. On est étonné de la quantité prodigieuse de viandes, de racines et de légumes qui composent son oille à l'espagnole. Il dit d'abord de mettre dans une marmite sept livres de poitrine de bœuf coupée par petits morceaux, quelques morceaux de tranches de bœuf,

douze carottes, douze oignons, deux choux coupés
par quartiers, un paquet de poireaux, un de céleri,
puis le bouillon nécessaire pour mouiller convenablement les racines à leur surface; le bœuf étant à
moitié cuit, il ajoutait quelques tendrons de poitrine
de mouton, un cervelas, quelques saucisses, deux
perdrix, une poularde, deux pigeons, deux pieds de
cochon, deux oreilles idem, six gousses d'ail, six clous
de girofle, et un demi-gros de safran; il faisait encore
cuire à part des garvances ou pois chiches, et servait
cette galimafrée sur un plat et les pois chiches par-
dessus. L'aspect de ce ragoût devait être repoussant;
mais à cette époque la cuisine était encore dans
l'enfance de l'art; ce ragoût était à la mode, et l'on
le trouvait bien. Mais que dirait l'illustre Vatel lui-
même, et le fameux Vincent-la-Chapelle, s'ils pouvaient revenir des sombres bords pour voir l'élégance et la splendeur de notre cuisine moderne. Point
de confusion, partout le goût préside à nos travaux:
et ce grand résultat vient d'un peu de dessin qui s'est
répandu parmi nous. Voilà le noble cachet de l'industrie de la France au dix-neuvième siècle, et l'art
culinaire est arrivé de nos jours à son plus grand accroissement de splendeur.

CHAPITRE XVIII.

DES POTAGES ALLEMANDS.

SOMMAIRE.

Potage de seigle à l'allemande ; idem à la germanique ; idem d'orge perlé
à la hongroise ; idem à la Marie-Thérèse ; idem à l'archiduchesse ;
idem de quenelle à la viennoise; idem à la Marie-Louise ; idem de
pois à la tyrolienne ; idem à la bohémienne ; idem de lait de poulet à
la Baden; idem à la Franconie ; idem d'œufs pochés à la Styrie ; idem
de quenelles gratinées à la Schœnbrun ; idem à la Schiller ; idem à la
westphalienne; idem d'abatis d'oie à l'allemande ; idem à la Handel ;
idem à la Léopold.

POTAGE DE SEIGLE A L'ALLEMANDE.

METTEZ dans une marmite à potage deux
poules, un jarret de veau dont la crosse
sera retirée, et le bouillon nécessaire; faites
écumer la marmite et l'assaisonnez de racines et d'un
bouquet de poireaux et de céleri ; après cinq heures

d'une légère ébullition , vous dégraissez et passez le
consommé à la serviette ; faites-le bouillir de rechef,
pour y mêler une livre de petit seigle vert (1), que vous
avez soin de nettoyer et de laver à plusieurs eaux ;
puis vous y joignez un bouquet de six poireaux et
d'un pied de céleri ; faites-le mijoter quatre heures ;
après quoi vous en retirez le bouquet, pour y mêler
les branches jaunes de deux pieds de céleri , et les
parties jaunes de six poireaux que vous avez coupés
en petits filets semblables à ceux destinés pour la julienne ; ajoutez au potage deux cuillerées à ragoût de
farine que vous avez délayée en pâte claire et très
lisse avec du consommé froid ; observez de remuer
le potage avec la cuillère à ragoût, afin de bien mêler
cette espèce de boisson qui donne un peu de velouté
au consommé ; ajoutez encore un peu de sucre ; donnez une heure d'ébullition au potage sur un feu
doux ; puis vous l'écumez et le servez.

POTAGE DE SEIGLE A LA GERMANIQUE.

Vous préparez de tous points le potage décrit ci-
dessus ; puis, au moment de servir, vous y joignez
une liaison de douze jaunes d'œuf frais mêlés avec
un verre de bonne crème , deux onces de beurre fin

---

(1) En Allemagne on a l'habitude de couper les seigles dès que le grain
commence à mûrir, de manière qu'il est encore vert, puis séché au soleil
après l'avoir battu à la grange. Cette céréale n'est plus employée que pour
les potages dont les Allemands sont grands amateurs : les personnes qui
désirent en avoir à Paris doivent le tirer de Francfort.

et une pointe de muscade râpée ; ayez soin de remuer
le potage en le tenant sur un feu doux, afin que la
liaison ne se décompose point ; dès que le potage
commence à entrer en ébullition , vous le versez dans
la soupière et le servez.

POTAGE D'ORGE PERLÉ A LA HONGROISE.

La veille de servir ce potage , vous mettez une livre d'orge perlé de Francfort dans un grand bol avec
quatre cuillerées d'eau tiède ; le lendemain , vous
marquez votre consommé selon les procédés indiqués pour le potage de seigle à l'allemande ; après
cinq heures d'ébullition, vous le dégraissez et le passez à la serviette ; faites le bouillir pour y mêler ensuite l'orge perlé que vous avez égoutté ; ayez soin de
remuer le consommé avec la cuillère à ragoût, afin
que l'orge ne se pelote point ; donnez deux heures
d'ébullition à très petit feu ; ajoutez au potage les
blancs de six poireaux et les branches jaunes de deux
pieds de céleri coupés en petits filets semblables à
ceux de la julienne ; délayez dans une petite casserole
à bain-marie deux cuillerées à ragoût de farine avec
du consommé froid, afin d'en obtenir une pâte déliée, lisse et veloutée, que vous versez dans le potage
en le remuant avec la cuillère à ragoût ; ajoutez un
peu de sucre et de muscade râpée ; faites mijoter le
potage pendant une heure ; écumez-le , versez-le
dans la soupière , et servez.

POTAGE D'ORGE PERLÉ A LA MARIE-THÉRÈSE.

C'est la même manière de procéder que pour le potage précédent, excepté que vous le liez ainsi que nous l'avons démontré pour le potage de seigle à la germanique.

POTAGE D'ORGE PERLÉ A L'ARCHIDUCHESSE.

Préparez votre consommé selon la règle; puis, lorsqu'il est en ébullition, vous y mêlez une livre d'orge perlé que vous avez fait tremper la veille dans de l'eau tiède; lorsque le potage bout, vous y mêlez douze onces de beurre fin, un bouquet de céleri et de poireaux, une pointe de muscade râpée et un peu de sucre, et le placez sur un feu doux afin qu'il mijote pendant trois heures sans interruption, pour éviter que le beurre se décompose, devant lier le potage, ce qui lui donne un velouté parfait et le rend délicieux; tandis que, l'ébullition cessant, le beurre tourne en huile : alors il faut dégraisser ce potage, qui n'a plus ni la même mine, ni la même saveur. Au moment de servir, vous ajoutez un demi-verre de crème double et une pluche de cerfeuil; servez.

POTAGE DE QUENELLES A LA VIENNOISE.

Après avoir préparé votre consommé selon la règle, (Voir le potage de seigle à l'allemande.), vous coupez en petits dés deux onces de lard gras que vous faites roussir dans deux onces de beurre fin clarifié; dès qu'il se colore blond, vous y mêlez deux cuille-

I.   16

rées à ragoût de petits dés de pain à potage, et leur faites prendre couleur en les passant avec le lard ; laissez-les un peu refroidir ; ajoutez ensuite une cuillerée à bouche de farine, un œuf entier, une pointe de mignonnette, de muscade râpée et un peu de crème.

Maintenant mettez dans une casserole à ragoût deux onces de beurre fin ; lorsqu'il est fondu, vous y mêlez deux cuillerées à bouche de farine, pour en faire un roux un peu serré que vous faites cuire quelques secondes sur un feu doux ; après quoi vous y joignez assez de crème pour en former une pâte mollette que vous desséchez cinq minutes ; lorsqu'elle est froide, vous y mêlez une cuillerée à bouche de Parmesan râpé, une pointe de mignonnette, de muscade râpée, et trois jaunes d'œuf ; mêlez les deux appareils ensemble ; formez-en une petite quenelle que vous essayez dans un peu de consommé en ébullition ; lorsqu'elle est cuite, vous la goûtez, afin de vous assurer de l'assaisonnement et de la consistance de l'appareil. Cette quenelle doit être moelleuse et de bon goût ; si elle était ferme, vous ajouteriez un peu de crème ; trop délicate, additionnez un jaune d'œuf. Cette épreuve terminée, vous formez vos quenelles dans une cuillère à bouche et les placez dans un plat à sauter légèrement beurré ; une demi-heure avant de servir, votre consommé doit être bouillant ; vous en versez une partie sur les quenelles, que vous faites mijoter vingt minutes à très petit feu, afin qu'elles ne fassent que frémir doucement ; dégraissez-en le consommé et versez-les dans la soupière contenant une pluche de cerfeuil ; ajoutez le reste du consommé, et servez.

POTAGE DE QUENELLES A LA MARIE-LOUISE.

Préparez votre consommé de la manière accoutumée (Voir le potage de seigle à l'allemande.); puis vous coupez en petits dés la moitié de la mie d'un pain à potage d'une demi-livre; mettez-les dans une casserole à ragoût avec un peu de lait pour les imbiber seulement; ensuite versez-les dans une casserole contenant deux onces de beurre fin fondu, une pointe de sel, de poivre et de muscade râpée; desséchez cette mie de pain dans le beurre pendant trois minutes et la laissez refroidir; après quoi vous y mêlez une cuillerée à ragoût de crème et trois jaunes d'œuf; maintenant vous faites un petit roux blanc avec deux onces de beurre fin et deux cuillerées à bouche de farine; puis vous y joignez assez de crème pour en former une pâte délicate que vous desséchez quelques minutes; changez cet appareil de casserole; mêlez-y trois jaunes d'œuf, une cuillerée à bouche de Parmesan râpé et une pointe de mignonnette et de muscade râpée; mêlez les deux appareils ensemble, faites pour essai une petite quenelle que vous pochez dans le consommé; assurez-vous de son assaisonnement et de sa consistance; ensuite vous en formez de petites quenelles que vous moulez dans des cuillères à café; placez-les dans un plat à sauter, et pochez-les dans du consommé en les laissant mijoter dix minutes; puis vous les versez dans la soupière contenant un litre de pois fins cuits dans le reste du consommé, avec une cuillerée à bouche de persil haché et une pointe de sucre; servez.

16*

POTAGE DE POIS A LA TYROLIENNE.

Après avoir préparé le consommé selon la règle (Voir le premier potage de ce chapitre.), vous le dégraissez, le passez à la serviette et le faites bouillir de rechef une demi-heure avant de servir ; puis vous y versez deux litres de gros pois fraîchement cueillis et écossés ; délayez dans une petite casserole à bain-marie deux cuillerées à ragoût de farine avec du consommé froid, pour en former une pâte mollette que vous mêlez au potage en le remuant avec la cuillère à ragoût ; ajoutez un peu de sucre et une cuillerée à ragoût de persil haché ; faites mijoter à très petit feu, et dès que les pois sont cuits, vous versez le potage dans la soupière, et vous servez.

Observation.

Les pois nouvellement cueillis cuisent dans l'espace de trente à trente-cinq minutes ; mais ceux que nous fournissent les marchés demandent un quart d'heure de plus, et, lorsque nous arrivons à l'automne, les pois tardifs deviennent durs et demandent deux heures de cuisson, sans cependant avoir le goût et le moelleux désirables, au lieu que pendant juin, juillet et août, le potage est très agréable pour les amateurs de pois.

POTAGE A LA BOHÉMIENNE.

Vous confectionnez votre consommé de la manière accoutumée (Voir le potage de seigle à l'allemande); faites-le bouillir, joignez-y deux carottes coupées en petits dés et légèrement roussies dans le beurre, puis un demi-litre de gros pois fraîchement écossés, une pointe de sucre et de muscade râpée. Maintenant vous détrempez une pâte mollette avec huit onces de farine, quatre jaunes et un œuf entier, un demi-verre de crème, une pointe de sel, de muscade râpée et une cuillerée à bouche de persil haché très fin et blanchi ; un quart d'heure avant de servir, vous versez cet appareil dans la passoire placée au-dessus du consommé en pleine ébullition ; remuez-la avec la cuillère de bois, afin de précipiter les petits fragments de pâte qui tombent dans le consommé en formant des espèces de petits pois ; dès que la pâte est entièrement passée, vous donnez dix minutes d'ébullition en remuant légèrement le potage ; servez.

POTAGE DE LAIT DE POULET A LA BADEN.

Préparez d'abord votre consommé selon la règle (Voir le potage de seigle à l'allemande.), puis vous cassez huit jaunes d'œuf dans une casserole à ragoût, en y mêlant peu à peu trois verres de lait, une pointe de sel, de muscade râpée et de poivre ; passez cet appareil par l'étamine, pour le verser ensuite dans douze moules à darioles beurrés avec soin ; placez-les dans un plat à sauter, contenant de l'eau bouillante ; faites prendre vos petites timbales en plaçant le bain-marie sur un feu modéré, afin que l'eau soit toujours presque bouillante, mais sans jeter le moindre bouillon ; vous placez un peu de feu sur le couvercle du plat à sauter; une heure suffit pour que les petites timbales soient prises à point; vous les laissez refroidir dans le bain-marie. Au moment de servir, vous renversez chacune d'elle avec précaution sur un petit couvercle; vous les coupez en quatre parties égales et les placez soigneusement dans la soupière, contenant une pluche de cerfeuil; ajoutez ensuite le consommé en ébullition, en le versant sur les parois de la soupière, afin de conserver les quartiers de petites timbales bien entiers; servez.

POTAGE DE LAIT DE POULET A LA FRANCONIE.

Vous confectionnez de tous points votre potage, ainsi qu'il est démontré ci-dessus; seulement vous y joignez une assiettée d'oseille et de cerfeuil émincés; passez au beurre, et jetez dans le consommé une demi-heure avant de servir.

POTAGE D'OEUFS POCHÉS A LA STYRIE.

Après avoir préparé votre consommé de la manière accoutumée (V. le potage de seigle à l'allemande.), vous le dégraissez et le passez à la serviette; puis vous le faites bouillir pour y verser six onces de semoule fine d'Italie, en mouvant le potage avec la cuillère à ragoût, afin qu'elle ne se pelote point. Maintenant vous pochez douze œufs frais en les cassant avec soin et promptitude dans une partie du consommé bouillant que vous avez mis dans un plat à sauter; pochez les œufs six par six et les placez à mesure dans la soupière; versez dessus un demi-litre de gros pois cuits à l'eau de sel, puis deux cuillerées de persil haché et blanchi ; passez dessus le consommé du pochage des œufs par le tamis de soie, ajoutez la semoule en mêlant légèrement le potage, et servez ; ajoutez du Parmesan râpé sur une assiette.

POTAGE DE PETITES QUENELLES A LA SCHOENBRUN.

Après avoir préparé votre consommé selon la règle (Voir le premier potage de ce chapitre.), vous y joignez les racines que nous sommes dans l'habitude de marquer pour la brunoise.

Ensuite vous faites l'appareil suivant : mettez dans une terrine tiède six onces de beurre fin que vous travaillez avec une cuillère de bois afin de le rendre moelleux et velouté ; puis vous y mêlez un œuf et trois jaunes, une pointe de sel, de sucre et de muscade râpée; travaillez de rechef ce mélange, ajoutez peu à peu quatre onces de farine ; lorsque cet appareil est bien mêlé, vous le versez sur un plafond beurré et le faites cuire à four doux, afin qu'il soit bien atteint et d'une couleur blonde, car il est susceptible de se colorer promptement, étant fin en beurre.

Lorsque la pâte est froide, vous la coupez avec un coupe-pâte du diamètre de huit lignes : cet appareil est très délicat et se dilate parfaitement dans la bouche.

Au moment de servir, vous versez le potage dans la soupière contenant un demi-litre de pois fins cuits à la française; servez dans un bol à peu près deux assiettées de vos petites quenelles gratinées que vous joignez au potage au moment même de le servir.

POTAGE DE PETITES QUENELLES GRATINÉES A LA SCHILLER.

Vous préparez ces petites quenelles ainsi que je viens de le décrire pour le potage précité ; puis vous préparez une purée de pois nouveaux en suivant les procédés indiqués au chapitre des potages français (Voir le potage de purée de pois nouveaux à la française.); étant prêt à servir, vous mêlez à la purée quatre onces de beurre fin et une pluche de cerfeuil ; puis vous servez à part deux grandes assiettées de petites quenelles pour les verser dans le potage au moment de servir sur les assiettes.

POTAGE DE PETITES QUENELLES GRATINÉES A LA WESTPHALIENNE.

Vous préparez également l'appareil que j'ai décrit pour le potage de petites quenelles à la Schœnbrun ; cependant vous y joignez de plus un jaune d'œuf et deux onces de maigre de jambon cru et haché très fin ; puis vous cuisez et détaillez cet appareil selon les procédés décrits précédemment; au moment de servir, vous versez dans la soupière le potage à la julienne tel que nous le servons à la française, et servez à part les petites quenelles.

POTAGE D'ABATIS D'OIE A L'ALLEMANDE.

Ayez quatre abatis de jeunes oies ; après les avoir flambés, dégorgés et parés, vous les échaudez, les

essuyez et les faites revenir dans du beurre clarifié,
dans lequel vous avez fait roussir quatre onces de
petit lard bien maigre et paré en gros dés; ensuite
vous y mêlez deux cuillerées à ragoût de farine, puis
le consommé que vous avez préparé de la manière
accoutumée (Voir le premier potage de ce chapitre.),
dans lequel vous ajoutez une grande cuillerée de
blond de veau et un bouquet composé de persil, de
ciboule, d'une demi-gousse d'ail, d'un peu de thym,
de basilic, de romarin et de laurier; ajoutez deux
clous de girofle, un peu de macis et de mignonnette.

Après deux heures d'ébullition vous dégraissez
bien parfaitement le potage, et vous vous assurez si
les pattes d'oie sont cuites; alors vous égouttez vos
abatis sur un grand plafond; retirez du potage les
cous et les foies; parez avec soin les pattes et coupez
les gésiers en escalopes que vous mettez dans la soupière ainsi que le petit lard; ensuite vous passez le
corps du potage à l'étamine et le réduisez un peu,
afin de le rendre assez corsé; au moment du service
vous le versez dans la soupière, en ajoutant une
vingtaine de petites crêtes et deux maniveaux de petits champignons tournés bien blancs; le fond doit
être additionué au potage; servez.

POTAGE D'ABATIS D'OIE ET DE FOIE GRAS A LA HANDEL.

Préparez de tous points le potage décrit ci-dessus,
en y mêlant une demi-bouteille de Malaga; puis
vous y joignez, au moment de servir, une assiettée
de gros rognons de coq et un foie gras de Strasbourg

que vous avez cuit dans une mire-poix et coupé ensuite en petites escalopes; servez.

POTAGE DE QUENELLES A LA LÉOPOLD.

Préparez le consommé selon la règle (Voir le potage de seigle à l'allemande.); puis vous mettez dans
une terrine un peu tiède quatre onces de beurre fin,
que vous travaillez avec une cuillère de bois, afin
de le rendre moux et velouté; puis vous y mêlez par
intervalles six jaunes d'œuf en remuant toujours;
ajoutez un peu de sel, de poivre, de muscade râpée
et quatre cuillerées à bouche de farine; ce mélange
doit vous donner une pâte mollette; vous en prenez
une petite partie que vous pochez dans du consommé,
afin de vous assurer si la quenelle est de bon sel et
moelleuse; dans le cas contraire, vous ajoutez un
peu de crème; si elle était par trop délicate, vous
devez ajouter un peu de farine; ensuite vous formez
vos quenelles dans une cuillère à bouche et les placez
dans un plat à sauter légèrement beurré; étant prêt
à servir, vous y versez du consommé en ébullition
et les faites mijoter dix minutes, puis vous les versez
dans la soupière contenant une pluche de cerfeuil et
le reste du consommé; servez.

Observation.

Ici finit la série des potages allemands que je con-
nais; mais il sera facile à mes confrères d'en augmenter le nombre en additionnant les différentes
quenelles de pâte contenues dans ce chapitre à nos

potages clairs de racines et de légumes, et à nos potages de purée de pois, de haricots, de lentilles, de marrons, de pommes de terre, d'oseille, et de potiron. J'aurais certainement pu augmenter ce chapitre de plus de trente potages en suivant l'indication de la nomenclature que je donne aux praticiens.

CHAPITRE XIX.

DES POTAGES RUSSES.

SOMMAIRE.

Le ouka, potage de poisson à la russe ; idem de filets de poisson à la
Bagration ; idem de cabillaud à la Moïka ; idem de riz et de saumon
à la Péteroff ; idem russe à l'impériale ; idem de filets de perches à
la Catherine II ; idem d'esturgeon à la Pierre-le-Grand ; le tschy,
potage de choux à la russe ; le tschy, potage de choux à la czarine ;
le tschy, potage de choucroûte à l'Alexandre ; potage de choux à la
paysanne russe.

Observation.

Si le potage de tortue est le potage national des Anglais, il en est ainsi du ouka,
potage de poisson, qui appartient à la nation russe. Les marchands de Saint-Pétersbourg dépensent jusqu'à deux et trois cents roubles pour en

régaler leurs amis dans leurs réunions de fêtes patronales. Mais cela est bien peu de chose comparativement aux sommes énormes que les grands seigneurs dépensent pour faire servir ce splendide potage dans leurs festins. La note ci-jointe, que M. Riquette (ex-maître d'hôtel de l'empereur Alexandre) m'a fait l'amitié de me communiquer, donnera la plus haute idée du grandiose de ce potage.

Il me raconta que, pendant le règne de Catherine II, le prince Potemkin donna, dans son beau palais de la Tauride, une fête à l'impératrice, à laquelle assistèrent tous les grands de la cour, ainsi que les ambassadeurs des puissances étrangères.

Ce qu'il y eut d'extraordinaire dans ce banquet solennel, c'est que ce magnifique seigneur fit exécuter le potage ouka, composé seulement de sterlets d'une grandeur remarquable, et, pour le servir, il fit faire un très grand vase en argent, dont l'élégance et le travail surpassaient en beauté tout ce qu'on avait vu jusqu'alors; enfin cette pièce d'orfévrerie fut placée sur une estrade à l'une des extrémités d'un des beaux salons du palais, et le potage fut servi avec pompe par vingt-quatre maîtres-d'hôtel richement habillés. Ce potage de sterlets coûta 15,000 roubles, ce qui fait 60,000 francs de France.

Cela ne surprendra pas les personnes qui se rappelleront que feu M. le comte de Ségur a dit quelque part dans ses écrits que les dîners journaliers de ce prince gastronome montaient à la somme de 800 roubles (3,200 francs), non compris les primeurs en fruits et légumes qui provenaient des serres chaudes des palais impériaux.

O Lucullus! toi le plus somptueux des Romains, fis-tu jamais préparer potage plus splendide et 'plus digne d'un grand gastronome!

LE OUKA, POTAGE DE POISSON A LA RUSSE.

Mettez dans une marmite à potage deux poules colorées à la broche, une sous-noix de veau et le bouillon nécessaire ; après l'avoir écumé, vous y joignez deux carottes, deux navets, deux oignons, et un bouquet de poireaux et d'un pied de céleri ; après cinq heures d'une légère ébullition, vous dégraissez et passez le consommé à la serviette ; ensuite vous levez les filets d'une petite barbue, d'une grosse perche, d'une moyenne anguille ; parez-les en petites escalopes, et sautez les dans un peu de sel ; une heure après, vous les lavez et les égouttez sur une serviette, et les placez ensuite dans un plat à sauter. Maintenant, vous préparez une farce à quenelles d'éperlans à la purée de champignons ; puis vous marquez une essence de poisson en mettant dans une casserole à ragoût les débris de la barbue, de l'anguille, de la perche, et une sole coupée en quatre, puis deux maniveaux, deux oignons et deux carottes émincés, quelques racines de persil, un fragment de laurier, de thym, de basilic, une pointe de mignonnette, de muscade râpée, deux clous de girofle et deux grandes cuillerées de consommé ; après avoir fait mijoter cette essence pendant une heure, vous la passez avec pression par l'étamine dans le plat à sauter, que vous placez sur un feu modéré ; après vingt minutes d'ébullition, vous penchez le plat à sauter en maintenant le poisson avec le couvercle pour verser la cuisson dans le consommé, en le réduisant d'un tiers ; ensuite vous y mêlez une pluche d'un peu d'oseille et de cerfeuil; un quart d'heure après, vous le versez dans la soupière contenant les escalopes de barbue, de perche, d'anguille, les petites quenelles d'éperlans moulées à la cuillère à café et pochées sans ébullition dans un peu de consommé, puis une assiettée de foies de lottes dégorgés et cuits au consommé ; servez.

Observation.

Ce potage est marqué avec les poissons que la halle de Paris nous fournit, tandis qu'à Saint-Pétersbourg le sterlet est l'âme de ce potage. Les cuisiniers russes ajoutent à cet excellent poisson, que l'on considère comme roi de la Néva, le herchi et des foies de ce dernier poisson, puis des filets de perches et des foies de lottes. Je donne donc ici une imitation de ce potage russe, afin que nos cuisiniers de Paris puissent servir aux Russes qui voyagent en France quelque chose qui leur rappelle un mets national. Cependant les cuisiniers de Saint-Pétersbourg trouveront dans cette analyse des détails intéressants pour eux, puisque la manière de marquer ce potage franco-russe me vient du célèbre Riquette, que j'ai consulté avant de le décrire. Je l'avais bien vu faire plusieurs fois par les cuisiniers russes, pendant les trois différentes fois que j'eus l'honneur d'être attaché comme chef de cuisine à la bouche de l'empereur Alexandre, à l'Elysée-Bourbon et au congrès d'Aix-la-Chapelle. Je le répète, la seule différence se trouve dans les poissons que donne la Néva.

Il arrive quelquefois à la halle de Paris des sterlets, mais cela si rarement, que je n'ai pas cru devoir indiquer ce poisson dans l'analyse de ce potage. Par exemple, nous avons plus souvent à Paris du petit esturgeon, qui conviendrait mieux que la barbue et auquel nous devrions donner la préférence ; le cabillaud convient encore assez à la confection de ce potage.

POTAGE DE FILETS DE POISSON A LA BAGRATION.

Préparez le consommé selon les détails donnés ci-dessus ; puis vous faites une farce à quenelles de filets de soles au beurre d'écrevisses ; ensuite vous parez en escalopes les filets d'une sole, d'une perche, d'une carpe, et les sautez avec un peu de sel ; une heure après vous les lavez, les égouttez et les placez dans un plat à sauter ; marquez ensuite une essence avec les arètes et les parures du poisson mentionné ci-dessus ; joignez-y deux carottes, deux oignons, deux maniveaux et deux racines de persil, le tout émincé ; puis un peu de basilic, de thym, de laurier, une pincée de mignonnette, une de muscade râpée, deux grandes cuillerées de consommé, faites mijoter pendant une heure ; puis vous passez cette essence avec pression par l'étamine dessus les escalopes de poisson ; donnez dix minutes d'ébullition ; versez la cuisson dans le consommé, que vous clarifiez selon la règle ; laissez-le réduire ensuite d'un cinquième ; puis vous le versez dans la soupière contenant les escalopes et les petites quenelles, que vous pochez au consommé ; ajoutez six laitances de carpes cuites à l'eau de sel, et les queues de cinquante écrevisses (dont les coquilles vous ont servi à faire le beurre pour les quenelles), puis une pluche de cerfeuil, deux racines de persil coupées en petits filets et cuites au consommé, et la chair de deux citrons (ayez soin d'en extraire les pépins) coupée en lames minces et blanchies; servez.

POTAGE DE CABILLAUD A LA MOIKA.

Après avoir préparé le consommé ainsi qu'il est indiqué pour le potage de poisson à la russe, vous coupez trois petites darnes de cabillaud du gros bout de la queue, puis vous les sautez avec un peu de sel blanc; une heure après, vous les lavez, les égouttez et les placez dans un plat à sauter; faites une farce à quenelles de saumon en y mêlant deux cuillerées à ragoût de sauce Soubise. Maintenant vous marquez une essence avec les parures du cabillaud et du saumon, en suivant les procédés décrits ci-dessus; une heure après, vous la passez avec pression par l'étamine au-dessus du cabillaud; donnez vingt minutes d'ébullition; observez si la chair quitte la grosse arête, afin de vous assurer si la cuisson est à point; ensuite vous versez le fond dans le consommé que vous avez légèrement lié en y mêlant deux cuillerées à ragoût de farine délayée avec du consommé froid; vous aurez également fait cuire avec les blancs de quatre poireaux coupés en filets une pluche d'oseille et de cerfeuil; après avoir dégraissé le potage, vous y mêlez deux cuillerées à ragoût de sauce Soubise, et le versez tout bouillant dans la soupière contenant

I.   17

le cabillaud que vous avez séparé par feuilles, puis
les quenelles de saumon, et une vingtaine de petits
oignons blancs cuits au consommé et tombés à glace ;
servez.

POTAGE DE RIZ ET DE SAUMON A LA PETEROFF.

Préparez votre consommé selon la règle (Voir le
premier potage de ce chapitre.); après l'avoir clarifié
vous en mettez le quart dans une casserole contenant six onces de riz Caroline lavé et blanchi, et le
rouge de deux carottes coupé en petites colonnes très
fines; maintenant faites cuire un foie gras de Strasbourg dans une mire-poix; lorsqu'il est froid, vous
le parez en petites escalopes; puis vous coupez une
petite darne de saumon en petites escalopes, et
les sautez au sel; une heure après, vous les lavez, les
égouttez et les faites cuire dans du consommé; donnez dix minutes d'ébullition, puis vous versez le fond
ainsi que celui de la mire-poix dans le consommé ,
que vous clarifiez en le réduisant d'un cinquième ;
après quoi vous le versez dans la soupière contenant
le riz, le saumon, le foie gras, un demi-litre de petits pois cuits à l'anglaise et une pluche de cerfeuil ;
servez.

POTAGE RUSSE A L'IMPÉRIALE.

Préparez votre consommé de la manière accoutumée (Voir le premier potage de ce chapitre.); parez
en petites escalopes une petite darne d'esturgeon ,
sautez-la avec un peu de sel; coupez également en

escalopes les filets d'une anguille moyenne et ceux
d'une sole ; sautez-les avec un peu de sel ; une heure
après, lavez-les, égouttez-les, et placez-les dans un
plat à sauter avec les parures et les arêtes de l'anguille, de l'esturgeon et de la sole ; vous marquez
une essence selon la règle (Voir le premier potage de
ce chapitre.); après une heure de cuisson, vous la
passez avec pression par l'étamine et la versez sur
les escalopes ; donnez dix minutes d'ébullition ; retirez l'anguille et la sole, que vous placez dans la soupière; lorsque l'esturgeon est cuit à point, vous versez
le fond dans le consommé, que vous clarifiez selon la
règle ; ensuite vous y mêlez les racines que nous pré-
parons d'habitude pour la julienne ; donnez une
heure d'ébullition ; versez-le dans la soupière contenant les escalopes d'esturgeons, d'anguilles, de soles,
une assiettée de petites quenelles d'éperlans dans lesquelles vous mettez un peu de persil haché et blanchi ; ajoutez douze foies de lottes et douze laitances
de carpes cuites à l'eau de sel ; servez.

POTAGE DE FILETS DE PERCHES A LA CATHERINE II.

Préparez votre consommé selon la règle (Voir le
premier potage de ce chapitre.) ; parez en petites escalopes les filets de trois moyennes perches de Seine,
sautez-les avec un peu de sel ; une heure après, vous
les lavez, les égouttez et les mettez dans un plat à
sauter ; faites ensuite une farce à quenelles d'écrevisses au beurre d'écrevisses ; puis vous marquez une
essence de poisson composée ainsi : coupez par tronçons une petite anguille, une sole, un petit brochet

17*

et les débris des perches ; ajoutez quatre maniveaux
de champignons, deux oignons émincés, quelques
racines de persil, deux clous de girofle, une pointe
de muscade râpée et de mignonnette, un peu de laurier, de thym, de basilic, les filets de deux anchois
nouveaux, la chair d'un citron bien sain, une bouteille de vin de Champagne et une pointe de sel; faites
mijoter pendant une heure; passez cette essence avec
pression par l'étamine, versez-la sur les escalopes de
filets de perches; donnez dix minutes d'ébullition;
ajoutez six foies de lottes, six laitances de carpes et
vingt-quatre petits champignons tournés bien blancs ;
après avoir fait mijoter quelques minutes, égouttez
les petites escalopes de filets de perches dans la soupière ; placez dessus les foies, les laitances et les
champignons; versez le fond de la .cuisson dans le
consommé, que vous avez légèrement lié avec un roux
blond; au moment de servir, vous y mêlez une liaison de douze jaunes d'œuf frais et quatre onces de
beurre d'écrevisses; ayez bien soin de remuer le potage, afin que la liaison le lie d'un velouté parfait, et
sitôt qu'il commence à entrer en ébullition, vous le
versez dans la soupière, en y joignant les pointes
d'une grosse botte d'asperges préparées comme pour
entrée ; servez.

POTAGE D'ESTURGEON A LA PIERRE-LE-GRAND.

Faites cuire une petite darne d'esturgeon dans une
mire-poix mouillée avec une bouteille de champagne ;
faites votre consommé de la manière accoutumée
(Voir le premier potage de ce chapitre.), en y joi-

gnant les débris d'un faisan dont les filets vous servent à faire une farce à quenelles à la purée de champignons; marquez une essence de poisson de la manière suivante : coupez par tronçons une petite anguille, deux merlans, deux maniveaux, deux carottes, deux oignons et deux racines de persil, le tout émincé; ajoutez un fragment de thym, de laurier, de basilic, de macis, deux clous de girofle, deux pincées de mignonnette, les filets de deux anchois, la chair de deux citrons et deux grandes cuillerées de consommé. Faites mijoter une heure, et passez l'essence avec pression par l'étamine; ajoutez-la au consommé, ainsi que le fond de la mire-poix dans laquelle a cuit l'esturgeon; clarifiez-le en le laissant réduire d'un cinquième; après l'avoir passé à la serviette, vous le faites bouillir de rechef, puis vous le versez dans la soupière contenant l'esturgeon que vous avez paré en escalopes, puis les quenelles de faisans, que vous avez moulées à la cuillère à café; ajoutez une assiettée de gros rognons de coq, les bourgeons d'une botte de grosses asperges blanchies d'un beau vert printanier, deux cuillerées à bouche de cerfeuil haché; servez.

LE TSCHY, POTAGE DE CHOUX A LA RUSSE.

Après avoir préparé votre consommé selon la règle (Voir le premier potage de ce chapitre.), vous parez en petits carrés de quinze lignes de diamètre deux livres de tendrons de poitrine de bœuf que vous avez dégorgés, blanchis et cuits deux heures dans le consommé; ensuite vous passez au beurre clarifié

deux gros oignons que vous avez coupés en ruelles ;
dès qu'ils commencent à se colorer légèrement vous
y mêlez un choux blanc émincé et lavé, passez-le
quelques minutes, puis vous y mêlez deux cuillerées
à ragoût de farine, et le consommé en ébullition ;
ajoutez les tendrons de bœuf et six petites saucisses
chipolata que vous retirez un quart d'heure après ;
faites mijoter deux petites heures ; dégraissez le potage ; étant prêt à le servir, vous le liez en y mêlant
un verre de crème aigre, une pointe de mignonnette,
et le versez dans la soupière contenant les petites
chipolata (que vous avez parées en les coupant en
petits ronds), et une trentaine de petites carottes
nouvelles tournées en poires, cuites au consommé et
tombées à glace ; servez.

LE TSCHY, POTAGE DE CHOUX A LA CZARINNE.

Vous marquez de tous points le potage précité ;
seulement vous faites cuire dans une mire-poix un
chapon que vous dépecez ensuite pour l'ajouter au
potage, en supprimant la moitié du bœuf, et le servez.

LE TSCHY, POTAGE DE CHOUCROUTE A L'ALEXANDRE.

Préparez le consommé ainsi qu'il est démontré
pour le potage de poisson à la russe (le ouka) ; ensuite vous passez légèrement dans du beurre fin clarifié deux oignons coupés en ruelles ; puis vous y
mêlez deux cuillerées à ragoût de farine et deux livres de bonne choucroute que vous avez lavée et

pressée, et dont vous avez soin d'extraire les grains
de genièvre; deux heures avant de servir, vous y
joignez un poulet gras, deux perdreaux rouges, un
riz de veau et la moitié d'une langue à l'écarlate;
trois quarts d'heure après, vous retirez le poulet, les
perdreaux, le riz de veau et la langue à l'écarlate;
lorsqu'ils sont froids, vous dépecez le poulet en séparant chaque membre en deux parties, puis vous parez seulement les filets des perdreaux, et vous coupez
le riz de veau en escalopes ainsi que la langue à l'é-
carlate; placez le tout dans la soupière; trois heures
après que le potage est en ébullition, vous le dégraissez avec soin, puis vous y mêlez un verre de crème
aigre, une pointe de mignonnette, et le versez tout
bouillant dans la soupière; servez.

POTAGE DE CHOUX A LA PAYSANNE RUSSE.

Coupez en petits morceaux trois livres de tendrons
de poitrine de bœuf, une livre de petit lard maigre;
mettez le tout dans une marmite à potage; ajoutez
du bouillon, et le faites écumer; deux heures après,
vous mêlez au potage deux oignons émincés et passés
légèrement au beurre; puis une cuillerée à ragoût de
farine et un choux blanc émincé, lavé et égoutté;
donnez deux heures de cuisson; ajoutez six saucisses
ordinaires, retirez-les dix minutes après; ayez soin
de dégraisser le potage, et servez. Ce potage est le
pot-au-feu ordinaire du peuple de Russie.

CHAPITRE XX.

DES POTAGES POLONAIS.

SOMMAIRE.

Le barch , potage polonais ; idem à la Stanislas Leczinski ; idem à la Varsovie ; idem à la royale ; idem de poisson à la Poniatowski ; idem de poisson à la Vistule ; idem de perdreaux, second procédé de barch; potage Rossoli à la polonaise; idem à la Clopicki ; idem à la Kitche-witch.

LE BARCH, POTAGE POLONAIS.

ETTEZ dans une marmite à potage une poule colorée à la broche, une sous-noix de veau, un os à la moelle, une livre de petit lard très maigre, deux carottes, un pied de cé-leri, deux oignons (dont un piqué de six clous de

girofle), un fort bouquet de persil garni d'un peu de
thym, de laurier, de basilic et de macis; ajoutez
une once de poivre blanc en grains; remplissez aux
trois quarts la marmite de liqueur de jus de betterave
que vous avez préparé selon les procédés décrits dans
la note ci-jointe (1). Après l'avoir écumé, vous donnez une heure d'ébullition; ensuite vous ajoutez dans
le consommé un canneton, un poulet gras à moitié
rôti, et six grosses saucisses; observez la cuisson de
chacun de ces articles, ainsi que du petit lard, et les
égouttez à mesure; prenez une des betteraves, qui ont
servi à faire le barch; coupez-la en petits filets semblables à ceux de la julienne ordinaire, avec une
égale partie de céleri et d'oignons coupés de la même
manière; passez légèrement ces racines dans du beurre
clarifié; ajoutez du consommé, dégraissez avec soin,
et faites-les tomber à glace; maintenant vous hachez
quatre onces de filet de bœuf avec quatre onces de
graisse; ajoutez un peu de sel, de poivre, de muscade
râpée, et deux jaunes d'œuf; pilez cette farce; faites
avec la moitié une trentaine de petites ravioles que
vous faites mijoter dix minutes dans un peu de con-

(1) Après avoir épluché vingt betteraves rouges fraîchement cueillies,
vous les mettez dans un vase en terre contenant un seau d'eau de rivière, et six petits pains de seigle, pour provoquer la fermentation;
couvrez le vase de son couvercle, et le lutez à l'entour d'un cordon de
pâte mollette pour le fermer bien hermétiquement, afin d'éviter, par ce
procédé, que l'air n'ait d'accès dans l'intérieur du vase; placez-le dans
un lieu d'une température douce afin d'accélérer la fermentation; dix
jours après, vous découvrez le vase, qui contient alors un vinaigre de
betterave d'un beau rouge et fort piquant. C'est avec cette liqueur que
vous mouillez le consommé.

sommé; faites, avec le reste, de petites quenelles de
la grosseur d'avelines, que vous roulez sur la table
saupoudrée de farine; déposez-les dans un plat à
sauter avec un peu de beurre clarifié, et faites-leur
prendre couleur au moment de servir; faites cuire
trois œufs, que vous coupez en deux dans leur longueur; retirez-en les jaunes, que vous pilez avec un
jaune cru, un peu de sel, poivre et muscade râpée;
ajoutez un peu de raifort râpé fin et de persil haché;
garnissez les blancs d'œuf de cet appareil; ensuite
vous les roulez dans un œuf battu, les égouttez et
les panez; placez-les dans un petit plat à sauter contenant du beurre clarifié, et faites-leur prendre une
couleur blonde avant de servir.

Après avoir donné cinq heures d'ébullition au consommé, vous le dégraissez, le passez à la serviette et
le clarifiez selon la règle; puis vous le faites réduire,
afin d'en obtenir une glace légère, d'un goût excellent
et aigrelet; pendant le temps de la réduction, vous
avez paré une queue de bœuf, que vous placez dans la
soupière; coupez en dés le petit lard; levez les filets
du poulet et du canneton; coupez chaque saucisse en
quatre, et les placez à mesure dans la soupière, en y
joignant les petites quenelles et les œufs que vous avez
coupés en deux; ajoutez dessus la julienne et une
pluche de persil; couvrez cette garniture, que vous
mettez à l'étuve; maintenant vous râpez une betterave
rouge nouvellement cueillie, que vous pilez et passez ensuite avec pression par l'étamine, afin d'en obtenir un suc rouge que vous placez sur le feu; et dès
que l'ébullition a lieu, vous en versez dans le consommé réduit, pour lui donner la couleur du vin de

Bordeaux ; alors vous le versez tout bouillant dans la soupière, en additionnant au potage une pincée de poivre blanc en grains ; servez.

On doit servir sur un plat bien chaud l'os à la moelle, entouré de croûtes de pain coupées en cœur, et passées au beurre.

Observation.

Je dois cette bonne recette à M. Plumeret, cuisinier distingué et réputé, élève de la maison du prince Talleyrand. La combinaison de ce potage national des Polonais nous rappelle sans doute la belle époque de la cuisine polonaise, au temps du règne de Stanislas Leczenski. Ce roi gastronome n'était point étranger aux détails des préparations culinaires ; peut-être l'a-t-il imaginé lui-même, ainsi que le *baha polonais* qu'il nous a légué. Ce potage a un caractère de nationalité que nous pouvons comparer au potage de tortue des Anglais, à l'ouka des Russes, à l'oille des Espagnols, au macaroni des Italiens, au pilau des Turcs, et au caric des Indiens. Toutes ces différentes sortes de potages, excellents pour les indigènes, nous donnent la preuve certaine de la diversité du goût des nations ; et si nos potages français sont moins compliqués, leur grande variété, leur saveur et leur succulence ne sauraient être contestées ; ils sont devenus européens depuis le dix-huitième siècle.

Je vais donc me servir de l'assaisonnement du barch pour composer quelques nouveaux potages polonais.

POTAGE POLONAIS A LA STANISLAS LECZINSKI.

Préparez votre consommé en suivant de tous points les détails analysés ci-dessus ; faites cuire ensuite deux faisans dans une mire-poix ; faites une farce à quenelles avec les filets de deux perdreaux rouges dont vous ajoutez les carcasses au consommé ; faites également une trentaine de ravioles ainsi qu'il est démontré pour le potage précité ; préparez la julienne indiquée ci-dessus ; faites cuire dans le consommé quatre grosses saucisses que vous coupez en petits ronds ; parez les filets des faisans, que vous placez dans la soupière ; joignez-y les quenelles que vous avez formées dans des cuillères à café , et pochées au consommé ; ajoutez les saucisses, une assiettée de gros rognons de coq , puis la julienne , et le consommé tout bouillant, que vous avez clarifié, réduit et coloré de suc de betteraves, ainsi que nous l'avons démontré ci-dessus ; servez à part sur une assiette de petits croûtons de pain passés au beurre et marqués ensuite avec la moelle de l'os contenu dans le consommé ; servez.

POTAGE POLONAIS A LA VARSOVIE.

Après avoir préparé votre consommé selon les procédés décrits pour le premier potage de ce chapitre , vous faites de la manière accoutumée (Voir le premier chapitre du traité des potages français.) douze petites timbales au consommé de volaille ; puis vous mettez dans la soupière une assiettée de moyennes crêtes doubles bien blanches ; ajoutez les petites timbales, que vous renversez avec précaution, puis un litre de petits pois cuits à la française, une pluche de cerfeuil, la julienne de betteraves décrite pour le barch à la polonaise; versez dessus le consommé en ébullition, et servez.

Observation.

Vous aurez réduit le consommé de moitié, et, après l'avoir clarifié, vous le colorez selon la règle, avec le jus de betteraves crues et pilées, ainsi que je l'ai démontré pour le premier potage de ce chapitre.

POTAGE POLONAIS A LA ROYALE.

Faites une farce à quenelles de volaille (deux poulets gras) au beurre d'écrevisses; moulez-les à la cuillère à café, et pochez-les, au moment de servir, dans du consommé, en suivant les détails donnés pour le premier potage de ce chapitre; après cinq heures d'ébullition, vous le clarifiez et le faites réduire d'un tiers; ensuite vous y mêlez six onces de grosse semoule de Naples, en le remuant avec la cuillère à ragoût, afin d'éviter qu'elle ne se pelote; au moment de servir, vous y ajoutez une liaison de dix jaunes d'œuf frais mêlés avec un demi-verre de bonne crème et deux petits pains de beurre frais; versez-la ensuite dans la soupière contenant les petites quenelles, et une assiettée de gros rognons de coq; ajoutez les queues de cinquante moyennes écrevisses dont les coquilles vous auront servi pour le beurre, et les pointes d'une botte de grosses asperges; servez.

Observation.

Ce potage ne comporte pas l'addition du jus de betteraves crues ; la julienne doit être également supprimée ; l'assaisonnement du consommé avec le vinaigre de betteraves le caractérise suffisamment en donnant au potage un petit goût relevé et aigrelet.

POTAGE DE POISSON A LA PONIATOWSKI.

Parez en petites escalopes les filets d'une moyenne truite saumonée, ainsi que ceux d'une grosse sole ; sautez-les dans un peu de sel ; une heure après, vous les lavez, les égouttez et les placez dans un plat à sauter beurré ; faites ensuite une farce à quenelles d'anguilles à l'essence de champignons : mettez dans une casserole à ragoût les débris de vos poissons, avec deux oignons, deux carottes, deux maniveaux, et deux grosses racines de persil, le tout émincé ; ajoutez deux clous de girofle, du macis, de la mignonnette, un bouquet de persil assaisonné, un verre de vin du Rhin, et deux grandes cuillerées de consommé ; faites mijoter une heure ; après quoi vous passez cette essence avec pression par l'étamine, et la joignez dans le consommé réduit de moitié, et que vous avez marqué tel que nous l'avons indiqué pour le barch à la polonaise ; puis vous le liez ainsi qu'il est démontré pour le potage précité ; alors vous le versez dans la soupière contenant les quenelles que vous avez moulées dans la cuillère à café et pochées au consommé, puis les escalopes de truites et de soles que vous avez sautées au beurre et égouttées sur

une serviette; vous ajoutez des racines préparées
pour une macédoine d'entremets, composée de carottes, de navets, de petits pois et de concombres;
servez.

Ce potage ne souffre point l'addition du suc de betteraves à cru.

POTAGE DE POISSON A LA VISTULE.

Préparez de tous points le consommé ainsi qu'il
est indiqué pour le premier potage de ce chapitre;
puis vous coupez en très petits tronçons et en biais
une moyenne anguille, les filets d'une grosse perche
et d'une petite darne de cabillaud parés en escalopes
et sautés au sel; une heure après, vous les lavez, les
égouttez, et les placez dans un plat à sauter, avec les
arêtes et parures de vos poissons; vous marquez une
essence en y joignant deux carottes, deux oignons,
deux maniveaux et deux racines de persil, le tout
émincé; ajoutez un fragment de laurier, de basilic,
de thym, de macis, deux clous de girofle, une forte
pincée de mignonnette, une demi-bouteille de vin
de Champagne et deux cuillerées de consommé;
après une heure d'ébullition, vous passez cette essence
avec pression par l'étamine au-dessus des escalopes
de poisson, que vous faites mijoter en ayant soin de
retirer le cabillaud et la sole cinq minutes avant l'anguille, que vous égouttez et placez dans la soupière
avec les escalopes précitées; puis vous ajoutez le fond
au consommé, que vous clarifiez et réduisez de moitié; au moment de servir, vous y mêlez l'extrait du
suc de betteraves à cru, ainsi qu'il est démontré pour

le premier potage de ce chapitre, et le versez tout
bouillant dans la soupière, en y joignant la julienne
de bétteraves telle qu'elle est indiquée pour le barch
à la polonaise, une pluche de persil blanchi, et une
assiettée de petits champignons et de très petits
oignons cuits au consommé et réduits à glace;
servez.

POTAGE DE PERDREAUX A LA POLONAISE.

Préparez le consommé selon la règle (Voir les détails donnés pour le premier potage de ce chapitre.);
puis vous y joignez les carcasses de quatre perdreaux
cuits à la broche, dont vous avez levé les filets, que
vous parez et placez dans la soupière contenant six
grosses saucisses cuites au consommé et coupées en
escalopes; ajoutez la julienne de betteraves préparée
de la manière accoutumée (Voir le barch à la polo-
laise.); puis le consommé étant réduit d'un quart,
vous y mêlez quatre onces de mie de pain séchée et
légèrement colorée; après cinq minutes d'ébullition,
vous y mêlez le jus de betteraves crues pilées, ainsi qu'il
est démontré au premier potage de ce chapitre; versez le potage dans la soupière, en y joignant une
pluche de cerfeuil et la chair de deux citrons épépinés, coupés en lames et blanchis; servez.

SECOND PROCÉDÉ POUR FAIRE LE BARCH A LA POLONAISE.

Mettez dans une marmite à potage deux poules
colorées à la broche, un os à la moelle, un fort jar-

ret de veau et une livre de petit lard; ajoutez le
bouillon nécessaire, faites écumer la marmite; mettez-y ensuite deux oignons, deux carottes, un bouquet de céleri et de poireaux, un bouquet de persil
aromatisé légèrement, une demi-cuillerée à bouche
de gros poivre blanc en grains; vous laissez mijoter
le consommé cinq heures, puis vous le dégraissez,
le clarifiez et le passez à la serviette; pendant ce laps
de temps, vous faites une espèce de julienne avec
deux gros oignons passés au beurre et une betterave
rouge; dès qu'ils sont un peu roussis, vous y joignez
du consommé, les dégraissez avec soin et les faites
tomber à glace.

Ensuite vous faites une farce à quenelles de volaille selon la règle, et les moulez dans de petites
cuillères à café ; râpez une betterave; pilez-la ensuite et la passez avec pression à l'étamine, afin d'obtenir un verre de jus, avec lequel vous colorez le
consommé, que vous avez réduit de moitié, et le
versez tout bouillant dans la soupière contenant les
petites quenelles que vous avez pochées sans ébullition, la julienne, une pluche de persil blanchi et une
trentaine de petits croûtons ronds séchés à l'étuve et
masqués de moelle de bœuf; servez.

LE ROSSOLI, POTAGE DE RIZ A LA POLONAISE.

Après avoir mis dans une marmite à potage deux
poules colorées à la broche et un fort jarret de veau,
vous y joignez le bouillon nécessaire, deux carottes,
deux navets, deux oignons, un bouquet de céleri et
de poireaux, un bouquet de persil légèrement assai-

I.   18

sonné et une bonne pincée de mignonnette; après l'avoir écumé, vous faites mijoter la marmite pendant cinq heures, après quoi vous dégraissez et passez le consommé à la serviette; versez-en la moitié dans une casserole contenant huit onces de riz Caroline lavé et blanchi, et deux cuillerées à ragoût de petites racines de persil (blanchi) ayant huit lignes de longueur sur deux de diamètre, et dont les deux extrémités doivent être ciselées fin et à deux lignes de profondeur; faites mijoter le riz doucement pendant une heure et demie; faites cuire ensuite dans du consommé deux poulets gras enveloppés de bardes de lard; après les avoir égouttés, vous dégraissez le consommé et le passez de nouveau à la serviette, tenez-le en ébullition; dépecez les poulets, coupez chaque filet et chaque cuisse en trois parties, en retirant les pilons et les peaux; placez-les dans la soupière; versez dessus le riz, puis le consommé; servez.

LE ROSSOLI, POTAGE DE RIZ A LA CLOPICKI.

Préparez le consommé de la manière démontrée ci-dessus, puis vous faites une farce à quenelles de volaille de la manière accoutumée; ensuite vous prenez la moitié du consommé (après l'avoir réduit d'un quart), que vous versez dans une casserole contenant dix onces de riz lavé et blanchi; ajoutez-y deux cuillerées à ragoût de racines de persil préparées selon les procédés décrits pour le rossoli précité; faites-le mijoter une heure et demie, puis vous y versez le reste du consommé avec une pluche de cerfeuil, vous le liez avec soin; en y mêlant avec la

cuillère à ragoût une liaison de douze jaunes d'œuf
frais avec un peu de crème et de beurre ; après un
seul bouillon, vous versez le riz dans la soupière
contenant les petites quenelles, une assiettée de gros
rognons de coq et un litre de petits pois cuits à l'anglaise; servez.

POTAGE DE ROSSOLI A LA KITCHEWITCH.

Vous préparez de tous points le riz ainsi qu'il est
démontré ci dessus, en le liant à l'œuf; puis vous
dépecez quatre perdreaux rouges cuits dans une
mire-poix dont vous avez mis le fond dans le riz ;
étant prêt à servir, vous versez le potage dans la
soupière contenant les filets de perdreaux, une assiettée de crêtes moyennes, et les racines que nous
sommes dans l'usage de marquer pour le potage à la
brunoise; servez.

Observation.

Il me semble facile d'ajouter à ce potage rossoli
des petites timbales de consommé de volaille, de gibier, ou garnies de pain de volaille ou de gibier : car
tout ce qui caractérise le potage rossoli, c'est le bouquet assaisonné et les racines de persil que l'on ad-
ditionne au riz , voilà tout.

Mes confrères pourront donc exécuter les rossoli
que je viens de décrire.

CHAPITRE XXI.

DES POTAGES HOLLANDAIS.

SOMMAIRE.

Potage d'anguille à la hollandaise; idem de laitances de harengs à l'Erasme; idem de poisson à la Flessingue; idem à la Rembrandt; idem à la Rotterdam; idem à la Zélande; idem de petites quenelles de pommes de terre à la hollandaise; idem de tendrons de veau à la Leyde.

POTAGE D'ANGUILLE A LA HOLLANDAISE.

METTEZ dans une marmite à potage deux poules colorées à la broche, un jarret de veau et le bouillon nécessaire; après l'avoir écumée, vous y joignez les racines, et un bouquet de poireaux, de céleri et de cerfeuil. Après cinq

heures d'une légère ébullition, vous dégraissez et
passez le consommé; ensuite vous coupez par petits
tronçons une moyenne anguille de Seine et la sautez
dans un peu de sel marin; une heure après, lavez-la
et égouttez-la sur une serviette; mettez dans une
casserole à ragoût quatre onces de beurre fin avec un
maniveau, deux carottes, deux oignons, deux poireaux et un pied de céleri, le tout émincé; ajoutez
un fragment d'ail, de laurier, de macis, deux clous de
girofle et une pointe de mignonnette; passez cet assaisonnement quelques secondes sur un feu modéré,
puis vous y joignez deux grandes cuillerées de consommé; faites mijoter cette essence pendant une
heure et passez-la avec pression par l'étamine, au-
dessus des tronçons d'anguille que vous avez mis
dans un plat à sauter; faites-les mijoter quinze à
vingt minutes; assurez-vous de la cuisson de l'anguille, égouttez-la en la plaçant dans la soupière,
dégraissez le fond; passez-le par le tamis de soie,
pour le verser dans une purée d'oseille que vous avez
marquée ainsi : faites fondre le quart d'un paquet
d'oseille avec deux laitues et un paquet de cerfeuil
émincé; après l'avoir égouttée sur un grand tamis de
crin, vous la faites broyer dans le mortier en y mêlant le quart de la mie d'un pain à potage d'une livre,
imbibé de consommé; ensuite vous faites passer la
purée par l'étamine et la mêlez au consommé; faites-
la bouillir, écumez-la; puis vous y mêlez peu à peu
une liaison de dix jaunes d'œuf frais, et la versez
dans la soupière contenant l'anguille, une pluche de
cerfeuil, une assiettée de très petits oignons cuits au
consommé et tombés à glace, puis les croûtons de

pain à potage séchés à l'étuve selon l'usage ; servez.

POTAGE DE LAITANCES DE HARENGS A L'ÉRASME.

Préparez de tous points la purée qui est indiquée ci-dessus; ensuite vous sautez au beurre douze laitances de harengs (que vous avez fait dégorger et ressuyer sur une serviette) avec un peu de sel et de mignonnette ; puis vous les égouttez et les placez dans la soupière contenant une assiettée de petites quenelles de carpes (préparées selon la règle), un litre de petits pois cuits à l'anglaise et une pluche de cerfeuil; ajoutez la purée d'oseille en ébullition, et servez.

POTAGE DE POISSON A LA FLESSINGUE.

Faites votre consommé selon les détails donnés pour le premier potage de ce chapitre ; puis vous faites blanchir à l'eau bouillante, avec un peu de sel, un litre de gros pois nouveaux, une poignée de cerfeuil et deux laitues émincés; après une demi-heure d'ébullition vous égouttez les pois, et les pilez en y mêlant une poignée d'oseille émincée et passée au beurre, et le quart de la mie d'un pain à potage d'une livre, mitonné dans du consommé; le tout étant bien broyé, vous passez la purée par l'étamine; ensuite vous faites selon la règle une farce à quenelles de cabillauds à l'essence de champignons; puis vous coupez en escalopes une petite darne de saumon; sautez-les avec un peu de sel ; une heure après, vous les lavez et les sautez au beurre. Maintenant vous mettez à l'eau bouillante, avec un peu de sel, deux petites darnes de ca-

billaud du côté du gros bout de la queue, que vous
avez salées d'avance; après vingt minutes d'ébullition,
et lorsque la chair quitte la grosse arête, vous l'é-
gouttez et levez les chairs par feuillets, en les plaçant dans la soupière contenant les petites quenelles
(que vous avez moulées dans la cuillère à café), les
escalopes de saumon, une trentaine de petits champignons; puis vous versez la purée en ébullition que
vous avez clarifiée en y mêlant le consommé; servez.

POTAGE DE POULET A LA REMBRANDT.

Faites cuire dans une mire-poix deux poulets à
la reine; dès qu'ils sont froids, vous les dépecez selon
la règle pour potage; puis vous les mettez dans la
soupière avec une assiettée de laitances de carpes
cuites à l'eau de sel; versez dessus et tout bouillant
le corps du potage précité, en supprimant bien entendu les quenelles de poisson, le saumon, le cabillaud et le reste de la garniture; servez.

POTAGE A LA ROTTERDAM.

Après avoir préparé votre consommé selon la règle
(Voir le potage de poisson à la hollandaise.), vous
délayez clair une demi-livre de fécule de pommes
de terre avec du consommé froid, et la versez doucement dans le reste du consommé en ébullition, en
le remuant avec la cuillère à ragoût; ajoutez au potage une pluche de cerfeuil, d'oseille, et le blanc de
quatre poireaux émincés très fins et blanchis. Maintenant vous coupez en petits tronçons deux lam-

proies, et les sautez avec un peu de sel; une heure
après, vous les lavez et les faites cuire à l'eau de
sel; puis vingt gros éperlans, que vous coupez en
deux, en ôtant la tête et la queue; sautez-les au
beurre. Étant prêt à servir, vous les égouttez, ainsi
que les lamproies, et les placez dans la soupière;
mettez dessus les petits tronçons d'éperlans; ajoutez
au potage un demi-verre de crème double et quatre
onces de beurre fin; versez-le dans la soupière, et
servez.

POTAGE DE RIZ A LA ZÉLANDE.

Après avoir préparé votre consommé de la manière accoutumée (Voir le premier potage de ce chapitre.), vous lavez et blanchissez six onces de riz
Caroline, que vous faites mijoter avec du consommé
et un bouquet de poireaux, de céleri, de laitue et de
cerfeuil; puis vous levez les filets de deux belles soles
que vous parez en petites escalopes; sautez-les avec
un peu de sel. Une heure après, vous les lavez et les
faites cuire dans un peu de consommé, avec une
pointe d'ail et de mignonnette. Après un quart d'heure
d'ébullition, vous les égouttez et les placez dans la
soupière; passez la cuisson au tamis, et la joignez
au consommé restant, dans lequel vous avez mis une
poignée d'oseille et de cerfeuil passée au beurre; retirez le bouquet du riz, que vous remuez avec la
cuillère de bois, afin de le broyer; ajoutez-le au
consommé; faites bouillir quelques secondes, et versez-le dans la soupière contenant les filets de soles;
servez.

POTAGE DE PETITES QUENELLES DE POMMES DE TERRE A LA HOLLANDAISE.

Votre consommé étant préparé selon la règle (Voir le potage de poisson à la hollandaise.), vous le faites bouillir ; puis vous y versez deux cuillerées à ragoût de farine délayée avec du consommé froid, afin de lier légèrement le potage. Au moment de servir, vous y mêlez une pointe de muscade râpée, une pluche d'oseille passée au beurre ; dégraissez le potage; versez-le dans la soupière contenant une pluche de cerfeuil et trois assiettées de petites quenelles de pommes de terre, que vous préparez ainsi : faites cuire dans les cendres six grosses pommes de terre de Hollande, que vous aurez lavées et enveloppées de papier; ensuite vous les parez avec soin et les pilez avec deux petits pains de beurre frais, un peu de sel, de mignonnette, de muscade rapée, six jaunes d'œuf et un peu de crème double; après quoi vous passez cet appareil par le tamis à quenelles; puis vous en formez de petites quenelles que vous roulez en olives sur la table légèrement saupoudrée de farine; placez-les dans un plat à sauter beurré ; versez dessus le consommé tout bouillant; faites mijoter à petit feu quelques minutes, et, sans laisser bouillir, égouttez-les dans la soupière, et servez.

POTAGE DE TENDRONS DE VEAU A LA LEYDE.

Après avoir braisé selon la règle la partie des ten-

drons d'une demi-poitrine de veau, vous les parez
lorsqu'ils sont froids en petites escalopes, et les faites
mijoter dans leur fond que vous avez dégraissé et
passé au tamis de soie; puis vous avez une douzaine
de pommes de terre vitelottes cuites à l'eau de sel;
lorsqu'elles sont tièdes encore, vous les parez en petits ronds de trois lignes d'épaisseur, et les mettez à
mesure dans le consommé que vous avez marqué de
la manière accoutumée et dans lequel vous avez
ajouté une pluche d'oseille, de cerfeuil, et deux concombres coupés en escalopes et sautés au beurre;
placez avec soin les tendrons de veau dans la soupière,
et versez dessus le consommé; servez.

CHAPITRE XXII.

DES POTAGES INDIENS.

SOMMAIRE.

Potage de karic à l'indienne ; idem à la Mongol ; idem à l'Indoustan ; idem à la Golconde ; idem à la Calcutta ; idem à la Malabar ;
idem de pilau à la turque.

POTAGE DE KARIC A L'INDIENNE.

METTEZ dans une marmite à potage deux poulets
colorés à la broche, un jarret de veau et le bouillon
nécessaire; après l'avoir écumé, vous y joignez deux
carottes, deux navets, deux oignons et un bouquet
de poireaux et de céleri; donnez cinq heures d'ébul-

lition, dégraissez et passez le consommé à la serviette;
puis vous en versez la moitié dans une casserole contenant deux poulets à la reine enveloppés de bardes
de lard; ajoutez un bouquet de persil, deux feuilles
de laurier, quatre clous de girofle, une pincée de macis, une de poivre de Caïenne et de piment, un peu
de mignonnette, une feuille de laurier, et un fragment de thym, de basilic; faites mijoter trois quarts
d'heure, puis vous égouttez vos poulets; dégraissez
le fond et le passez au tamis de soie dans une casserole contenant dix onces de riz Caroline lavé et
blanchi; ajoutez une petite infusion de safran, afin
de colorer le consommé d'un beau jaune; après une
petite heure d'ébullition, vous versez le riz dans la
soupière contenant les poulets dépecés; puis vous
ajoutez le reste du consommé tout bouillant, et servez.
Ce potage doit sentir peu les aromates, les épices,
mais un peu le caïenne.

POTAGE DE KARIC A LA MONGOL.

Préparez le consommé ainsi qu'il est démontré ci-
dessus; puis vous faites selon la règle une farce à
quenelles de deux lapereaux dans laquelle vous ajoutez un peu de caïenne, afin qu'il se fasse sentir légèrement; avec les débris des lapereaux vous marquez
un fumet dans lequel vous ajoutez la moitié du consommé, un bouquet de persil, deux feuilles de laurier, un fragment de basilic, de thym, quatre clous
de girofle, du macis, un peu de caïenne et de piment; après deux petites heures d'ébullition, vous
dégraissez et passez le fumet à la serviette dans une

casserole contenant dix onces de riz Caroline lavé et blanchi ; puis une infusion de safran, afin de colorer le riz d'un beau jaune ; faites-le mijoter une petite heure ; ajoutez le reste du consommé en ébullition ; joignez-y les quenelles, que vous roulez sur la table que vous avez saupoudrée de farine, en leur donnant la grosseur et la forme d'une aveline ; après quelques légers bouillons, vous versez le potage dans la soupière, et servez.

POTAGE DE KARIC A L'INDOUSTAN.

Après avoir préparé le consommé ainsi qu'il est démontré pour le premier potage de ce chapitre, vous levez les filets de deux lamproies et les parez en petites escalopes ; sautez-les dans un peu de sel ; une heure après, vous les lavez, les égouttez et les placez dans un plat à sauter ; puis vous faites une farce à quenelles de saumon selon la règle ; ensuite vous marquez une essence de poisson avec les débris des lamproies, du saumon et une carpe coupée par tronçons ; ajoutez la moitié du consommé, deux oignons émincés, deux maniveaux, un fort bouquet de persil et de poireaux, quatre clous de girofle, deux feuilles de laurier, du thym, du basilic, du macis, du caïenne et du piment, le tout en petite quantité ; faites mijoter pendant une heure, passez l'essence avec pression par l'étamine ; versez-la sur les escalopes de lamproie ; donnez un quart d'heure d'ébullition ; égouttez-les dans la soupière et placez-la à l'étuve ; passez la cuisson au tamis de soie dans une casserole contenant dix onces de riz Caroline (lavé et blanchi)

avec le reste du consommé ; ajoutez une infusion de
safran pour en colorer légèrement le potage ; donnez
une heure d'ébullition ; puis vous y joignez les quenelles de saumon, que vous avez roulées sur la table
saupoudrée de farine, en leur donnant la forme et la
grosseur d'avelines ; servez.

POTAGE DE KARIC A LA GOLCONDE.

Préparez le consommé de la manière accoutumée
(Voir le premier potage de ce chapitre.) ; puis vous
faites une farce à quenelles de volaille (un poulet gras)
au beurre d'écrevisses ; ensuite vous parez en escalopes les filets d'une anguille, et les sautez au beurre ;
mettez dans une casserole les restes du poulet, les
arètes et débris de l'anguille, deux oignons, deux maniveaux émincés , un bouquet de persil et de poireaux, un peu de thym , de basilic , deux feuilles de
laurier, quatre clous de girofle , une pincée de
poivre de Caïenne, une de piment, une de muscade râpée, et la moitié du consommé ; après une
heure d'ébullition, vous passez cet assaisonnement à
la serviette au-dessus de six onces de riz Caroline
(lavé et blanchi) ; ajoutez une infusion de safran, afin
d'en donner la couleur au potage ; faites-le mijoter
une petite heure , puis vous y joignez le reste du consommé tout bouillant ; versez-y les quenelles que
vous avez formées à la cuillère à café ; pochez-les
sans qu'elles bouillent ; puis vous versez le potage
dans la soupière contenant les escalopes d'anguille et
les queues de cinquante écrevisses dont les coquilles
vous ont servi pour le beurre des quenelles ; servez.

POTAGE DE KARIC A LA CALCUTTA.

Préparez votre consommé selon les détails donnés pour le premier potage de ce chapitre ; puis vous faites cuire dans la moitié du consommé deux faisans, en y joignant deux feuilles de laurier, quatre clous de girofle, un peu de thym, de basilic, une pincée de piment, une de caïenne, une de muscade râpée, deux oignons, deux maniveaux et un bouquet de persil et de poireaux ; faites-les mijoter une petite heure ; égouttez-les ; puis vous dégraissez le fond et le passez dans le tamis de soie sur dix onces de riz Caroline (lavé et blanchi), avec une infusion de safran pour en colorer le potage légèrement ; donnez une petite heure d'ébullition ; ajoutez ensuite le reste du consommé, et versez le riz dans la soupière contenant les faisans, que vous avez dépecés et parés en coupant les filets en trois parties, et les cuisses en deux, en supprimant les pilons ; servez.

POTAGE DE KARIC A LA MALABAR.

Votre consommé étant préparé selon la règle (Voir le premier potage de ce chapitre.), vous coupez en deux trois gros oignons d'Espagne, puis vous en retirez la partie adhérente à la tête, ainsi que la queue et le cœur. Coupez - les en ruelles d'égale épaisseur, et faites-les légèrement roussir dans du beurre clarifié ; égouttez-les et versez-les dans une casserole contenant deux poulets gras, la moitié du consommé et un bouquet de persil et de poireaux garni de quatre clous de girofle, d'un peu de thym, de basilic, de muscade râpée, de poivre de Caïenne, de piment, et une infusion de safran pour colorer le consommé d'un beau jaune ; faites mijoter à très petit feu, pendant une petite heure ; égouttez les poulets ; puis vous faites cuire dix onces de riz Caroline dans le consommé conservé ; donnez trois quarts d'heure d'ébullition ; ajoutez-y la cuisson des poulets, que vous avez dégraissée ; après quelques bouillons, vous versez le riz dans la soupière contenant les poulets que vous avez dépecés ; servez.

POTAGE DE CHAPON AU PILAU A LA TURQUE.

Préparez votre consommé ainsi que nous l'avons indiqué au premier potage de ce chapitre ; puis vous le faites réduire d'un tiers ; mettez dans une casserole un chapon troussé à la moderne, comme pour entrée ; enveloppez-le de bardes de lard ; ajoutez la moitié du consommé, deux oignons, un fort bouquet de persil assaisonné de quatre clous de girofle, de deux feuilles de laurier, d'un peu de thym et de basilic ; ajoutez une pincée de piment, de caïenne et de muscade râpée ; faites mijoter le chapon une heure ; pendant ce laps de temps, vous avez mis dans une casserole dix onces de riz Caroline (lavé et blanchi) avec le reste du consommé, le dégraissis du chapon, une pointe de piment, de caïenne et de muscade râpée, et une infusion de safran, afin d'en colorer le riz ; faites-le mijoter une petite demi-heure, afin qu'il reste bien en grains ; alors vous le dressez dans la soupière, et posez dessus le chapon, que vous avez débridé, et servez dans une casserole d'argent sa cuisson, que vous avez clarifiée.

CHAPITRE XXIII.

DES POTAGES AMÉRICAINS.

SOMMAIRE.

Potage de tortue à l'américaine ; idem à la Washington ; idem à la
New-York.

OBSERVATION.

LES Américains procèdent, à l'égard de la préparation de ce potage, d'après les détails que nous avons décrits au chapitre des potages de tortue à l'anglaise, qui est la manière des cuisiniers de Londres. Cependant, d'après les ren-

I   19

seignements que j'ai reçus de personnes qui ont habité Boston et New-York, les Américains sont dans l'usage d'additionner à la tortue des filets d'anguilles, ce qui change nécessairement le goût du potage tortue à l'anglaise. Je vais donc profiter de ces nouveaux détails pour composer quelques nouveaux potages américains susceptibles d'être exécutés en Europe, et particulièrement en France, afin que nos cuisiniers de Paris puissent au besoin s'en servir.

POTAGE DE TORTUE A L'AMÉRICAINE.

Après avoir habillé une anguille de rivière, vous la coupez en petits tronçons; puis vous émincez une carotte, un oignon, un maniveau, une racine de persil; passez légèrement ces racines avec du beurre clarifié ; ajoutez un fragment de laurier, de thym, de basilic, une pincée de muscade râpée, de caïenne et de piment, deux clous de girofle, une pointe de sel, une demi-bouteille de bon vin de Champagne et les parures de l'anguille; faites mijoter cet assaisonnement ; une heure après, vous le passez au tamis de soie sur l'anguille. Après une demi-heure d'une légère ébullition, vous l'égouttez et la placez dans la soupière que vous mettez à l'étuve; faites réduire la cuisson à demi-glace, puis vous l'additionnez dans un potage tortue (pour quinze couverts) préparé d'après les procédés décrits au chapitre des potages de tortue à l'anglaise, ou bien dans celui indiqué au chapitre des potages tortue à la française ; servez.

POTAGE DE TORTUE A LA WASHINGTON.

Après avoir préparé le potage tortue soit à l'anglaise ou à la française (car celui à l'anglaise est bien
réellement de tortue, tandis que le nôtre n'est qu'une
imitation faite avec de la tête de veau), vous sautez
au beurre, avec un peu de poivre de Caïenne et de
sel, une escalope de saumon (une petite darne), que
vous placez dans la soupière avec une assiettée de
quenelles d'anguilles au beurre d'anchois peu sensible
dans l'assaisonnement; puis vous mêlez au potage en
ébullition un beurre d'écrevisses (dont les queues en-
trent également dans le potage), et le versez dans la
soupière; servez.

POTAGE DE TORTUE A LE NEW-YORK.

Vous procédez à l'égard de ce potage d'après les
moyens indiqués ci-dessus; alors vous supprimez le
saumon et les quenelles d'anguilles, pour les remplacer par une escalope de filets d'esturgeon blanc cuit
à la broche, et une assiettée de petites quenelles d'é-
perlans au beurre d'écrevisses; servez.

Observation.

Me voilà arrivé à la fin du traité des potages en
gras, et je compte dans cette série cent quatre-vingt-
seize potages français, et cent trois potages étrangers.
Que mes confrères ne m'accusent pas d'avoir répété
dans cette grande nomenclature des détails de garnitures analogues entre elles; l'art du cuisinier a cela

19*

de commun avec l'art du pèintre et du musicien : le premier, par les nuances qu'il donne à ses couleurs, produit le grand ensemble de ses tableaux qui séduit la vue et l'imagination; le musicien , par la combinaison de ses notes, produit l'harmonie, et le sens de l'ouïe nous cause les plus douces sensations que puisse produire la mélodie ; il en est de même à l'égard de nos combinaisons culinaires ; le sens de l'odorat et le palais du gastronome éprouvent des sensations pareilles à celles de l'amateur de peinture et de musique , lorsque son œil contemple l'ensemble d'un bon dîner. Que ces rapprochements n'effraient point les admirateurs de peinture et de musique. J'en appelle aux gastronomes qui professent les arts libéraux , et en particulier au célèbre Rossini : ce parallèle ne sera pas pour eux un paradoxe. Oui, le charme de la gastronomie a eu dans les temps de l'antiquité et a dans nos temps modernes une grande influence sur les hommes de génie.

Que ceux de mes confrères qui appartiennent aux petites maisons ne considèrent pas les dépenses que quelques uns de mes potages nécessitent pour leur préparation comme une cause insurmontable pour y atteindre. Il serait fâcheux , dis-je, pour ceux qui sont forcés à une rigide économie , de croire qu'ils ne peuvent jamais en servir : car ils pourront réduire les garnitures autant qu'ils le jugeront nécessaire , en les rendant moins compliquées et plus simples; mais le point essentiel pour eux, c'est d'avoir l'analyse des différentes manières de composer les assaisonnements qui caractérisent nos potages français et étrangers. Puis il n'est pas quelques jours solen-

nels où leurs Amphitryons ne veulent sortir de leur
aveugle avarice : or ces jours de grands galas doivent être entièrement consacrés à la gastronomie,
afin que ces maisons aient quelque reflet de l'opulence des gens qui ont le moyen de se faire servir
avec quelque dignité.

Je dois encore observer qu'en dénommant mes
potages étrangers par des noms de villes ou d'hommes célèbres qui y ont pris naissance, ce parti m'a
semblé le plus convenable qu'il y ait à prendre, afin
de leur assigner un caractère particulier aux pays
auxquels ils appartiennent. D'ailleurs mes ouvrages
ne ressemblent en rien à ceux déjà publiés sur l'art
culinaire : mes confrères voudront bien me pardonner
le cachet de l'originalité, par cela seul se distinguent
les hommes qui se dévouent au développement des
arts et métiers.

CHAPITRE XXIV.

TRAITÉ DES POTAGES EN MAIGRE.

OBSERVATION.

DANS l'analyse des bouillons, nous avons décrit celui de poisson, que mes confrères doivent employer quand leurs Amphitryons seront jaloux de savourer de bons potages pendant le temps du carême.

Mais, pour les maisons ordinaires, les cuisiniers doivent faire des potages maigres sans beaucoup de frais; or, ils doivent agir, ainsi que nous allons le démontrer dans les détails suivants : dans les jours même de grands dîners, les potages de poisson doivent se servir en leur donnant moins de succulence; par ce moyen les dépenses seront moindres, et plus supportables pour les Amphitryons.

POTAGE MAIGRE A LA PURÉE DE LENTILLES.

Mettez dans quatre pintes d'eau de Seine un litre et demi de lentilles ordinaires, puis un peu de beurre fin et de sel; lorsque l'ébullition a lieu, vous placez la marmite sur l'angle du fourneau, en observant qu'elle bouille légèrement sans interruption; après quelques heures de cuisson, vous égouttez dans la cuillère percée des lentilles, si elles sont moelleuses sous la pression des doigts, vous les passez en purée par l'étamine fine, en y joignant par partie leur mouillement; puis vous ajoutez un peu d'essence de racines légèrement roussies au beurre et préparées de la manière accoutumée; rendez la purée légère, afin de la clarifier; une heure et demie après, et au moment de servir, vous y additionnez trois petits pains de beurre frais, la purée étant retirée du feu, avec une assiettée de petits croûtons en dés, passés blonds dans du beurre fin non clarifié, ce qui les rend plus agréables étant croustillants; il ne faut les mettre dans la purée qu'au moment de servir, afin qu'ils ne se dilatent point.

Observation.

Les potages de purée de haricots blancs et rouges,
ainsi que ceux de pois secs, se préparent selon les
procédés décrits ci-dessus, de même que les purées
de lentilles mandées et à la reine.

A l'égard des potages à l'oseille, à l'oignon, à la
purée de pommes de terre et de marrons, vous procéderez, en supprimant le consommé, au bouillon
de poisson, en suivant les détails décrits dans cette
longue série de potages français et étrangers; vous
les mouillerez tout simplement avec l'eau de la cuisson de ces graminées ou plantes légumineuses.

Je termine ici cette intéressante partie de la cuisine
moderne que nous avons fait marcher d'un pas rapide vers son perfectionnement.

TABLE

DES CHAPITRES ET DES SOMMAIRES

CONTENUS DANS CE VOLUME.

A madame la baronne de Rothschild. . . . Page   v

A lady Morgan . . . .   vij

Notice historique et culinaire sur la manière dont vi-
vait l'empereur Napoléon à Sainte-Hélène. Des produits de cette île et des provisions que le gouverneur fournissait pour alimenter ce grand homme.   xxj

Une visite à l'île Sainte-Hélène . . . . . .   xxxvij

Traits de gastronomie, de brusquerie et de générosité de Napoléon   xlv

Avertissement   lv

Observations et remarques sur les épiceries et les
plantes aromatiques qui composent les assaisonnements de la cuisine moderne . . . . .   lxj

Remarques et observations sur le contenu de cet
ouvrage   lxiv

Histoire de la cuisine. — Article premier . . . .   lxvij

Découverte du feu . . . .   lxxj

Cuisson . . . .   lxxj

Festins des Orientaux.—Des Grecs   lxxiv

Festins des Romains . . . .   lxxvij

Repas et festins des Gaulois   lxxx
Usages particuliers des repas . . . . . .   lxxxvij
Festins des Grecs . . . .   xcj
Fragments des détails des fêtes solennelles qui
ont eu lieu à Moscou pour le sacre de l'empe-
reur Nicolas   cix
Relation abrégée des cérémonies qui ont eu lieu a
Moscou en septembre 1826, à l'occasion du sa-
cre de l'empereur Nicolas . . . .   cxvij
Un repas à Saint-Pétersbourg . . . . . .   cxxj

PREMIÈRE PARTIE.

CHAP. I. Observations préliminaires   1
Analyse du pot-au-feu bourgeois   2
Pot-au-feu de maison   7
    au bain-marie. . . . .   id.
Grande marmite, ou grand bouillon.—Soins à donner
à la cuisson du bœuf bouilli pour servir de grosse
pièce. — *Observation*   8
    Observation.   12
Bouillon de volaille pour les potages de santé. . .   13
    de dindon, pour potage de santé. . . .   id.
    restaurant de perdrix.   14
    de lapereaux de garenne . . . . . .   id.
Pièce d'aloyau bouilli pour grosse pièce.   15
    Observation.   16
Bouillon d'empotage . . . .   id.
CHAP. II. Traité des consommés, fumets, glaces de
volaille et de gibier.   18

Consommé blanc de volaille. . . . . id.

    de débris de volaille 20

    blanc de santé de volaille. . . . . id.

Fumets de faisans pour suprême 21

    de lapereaux 22

Glace de volaille en tablettes. . . . . . . id.

    Observation. 24

Jus ou essence gélatineuse de bœuf. . . . . . id.

Blond de veau 25

    Observation. . . . . id.

CHAP. III. Traité des bouillons en maigre . . . 26

Bouillon maigre d'essence de plantes potagères . . id.

    Observation. 27

Bouillon maigre de racines . . . . id.

    Observation 28

Bouillon maigre de pois et de racines . . . . . id.

Grand bouillon maigre . . . . id.

    Observation. 29

Grand bouillon maigre à la Laguipierre. . . . . id.

Bouillon maigre de poisson 31

Jus de poissón . . . . id.

    Observation. 32

Glace maigre d'essence de racines . . . . . . id.

    de poisson 33

    Observation . . . . id.

C HAP. IV. Traité des bouillons médicinaux . . . 35

    Observation. . . . . id.

Eau de poulet rafraîchissante 36

    Observation. . . . . id.

Bouillon rafraîchissant de poulet. 37

Second procédé pour faire le bouillon de poulet ra-
  fraîchissant . . . .   id.
Troisième procédé pour faire le bouillon de poulet
  rafraîchissant.   38
Bouillon de poulet rafraîchissant et pectoral . . .   3g
    Observation. . . . .   id.
Bouillon rafraîchissant de veau . . . .   id.
    de tortue 4o
    Observation. . . . .   id.
Bouillon léger et rafraîchissant de foie de veau. . .   4l
    de mou de veau pour les maladies de poitrine.   id.
    de poulet pour les maux de poitrine . . .   42
    d'escargots et de grenouilles pour les toux
      sèches. . . . .   id.
    rafraîchissant d'écrevisses pour purifier la
      masse du sang.   43
    rafraîchissant de cerfeuil . . . . . .   id.
      de cresson   44
    pour les obstructions du mésentère , du foie
      et de la rate. . . . .   id.
    rafraîchissant au jus d'herbes   44
Jus d'herbes.   45
CHAP. V. Traité des poêles, mire-poix, braises,
  courts-bouillons et marinades.   46
Poêle. . . . .   id.
    Observation.   47
Poêle ordinaire. . . . .   id.
    Observation   48
Mire-poix   49
Mire-poix à la Laguipierre . . . .   id.
    Observation. 5o
Blanc. . . . .   id.
Braise. 5l

Observation. . . . . id.

Court-bouillon en gras à la Laguipierre. 5a

Observation. 53

Court-bouillon en maigre. 54

Marinade cuite. . . . . id.

      crue . . . . id.

Roux blanc pour le velouté 55

    blond pour l'espagnole. . . . . id.

Observation. 56

Pàte à frire à la française 57

    à l'italienne. 58

Observation. . . . . id.

Pàte à frire à la hollandaise 59

    pour les entremets. . . . . . . id.

Friture à l'huile. . . . . id.

    au beurre fondu. . . . . id.

    de saindoux. 6o

    de graisse de bœuf. . . . . id.

Observation. 61

CHAP. VI. Traité des farces à quenelles de volaille,
de gibier, de poisson 62

Panade . . . . id.

Farce à quenelles de volaille. 63

Observation. 64

Farce à quenelles de faisans . . . . id.

    de bécasses. . . . . id.

    de gélinottes 65

    de perdraux rouges . . . . . id.

    de lapereaux . . . . id.

    de levrauts 66

    de menu gibier. . . . . . . id.

    de merlans . . . . id.

Observation 67
de carpes 68
de brochets. . . . . id.
d'anguilles . . . . id.
d'éperlans. . . . . id.
de saumons 69
Observation . . . . . . id.

DEUXIÈME PARTIE.

Observations culinaires et gastronomiques . . . 71

CHAP. I. Des potages garnis de racines, de volaille
et de gibier 80

Potage de santé. . . . . id.

à la française 82

à la régence. . . . . . . id.

au chasseur. 83

à la Sévigné. . . . . . . id.

garni de poulet à la reine . . . 84

Potage printanier . . . . id.

Observation. 85

Potage à la brunoise . . . . id.

à la julienne 86

à la paysanne . . . . id.

de petits pois 87

de gros pois nouveaux à la jardinière. . . id.

de gros pois à la Crécy 88

aux petites carottes nouvelles . . . . . id.

de petites carottes nouvelles aux petits pois. id.

de laitues braisées . . . . id.

aux laitues farcies. 89

de laitues aux petits pois 90

de concombres aux petits pois 91

aux concombres farcis . . . . id.

aux choux de Bruxelles et au cerfeuil . . . 92

aux choux frisés . . . . id.

aux petits oignons blancs, et aux petits pois. id.

d'oignons à la Clermont 9З

de petites civettes printanières. . . . . id.

d'automne . . . . id.

à la pluche de cerfeuil 94

à l'oseille claire . . . . id.

à l'oseille liée 95

de petits haricots verts et blancs à la civette id.

aux pointes d'asperges . . . . id.

aux pointes de grosses asperges 96

de navets aux petits pois. . . . . . . id.

de céleri au cerfeuil 97

de choux-fleurs et de brocolis au persil . . id.

aux marrons à la lyonnaise . . . . . . id.

Observation 98

CHAP. II. Potages de crème de riz et d'orge perlé,
garnis de volaille et de gibier 99

Potage de crème de riz à la royale . . . . . id.

à la Xavier 100

velouté à la française . . . 101

au chasseur. 102

et de faisan à la française . . id.

garni de petites timbales de
fumet de gibier 1o3

Observation . . . . id.

à la princesse 104

velouté à la d'Orléans . . . id.

à la Buffon 1o5

à la Girodet . . . . . . id.

Potage d'orge perlé à la royale . . . . id.

Observation 106

à la française 107

garni de petites timbales de vo-

laille . . . . id.

au chasseur . . . . . . id.

et de faisan à la française. . . 108

garni de petites timbales de fu-

met de gibier . . . . . id.

à la princesse . . . . . . id.

à la Beauharnais 109

à la Lesueur . . . . . . id.

à la Joinville . . . . . . id

Observation 110

CHAP. III. Potage de vermicelle au consommé . . 111

Potage de vermicelle aux petits pois 112

aux pointes d'asperges . . . id.

à la pluche de cerfeuil . . . 113

Potage de semoule au consommé . . . . . . id.

de tapioca français au consommé . . . . id.

de petit sagou blanc des Iles au consommé . 114

de nouilles au consommé . . . . . . id.

de pâte d'Italie au consommé . . . . . id.

de salep de Perse au consommé 115

de farine d'arrow-root de l'Inde . . . . id.

de farine de gruau de Bretagne 116

de farine de maïs . . . . id.

Panade pour les enfants . . . . id.

à la crème de riz 117

à la reine . . . . id.

Observation . . . . id.

CHAP. IV. Des potages de croûtes gratinées . . . 119

Observation . . . . id.

Potage de croûtes gratinées printanier 120

à la française 121

à la régence 122

au chasseur . . . . id.

à la princesse . . . 123

à la d'Orléans. . . . id.

aux laitues farcies . . id.

aux petits pois . . . 124

aux pointes de grosses
asperges . . . . id.

aux concombres . . . id.

aux concombres farcis . 125

à la Clermont . . . . id.

aux marrons 126

Observation. . . . id.

CHAP. V. Des potages de purée de volaille et de
gibier 127

Potage de purée de volaille à la reine . . . . . id.

à la Boïeldieu 128

à la Monglas. 129

à la française . . . . id.

à la princesse 130

de gibier au chasseur . . . . . id.

à la royale . . . . . id.

à la Monglas 131

à la française. . . . 132

à la Rossini . . . . id.

Observation. . . . id.

CHAP. VI. Des potages de purée de pois nouveaux . 134

Potage de purée de pois nouveaux à la Saint-Cloud . id.
       à la française . . 135
       à la régence. . . id.
       à la Auber. . . 136
       à la Saint-Fard. . id.
       à la Fabert. . . 137
       à la Ferney. . . id.
       à la princesse . 138
       à la d'Orléans. . id.
       à la Molière. . . id.
       à la Navarin. . 139
       Observation . id.
Potage de purée de pois secs . . . . id.
Observation. 140

CHAP. VII. Potage de purée de lentilles à la Conti . 141
Potage de purée de lentilles à la Soubise. 142
      à la brunoise 143
      à l'oseille . . . . . id.
Potage de lentilles à la pluche de cerfeuil 144
Potage de purée de haricots rouges à la Condé . . id.
      blancs . . . . . . id.
      blancs à la pluche de cer-
      feuil 145
      blancs nouveaux à la
      Maria . . . . . id.
      nouveaux à la Clermont. 146
      nouveaux à la Soubise . id.
      nouveaux aux petits ha-
      ricots verts. . . . 147
Potage de purée de racines à la Créci . . . . . id.
    de riz à la Créci 148
    de purée de carottes de Flandre. . . . . id.

Potage de purée de racines 149
         de navets . . . . id.
Potage de sagou des îles à la purée de navets . . . 150
         Observation. . . . . id.
         de purée de pommes de terres à la pluche de
         cerfeuil 151
         de purée d'oseille et de cerfeuil. . . . . id.
         de purée de potiron 152

CHAP. VIII. Des potages tortue 153
Potage tortue à la française . . . . id.
         Observation. 155
         à la parisienne. . . . . id.
         à la financière. 157
         à l'amiral Duperré . . . . . . id.
         à la rouennaise 158
         à la Toulouse 159

CHAP. IX. Des potages de poisson. 160
Potage de poisson de Seine à la française . . . . id.
         à la parisienne 161
         à la Lucullus 162
         aux racines printanières . . . 164
         à la marinière . . . . . . id.
         d'anguilles de Seine au pêcheur. 165

CHAP. X. Des potages de bisque d'écrevisses. . . 166
Potage de bisque d'écrevisses. . . . . id.
         Observation 167
         à la française . . . 168
         à la Corneille . . . id.
         à l'amiral de Rigny . id.
         à la Périgord . . . 169
         à la princesse . . . id.

Potages de bisque d'écrevisses au chasseur. . . . 170
                          à la régence. . . . id.
                          à la royale . . . . id.

CHAP. XI. Des potages de garbure 171
Potage de garbure à la Crécy . . . . id.
            Observation. 172
        aux laitues braisées 173
                farcies 174
        aux choux à la jardinière . . . id.
        à la Clermont 175
        Observation. . . . . . . id.
        aux poireaux, céleri et cerfeuil . 176

CHAP. XII. Des potages de profiteroles 177
Potage de petites profiteroles à la Wagram. . . . id.
    de profiteroles à la régence... 179
            au chasseur royal . . . . id.
            à la Monglas. 180
            à la Condé 181
            à la Mongoffier . . . . . id.
            à la Perigord 182
            à la macédoine . . . . . id.
            Observation 183
            Observation . . . . . id.

CHAP. XIII. Des potages anglais 185
Potage de tortue à l'anglaise . . . . id.

    Remarques et observations . . . . . id.
        Première partie de l'opération . . . 187
        Deuxième partie de l'opération . . . 188
        Troisième partie de l'opération . . . 189
        Quatrième partie de l'opération . . . 190
    Observation. 191

Potage de levrauts à l'anglaise 192
    à la Saint-George 193
  de mouton à l'anglaise 194
  d'orge perlé à l'irlandaise 195
  de perdrix à la Stewart . . . . id.
  de faisan à la Londonderry 196
  anglais de poisson à Lady Morgan 197
    à la Rothschild 199

CHAP. XIV. Des potages à la napolitaine. . . . 200

Potage de macaroni à la napolitaine . . . . . id.
  de quenelles à la Juvénal. 202

   Observation. . . . . id.

  de macaroni à la Virgile. 203
  de lazagnes à la Portici . . . . id.
  de riz à l'italienne. 204

CHAP. XV. Des potages siciliens 206

Potage de macaroni à la sicilienne. . . . . . id.
    à la Palerme 207
Potage de taillarines à la Cénano 208
    à la Cicéron 209
  de semoule à la Messine. . . . . . . id.

CHAP. XVI. Des potages italiens 211

Potage de macaroni à la Médicis. . . . . . . id.
    à la Rossini 212
    à la Numa 213
    à la Mécène. 214
    à la Corinne 215
    à la Romulus. . . . . . . id.
    à la Saint-Pierre 216
    à la Reggio 217
    à la Bénévent. 218

Potage de lazagnes à l'Apicius. . . . . id.
    de ravioles à la Tivoli. 219
    de riz et de ravioles à l'Arioste 221
    de semoule à la Raphaël. 222
    de petites quenelles et d'anguilles à la véni-
        tienne . . . . id.
    de quenelles à la Florentine. 223
    de riz à la piémontaise 224
        Observation. . . . . id.
    de croûtes gratinées à la milanaise . . . . id.
        Observation. 225

CHAP. XVII. Des potages espagnols 226
    Observation . . . . id.
Potage de chapon à l'espagnole 228
    Observation. 229
    de perdreaux rouges à l'espagnole.. . . . id.
    de faisan à la Tolosa 230
    de poisson à la Salvator . . . . id.
    de garvances et tendrons de veau à la Castille. 231
    de riz d'agneau à la Barcelone 232
    de riz et de quenelles à la Séville. 233
    à la paysanne espagnole . . . . id.
    national espagnol. 234
    soufflé à l'espagnole. 235
        Observation. . . . . id.

CHAP. XVIII. Des potages allemands 238
Potage de seigle à l'allemande. . . . . id.
    à la germanique. 239
    d'orge perlé à la hongroise 240
    à la Marie-Thérèse. 241
    à l'archiduchesse. . . . . . . id.

Potage de quenelles à la viennoise . . . . . . id.

à la Marie-Louise 243

de pois à la tyrolienne. 244

Observation . . . . id.

à la bohémienne . . . . id.

de lait de poulet à la Baden 245

à la Franconie 246

d'œufs pochés à la Styrie . . . . id.

de petites quenelles à la Schœnbrun. . . . 247

gratinées à la Schiller . 248

à la westpha-
lienne. . . id.

d'abatis d'oie à l'allemande . . . . . . id.

et de foie gras à la Handel . . 249

de quenelles à la Léopold 250

Observation. . . . . id.

Chap. XIX. Des potages russes 252

Observation. . . . . id.

Le ouka, potage de poisson à la russe 254

Observation. 255

Potage de filets de poisson à la Bagration 256

de cabillaud à la Moïka. 257

de riz et de saumon à la Péteroff 258

russe à l'impériale . . . . id.

de filets de perches à la Catherine II. . . . 259

d'esturgeon à la Pierre-le-Grand 260

Le tschy, potage de choux à la russe. 261

à la czarinne 262

de choucroute à l'Alexandre . . . id.

Potage de choux à la paysanne russe 263

Chap. XX. Des potages polonais 264
Le barch, potage polonais. . . . . id.
Observation. 267
Potage polonais à la Stanislas Leczinski 268
à la Varsovie . . . . id.
Observation. 269
à la royale . . . . id.
Observation. 270
de poisson à la Poniatowski . . . . . . id.
à la Vistule 271
de perdreaux à la polonaise 272
Second procédé pour faire le barch à la palonaise. . id.
Le rossoli, potage de riz à la polonaise. 273
à la Clopicki 274
à la Kitchewitch 275
Observation. . . . . id.

Chap. XXI. Des potages hollandais. 276
Potage d'anguille à la hollandaise . . . . . . id.
de laitances de harengs à l'Érasme 278
de poisson à la Flessingue . . . . . . id.
de poulet à la Rembrandt 279
à la Rotterdam. . . . . id.
de riz à la Zélande. 280
de petites quenelles de pommes de terre à la
hollandaise. 281
de tendrons de veau à la Leyde. . . . . id.

Chap. XXII. Des potages indiens 283
Potage de karic à l'indienne . . . . id.
à la Mongol 284
à l'Indoustan 285
à la Golconde. 286

Potage de karic à la Calcutta 287
à la Malabar . . . . id.
de chapon au pilau à la turque 288
CHAP. XXIII. Des potages américains. 289
Observation. . . . . id.
Potage de tortue à l'américaine 290
à la Washington. 291
à la New-York. . . . . id.
Observation . . . . id.
CHAP. XXIV. Traité des potages en maigre . . . 294
Potage maigre à la purée de lentilles 295
Observation 296

FIN DE LA TABLE DES CHAPITRES.

150718

Made in the USA